本书获得国家社会科学基金项目"乡村振兴战略下农村社区图书馆服务效能研究"（项目编号：22BTQ030）的资助，特此致谢！

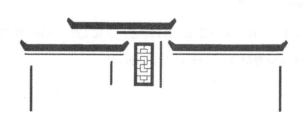

乡村公共文化服务
高质量发展研究

王凤姣 等 ◎ 著

知识产权出版社

全国百佳图书出版单位

—北京—

图书在版编目（CIP）数据

乡村公共文化服务高质量发展研究/王凤姣等著. —北京：知识产权出版社，2023.9
ISBN 978-7-5130-8917-3

Ⅰ.①乡…　Ⅱ.①王…　Ⅲ.①农村文化—公共管理—文化工作—研究—中国　Ⅳ.①G12

中国国家版本馆 CIP 数据核字（2023）第 178683 号

内容提要

乡村公共文化服务高质量发展，是保障城乡居民平等获取公共文化权利的重要抓手，是建设文化强国、实现乡村振兴的关键任务。本书首先简要分析了乡村公共文化服务高质量发展的现实依据，然后多途径调查剖析了乡村公共文化服务的供给需求现状、典型案例及其创新举措，最后基于调查结果分别阐述和提出了乡村公共文化服务高质量发展的态势和路径。

责任编辑：张水华　　　　　　　　　责任校对：谷　洋
封面设计：臧　磊　　　　　　　　　责任印制：孙婷婷

乡村公共文化服务高质量发展研究

王凤姣 等　著

出版发行：知识产权出版社 有限责任公司		网　　址：http://www.ipph.cn	
社　　址：北京市海淀区气象路 50 号院		邮　　编：100081	
责编电话：010-82000860 转 8389		责编邮箱：46816202@ qq.com	
发行电话：010-82000860 转 8101/8102		发行传真：010-82000893/82005070/82000270	
印　　刷：北京中献拓方科技发展有限公司		经　　销：新华书店、各大网上书店及相关专业书店	
开　　本：720mm×1000mm　1/16		印　　张：17.75	
版　　次：2023 年 9 月第 1 版		印　　次：2023 年 9 月第 1 次印刷	
字　　数：307 千字		定　　价：89.00 元	

ISBN 978-7-5130-8917-3

CONTENTS 目录

绪论

　　党和政府发布的一系列重要文件，为公共文化事业实现全面协调可持续发展指明了方向，即构建覆盖全社会、普遍均等、惠及全民的公共文化服务体系。然而，要保障全体公民的文化权利，实现惠及全民的公共文化服务，其主要障碍和难点就是城乡差别、地区差别和人群差别等。为破除障碍、攻克难点，2018 年，中共中央、国务院发布《乡村振兴战略规划（2018—2022 年）》，规定"繁荣发展乡村文化""增加公共文化产品和服务供给"，要求村综合性文化服务中心覆盖率"2022 年达到 98%"。2021 年，中央一号文件高度强调"推进城乡公共文化服务体系一体建设，创新实施文化惠民工程"。同年，文化和旅游部、国家发展和改革委员会（以下简称国家发改委）、财政部发布《关于推动公共文化服务高质量发展的意见》❶。在新形势下，国家加快构建现代公共文化服务体系与发展公益性文化事业，推动公共文化服务高质量发展。保障城乡居民平等获取公共文化权利是对文化体制的深入改革，不仅要关注公共文化服务"缺不缺"，还要关注"好不好"等问题。乡村公共文化服务作为公共文化服务体系的重要组成部分，长期以来因为发展不均衡而难以满足乡村居民对高品质文化服务的要求。促其向上发展是贯彻新发展理念的重要措施，对于保障人民基本文化权益、促进文化事业发展、推动基本公共文化服务均等化有着重大意义，这也是进一步建设社会主义文化强国的必走之路。

---

　　❶　中华人民共和国中央人民政府. 文化和旅游部　国家发展改革委　财政部关于推动公共文化服务高质量发展的意见［EB/OL］.［2023-01-13］. http://www.gov.cn/zhengce/zhengceku/2021-03/23/content_5595153.htm.

1.1 乡村公共文化服务的相关界定

1.1.1 乡村公共文化服务内涵

(1) 文化与公共文化

"文化"一词最早可追溯到《周易·贲卦·象辞》，其中"观乎人文，以化天下"❶ 意思就是以"人文"来"化天下"，即通过观察人类社会的各种现象，用教育感化的手段来治理天下，由此可知"以文教化"的思想在这时已经有所显现。西汉史学家刘向在《说苑·指武》中将"文化"二字联为一词与自然对举，与无教化的"质朴""野蛮"对举，其概念隶属于精神文明的范畴，是"以文教化"的总和。❷ 随着时间的推进和潮流的变换，"文化"一词逐渐成了一个多元化的概念，是一个包含知识、信仰、艺术、道德、法律、习俗以及作为社会成员所具有的其他能力和习惯的复杂整体，也成了无数学者在众多学科领域所探讨、追寻的对象。《辞海》对"文化"进行了解释，"从广义来说，指在人类社会历史实践过程中所创造的物质财富和精神财富的总和；从狭义来说，指社会的意识形态，以及与之相适应的制度和组织结构。"❸ "文化"不仅指对精神领域的陶冶和升华，还包括人类探索世界、总结规律过程中创造的物质文化、社会文化等社会意识形态，其内涵丰富多样，且有着多种不同的形态和存在方式。

文化是人类文明的重要构成，从最初人类赖以生存的自然环境到如今不断发展的社会环境都离不开对文化的总结、归纳和传承。文化是人类利用智慧作用于自然界成为人类文明延续的寄托，不但保存了最久远的历史和最地道的民俗民风，还反哺于人类自身，改变了世代人类对世界的看法和感知。文化既是软实力又是硬实力，作为软实力时运用理论知识教化群众，作为硬实力时发展文化产业推动经济发展。文化可以理解为一个群体的生活方式，它包括一个民族或一个群体的精神生活、社会生活、物质生活等方方面面，它使一个社会或社群得以自我认同。❹ 文化是国家不可或缺的一部分，作为国家的支柱，文化影响着国家的繁荣与兴衰、影响着社会的发展和治理。国家

---

❶ 赵吉惠. 中国传统文化导论 [M]. 南京：江苏教育出版社，2007：3.

❷ 冯天瑜，何晓明，周积明. 中国文化史（第三版）[M]. 上海：上海人民出版社，2010：4.

❸ 辞海编辑委员会. 辞海1979年版下 [M]. 上海：上海辞书出版社，1979：3510.

❹ 罗云川. 公共文化服务的网络治理研究 [M]. 北京：社会科学文献出版社，2017：15.

失去了文化就像人失去了灵魂，清代学者龚自珍说"灭人之国，必先去其史；欲灭其族，必先灭其文化"。要想击垮一个国家，只需让其子民否定国家的历史、怀疑国家的文化。由此可见，一个国家的文化对于这个国家的经久不衰有着至关重要的作用，而文化自信又是国家文化的根基，只有根基打稳，国家文化才能兴盛，民族才能富强。

"公共"即公有的、公用的，该词应用范围广、面向宽，具有共有的、集体的特点，强调多数人共同拥有或者一起使用。公共文化既具有面向大众的公共特征，又具备文化的精神特质，强调大众参与、大众创造。公共文化本质上是指面向全体大众的，以各种文化设施为载体，以丰富的文化资源为依托，兼集体性、社会性、公益性等特征于一体。在国内外历史上很长一段时间里，文化享受只是少数权贵阶层的特权，文化的公共性没有显现。近代以后，随着经济的充分发展，普通民众才有机会接触普及后的文化及相关文化产品，也才开始拥有享受公共文化成果的机会，文化服务民众的公共性才得到了彰显。❶

公共文化的最终目的是引领和提升民众的文化品位，可以说"公共""文化"二者相互依存、相互发展。公共文化主要表现为依托图书馆、博物馆、美术馆、健身场所等公共文化机构和设施而形成的浓郁文化氛围。随着近年来文化设施数量的不断增加，越来越多的人受到文化的熏陶，公共文化的价值得到了体现。

（2）公共文化服务

我国学者对于公共文化服务的内涵各持己见，曹爱军强调向公众提供以文化产品为主的公共文化服务，他从文化产品的角度出发，诠释公共文化服务的概念："公共文化服务是文化层面的公共服务，它以公共财政为主要投入，通过整合和配置社会文化资源，实现向全社会提供公共文化产品的服务活动，其目的在于保障公民文化权益、提升群众文化素养、传播社会先进文化、维护社会文化秩序、守卫国家文化安全。"❷ 叶辛、蒯大申突出公共文化服务以满足公众基本的文化权利为主要任务，从文化权利视角概括了公共文化服务："公共文化服务就是通过满足公众的文化需求，实现、维护和发展公

---

❶ 马艳霞. 公共文化服务多元化投入模式研究：以民间力量参助图书馆事业为例［M］. 北京：中国社会科学出版社，2019：21.

❷ 曹爱军. 公共文化治理导论［M］. 北京：中国经济出版社，2019：28.

民的文化权利（包括享受权、参与权、创作权等）的过程和活动。"❶ 2016 年颁布的《中华人民共和国公共文化服务保障法》（以下简称《公共文化服务保障法》）明确"公共文化服务，是指由政府主导、社会力量参与，以满足公民基本文化需求为主要目的而提供的公共文化设施、文化产品、文化活动以及其他相关服务。"❷ 公共文化服务是一个相当复杂的系统工程，需要实行体系化建设。"加强现代公共文化服务体系建设，首先应强化各级政府的主体意识、责任意识和自觉意识"❸，而"加强公共文化立法，提高公共文化建设法制化水平，是强化政府责任的根本体现"。❹ "在社会治理中，政府机制、市场机制、社会机制各有所长，各有所短，任何一方都不具有提供所有公共服务的能力和资源，这就决定了公共服务提供需要集三者之长、避三者之短的复合机制，这在客观上使公共事务的协同治理成为最优选择。"❺ 在基层公共文化服务体系建设中，政府既是建造者也是分配者，因此向公众提供公共文化服务并保障他们的公共文化服务权利是政府的基本职责。政府从宏观层面向公众提供相应的公共文化服务，利用文化的不同形态、传播方式、渠道来满足公众的各种文化需求，保障公众的文化获取权利，体现了公共文化服务的公共性和普适性。市场则在政府的调控下调查分析公众文化需求，向公众提供相应的文化产品。社会力量的参与，特别是公益性组织和志愿者团体在一线，触碰广大基层公众的真实文化需求，提供多样化的公共文化服务，不但弥补了政府宏观文化供给缺陷导致的"政府失灵"，而且还调节了供给错位导致的"市场失灵"。

（3）乡村公共文化服务

乡村是我国最基层的组织，一般是指以从事农业活动为主要经济来源、人口密度和城镇相比较分散的人口聚集地。由于地域、经济条件的限制，村民受教育水平程度并不高，加上年轻人更倾向于进城打工，留守在乡村的大多数为老弱妇幼。在互联网盛行的当下，村民更倾向于手机、电视带来的娱乐体验，而忽视获取文化信息资源带来的更高层次的精神陶冶。乡村公共文化服务是以提高村民文化素养、拓宽村民文化获取渠道、为村民带来更适合

❶ 叶辛，蒯大申. 2007 年上海文化发展蓝皮书 [M]. 北京：社会科学文献出版社，2007：22-23.
❷ 中国人大网. 中华人民共和国公共文化服务保障法 [EB/OL]. [2022-10-30]. http://www.npc.gov.cn/npc/c12435/201612/edd80cb56b844ca3ab27b1e8185bc84a.shtml.
❸ 李国新. 强化公共文化服务政府责任的思考 [J]. 图书馆杂志，2016，35（4）：4-8.
❹ 李国新. 强化公共文化服务政府责任的思考 [J]. 图书馆杂志，2016，35（4）：4-8.
❺ 王玉. 公共管理：理论与实践 [M]. 广州：广东人民出版社，2008：1.

的文化服务为目标，最终提高乡村整体文化水平为宗旨的一项公共文化服务。"乡村公共文化的建设以政府为核心，联合企事业单位、社会组织等社会各阶层力量，根据各农村地区发展实际，以较低或免费的形式提供基础设施、文化产品和服务项目，以达到实现群众文化权利、提高乡村群众文化生活质量和文明程度、推动文化创新、促进社会和谐稳定等目的。"❶ 政府在乡村公共文化服务体系建设中应起主导作用，包括主导管辖范围内部资源建设与共享，带领事业单位和其他公益力量向村民传播先进的文化和科学的文化知识，提供更适合村民的文化产品和相应的文化服务，制定相关法律和政策来保障村民应享有的文化权益等。

1.1.2　乡村公共文化服务特征

《公共文化服务保障法》第四条规定"县级以上人民政府应当将公共文化服务纳入本级国民经济和社会发展规划，按照公益性、基本性、均等性、便利性的要求，加强公共文化设施建设，完善公共文化服务体系，提高公共文化服务效能。"❷ 由此可知，公益性、基本性、均等性、便利性，是公共文化服务的特征。由于乡村地区经济水平和基础设施建设明显落后于城市，农村居民人均可支配收入远低于城镇居民，乡村居民文化水平整体偏低等，乡村公共文化服务的 4 个特征具体体现如下。

（1）公共性

"公共文化服务满足的是人类素质的提升与自我发展的需要，面向的对象是全体社会成员。"❸ 乡村公共文化服务隶属于公共文化服务，也继承其基本特质，即全体乡村村民都享有公共文化服务的权利，无关年龄、性别、信仰、身体的健康状况，这是一项面向全体村民无差别的、便民的和公益的文化惠民工程，任何人无法将其分割给个人而去排除其他村民获取这种权利的渠道。"公共文化服务的公共性决定了无法由市场自发提供，而是主要由公共部门或准公共部门提供。"❹ 因此，政府作为乡村公共文化服务的关键主体，提供主要的财政支撑，根据新形势和日益增长、变化的文化需求向村民提供具有非

---

❶ 陈琦，等. 脱贫攻坚与乡村振兴衔接：文化［M］. 北京：人民出版社，2020：97-98.

❷ 中国人大网. 中华人民共和国公共文化服务保障法［EB/OL］.［2022-10-30］. http://www. npc. gov. cn/npc/c12435/201612/edd80cb56b844ca3ab27b1e8185bc84a. shtml.

❸ 曹爱军，杨平. 公共文化服务的理论与实践［M］. 北京：科学出版社，2011：25.

❹ 李小涛. 公共文化服务标准体系研究［M］. 南京：东南大学出版社，2019：33.

营利性、非排他性的公共文化服务是其基本职责。政府要承担公共文化设施、文化产品、文化活动以及其他相关服务的供给，乡村公共文化服务体系的建立和健全等主要依靠政府投入财政经费做保障，所以公共文化服务的公共性也可以说是公益性。

（2）基本性

乡村公共文化服务的基本性是指乡村公共文化服务的覆盖范围、种类、内容可以满足村民的基本文化需求。对于居民的基本文化需求，王载册、钟丽萍表示："从总体上看，人民群众的文化需求可以分为两个部分：一是体现人民群众基本文化权益的基本文化需求；二是属于群众多样化、多层次、多方面的文化需求。前者主要由政府提供的公共文化服务来解决，即公益性文化事业；后者主要由文化市场来提供，即经营性文化产业。"[1]《国家基本公共服务标准（2021年版）》进一步明确了目前阶段我国基本公共文化服务的主要范围，即公共文化设施免费开放、送戏曲下乡、收听广播、观看电视、观赏电影、读书看报、少数民族文化服务和残疾人文化体育服务等八个方面的内容。[2] 一方面，政府是乡村公共文化服务的最大服务主体，即公共文化服务的提供者；另一方面，政府也是村民文化权益的保障人，县政府掌管财政大权，应当发挥经济的最大效益，尽可能全覆盖地向各个村的村民提供基本的文化服务，满足村民的基本文化需求。

（3）均等性

党的十九大报告指出，我国社会主要矛盾已经转化为人民日益增长的美好生活需要和不平衡不充分的发展之间的矛盾。近年来公共文化服务各方面效能不断提升，但公共文化服务供给上的不平衡不均等问题依然存在，突出表现就有区域差异、城乡差距、部分乡村基层公共文化设施未达到标准等。均等性是公共文化服务的核心要求。文化由全体人民共同创造，文化发展的成果也理应由全体人民共享，政府承担着为全体公民创造文化享受环境和条件的责任。从字面上来理解均等性是平均、平等的意思，但"均等化不等于平均化"[3]，公共文化服务的均等性就是政府为广大群众提供基本无差异的公共文化产品或服务。但事实上由于城乡无论是地理上还是经济上都有很大的区别，政府在面对城乡差异上只能根据实际情况提供大体无区别的服务，做

❶ 王载册，钟丽萍. 论公共文化服务的基本性 [J]. 江汉论坛，2013 (10)：122-125.
❷ 陆娅楠. 基本公共服务有了国家标准 [N]. 人民日报，2021-04-22 (002).
❸ 刘纯彬，陈冲. "公共服务均等化" 理论再思考 [J]. 未来与发展，2010, 31 (6)：41-45.

不到"一刀切"的服务模式。乡村公共文化服务建设的目的就是缩减城乡之间的"文化鸿沟",从而使城乡公共文化服务达到一个既不会破坏城市原有的服务、在一定程度上又能满足村民文化需求的平衡点。面对村民日益多样丰富的文化需求,政府需要进一步扩大公共文化活动和产品的覆盖范围以及提高公共文化服务水平,增加数量和提升质量双管齐下,从而提高公共文化服务均等化程度,这样才有助于提升村民在公共文化生活中的获得感与幸福感。

（4）便利性

便利性是开展公共文化服务的基本前提,没有便利性就没有可及性。一是身体上的可及,公共文化服务的开设点应有较大的辐射范围,配套交通工具,有需求的民众可以自行前往。二是服务的便利性,受众可以较为容易地得到服务。公共文化服务如果不能融入老百姓的生活,就像空中楼阁一般,难以发挥作用。乡村公共文化服务的便利性可从乡村公共文化服务的内容、设施、地域及时间等因素来考量。从服务内容来看,由于大量的年轻劳动力选择进城务工,乡村留下来居住的基本都是老弱妇残,其年龄、受教育程度、经济能力、文化素质水平参差不齐。因此乡村公共文化服务的内容要尽可能的简单易懂且能快速上手,以此来保障村民能够享受到公共文化服务,例如"送戏下乡""送电影下乡""三下乡"❶ 等文化惠民活动让村民在家门口就能感受到文化的熏陶。从服务设施来看,服务设施的有效辐射半径是影响公共文化服务可及性的一个重要因素。乡村公共文化服务设施的便利性明显低于城市,但随着农家书屋、流动书屋、图书室与文化站的兴起,乡村公共文化服务的便利性得到了极大提高,打破了以往乡村地域的限制。我国幅员辽阔,乡村地区的生活习惯、民族习俗等社会活动孕育构成了多彩丰富又极具地方特色的乡村文化。因此政府在乡村公共文化服务的建设中可以开发出贴合当地文化历史、顺应村民群众生活作风的文化服务,应以村民需求为导向、突出地方特色,体现"对症下药"的服务模式,打造便利适宜的公共文化服务。从服务时间来看,村民日常的时间安排比较固定。由于受到生产生活的限制,村民白天就是下地干农活,休闲的时间主要集中在晚饭之后。对于村里的学生而言,寒暑假、周末和放学后的时间都是可以利用的。因此,可在读书日的傍晚进行一些休闲娱乐性的文化项目,既可缓解村民务农的辛劳,也可让

---

❶ "三下乡"即有关文化、科技、卫生方面的内容知识在农村普及,以促进农村文化、科技、卫生的发展。

留守儿童感受到陪伴的温暖。在寒暑假、周末则可以利用已有的服务设施开展一些长期性的阅读推广活动，带动村民形成良好的学习氛围。

1.1.3 乡村公共文化服务功能

2018 年中共中央、国务院印发的《乡村振兴战略规划（2018—2022 年）》提出按照标准健全乡村公共文化服务体系，实现乡、村两级公共文化服务全覆盖，提升服务效能。效能即效率与功能。公共文化服务体系建设涉及"文化的保护与创新发展，群众精神生活的满足，组织群众参与文化生活，在参与文化生活中继承、创造文化，发展文化"，"培养社会主义核心价值观，培养人们的创新精神、民族精神等各个方面"。❶ "当下农村公共文化服务经过文化惠民工程的体系化架构与项目制运作，已成为融信息传播、文娱展演、价值弘扬、文明宣化等为一体的多功能综合体系。"❷ 由此可知，乡村公共文化服务是以提高村民文化素养为基本、以乡村文化传承创新为主要驱动力的一项文化惠民工程，具有引导村民树立正确的价值观、推动乡村文化传承创新、助力乡村振兴等功能。

（1）提高村民文化素养，引导正确的价值观

"在意识形态的意义截面上，公共文化建设的宗旨就是传播社会核心价值，以马克思主义为指导思想，宣贯社会主义核心价值观和荣辱观，熔铸民族精神和时代精神，凝聚全社会共同的理想信念和道德规范。"❸ 乡风文明需要建立在正确的价值观之上，而引导村民树立正确的价值观前提就是要提高村民的文化素养。在全球化的进程中，西方国家的文化价值常常以产品、资本为载体，利用其"软实力"将西方的文化价值传播到其他国家，对国人的思想和行为方式产生了一定影响，部分国人受到西方文化的洗脑失去文化自信，开始鄙夷乡村文化，认为乡村文化是落后的、愚昧的，盲目崇尚西方的人生观、价值观、文化观。尤其是村民属于信息弱势群体，由于地域的限制、文化渠道的闭塞与文化资源的短缺，一直处于极其被动的状态，对于信息迷雾的处理方式比较偏激且容易轻信。加上现在移动互联网带来的便捷使越来越多的村民习惯沉溺于网络的私人空间里，缺乏从外界获取文化服务的热情。

---

❶ 王富军. 农村公共文化服务体系建设研究 [D]. 福州：福建师范大学，2012.

❷ 陈建. 乡村振兴中的农村公共文化服务功能性失灵问题 [J]. 图书馆论坛，2019，39（7）：42-49.

❸ 郭建宁. 中国文化强国战略 [M]. 北京：高等教育出版社，2012：9-10.

村民作为服务对象，主体性变弱会将自身置于"他者"的地位，村民越不关心，政府投入越少，进而降低乡村公共文化服务的活力。国家要发展乡村公共文化服务，如何带动激发乡民参与创造文化的内力和活力是关键，要不断创新服务内容和方式传播健康向上的文化，丰富村民的文化生活和提高村民的文化素养，引领村民树立正确的价值观。

（2）弘扬民族民间文化，传承创新乡村文化

"无论哪一个国家、哪一个民族，如果不珍惜自己的思想文化，丢掉了思想文化这个灵魂，这个国家、这个民族是立不起来的。"❶ 纵观历史和现实，无一不书写着文化是国家富强、民族振兴的重要组成部分，文化作为历史的见证，凝结了数千年来国家与民族的过往，文化认同是国家与民族生存和发展的基础。乡村文化是农民所创造的，从民间而来，最终也会服务到民间中去。政府建设的乡村公共文化服务以乡村文化为底蕴，秉着"以文化人"的决心，向乡村提供多元化的文化服务，绵延了中华民族文化璀璨的历史。

党的二十大报告指出："我们从事的是前无古人的伟大事业，守正才能不迷失方向、不犯颠覆性错误，创新才能把握时代、引领时代。"❷ 新时代中国特色社会主义思想起源于具有强大生命力的中华文化，也只有守正创新才能给中国文化发展带来绵延不绝的动力。中国精神文化发展是否与高速的经济社会发展相适配，是实现民族伟大复兴的关键所在。中央政府将"创新理念"摆在首位，表明了创新的重要性。对于乡村公共文化服务而言，创新包括文化服务的内容、文化服务的机制和文化服务的形式等的创新。在文化创新过程中，既要符合正确的思想理念和价值观导向，又要为村民提供喜闻乐见的文化服务，这是更好地顺应时代必须遵循的原则。

（3）促进文化产业发展，助力乡村文化振兴

《关于促进乡村产业振兴的指导意见》明确指出："产业兴旺是乡村振兴的重要基础，是解决农村一切问题的前提""充分挖掘农村各类非物质文化遗产资源""促进乡村特色文化产业发展"❸。政府为乡村提供公共文化服务秉

---

❶ 习近平. 在纪念孔子诞辰 2565 周年国际学术研讨会暨国际儒学联合会第五届会员大会开幕会上的讲话 [M]. 北京：人民出版社，2014：4-7.

❷ 习近平. 高举中国特色社会主义伟大旗帜为全面建设社会主义现代化国家而团结奋斗——在中国共产党第二十次全国代表大会上的报告 [M]. 北京：人民出版社，2022：19-21.

❸ 中华人民共和国中央人民政府. 国务院关于促进乡村产业振兴的指导意见 [EB/OL]. [2022-10-28]. http://www.gov.cn/zhengce/content/2019-06/28/content_5404170.htm.

承着非竞争性非营利性的公益性宗旨，一方面培育村民的文化素质，引导村民养成积极向上的文化生活习惯；另一方面，政府带领市场为乡村提供多元化的文化服务，拉动文化市场的发展，为文化产业的建立打下敦实的经济基础。马克思提出，"思想"一旦离开"利益"，就一定会使自己出丑。❶ "文化产业是社会经济文化形态从低级阶段演进到高级阶段后出现的一种新型社会文化经济类型。"❷ 乡村优秀传统文化与文化产业相结合有利于实现乡村公共文化服务的"品牌化"，有利于吸引第三方文化企业的入驻。

近年来，政府在推动乡村振兴的道路上把乡村文化产业融入其中，出台了一系列的相关政策。《中共中央　国务院关于全面推进乡村振兴加快农业农村现代化的意见》指出要全面推进乡村产业、人才、文化、生态、组织振兴。❸《中华人民共和国乡村振兴促进法》提出"统筹推进农村经济建设、政治建设、文化建设、社会建设、生态文明建设和党的建设""有计划地建设特色鲜明、优势突出的农业文化展示区、文化产业特色村落""活跃繁荣农村文化市场"。❹ 文化产业是以市场化手段为社会公众提供文化产品和服务的经济活动以及与这些活动有关联的活动的集合。作为现代经济的文化产业不应该只是城市的专属，在乡村振兴的时代背景下广大的乡村地区更应该也更有基础发展文化产业。据统计，2021 年全国规模以上文化及相关产业企业实现营业收入 119064 亿元，比上年增长 16.0%❺，全国文化及相关产业增加值为52385 亿元，比上年增长 16.6%❻。农村公共文化产业化就是对本地的自然、人文景观或者非物质文化遗产进行商业化开发，是提高文化服务品质、打造品牌、带动就业的有效途径，是推动文化、旅游与其他产业深度融合、创新发展的重要举措。通过打造文化旅游景观，形成各类经济、社会、自然、人

❶ 马克思，恩格斯. 马克思恩格斯全集：第 2 卷 [M]. 北京：人民出版社，1957：103.

❷ 胡惠林. 关于文化产业发展若干问题的思考 [J]. 华中师范大学学报（人文社会科学版），2016，55（6）：63-75.

❸ 中华人民共和国中央人民政府. 中共中央　国务院关于全面推进乡村振兴加快农业农村现代化的意见 [EB/OL]. [2022-10-21]. http://www.gov.cn/zhengce/2021-02/21/content_5588098.htm.

❹ 中国人大网. 中华人民共和国乡村振兴促进法 [EB/OL]. [2022-10-29]. http://www.npc.gov.cn/npc/c30834/202104/8777a961929c4757935ed2826ba967fd.shtml.

❺ 国家统计局. 国家统计局社科文司高级统计师张鹏解读 2021 年全国规模以上文化及相关产业企业营业收入数据 [EB/OL]. [2022-10-30]. http://www.stats.gov.cn/tjsj/sjjd/202201/t20220130_1827159.html.

❻ 国家统计局. 2021 年全国文化及相关产业增加值占 GDP 比重为 4.56% [EB/OL]. [2022-12-30]. http://www.stats.gov.cn/sj/zxfb/202302/t20230203_1901697.html.

文文化综合体，实现保护农村历史文化遗产与解决民生问题的"双赢"。❶ 因此，大力推动乡村公共文化服务发展有利于促进乡村文化产业繁荣兴盛，有利于助推乡村振兴。

1.2 乡村公共文化服务的相关理论

党的二十大报告提出要"繁荣发展文化事业和文化产业""健全现代公共文化服务体系，实施重大文化产业项目带动策略"❷。党的二十大报告对公共文化服务的阐述体现了质的飞跃，反映了近五年来我国公共文化服务实现了创造性的发展，体现了党和国家站在新的制高点上对我国公共文化服务事业提出的新要求、新方向。乡村公共文化服务作为公共文化服务最为薄弱的环节，存在许多亟待改善的问题，攻克这些难题对乡村振兴路径和我国现代公共文化服务体系建设有重大借鉴意义。针对这一问题，国内外学者从公共文化出发，对公共文化服务建设进行了大量的探索，形成了一系列重要的思想。乡村公共文化服务作为公共文化服务的分支，二者共性多，因此可以将公共文化理论看作乡村公共文化服务的理论起点，它为捋清乡村公共文化服务的建设主体和管理权责提供理论指导，公共产品理论为划分公共文化产品及其供给奠定了基础，公共管理理论则从政府职能转变的角度为政府在公共文化服务领域的职能转变以及管理主体和方式等提供了理论借鉴。

1.2.1 公共文化理论

认识公共文化的本质是开展乡村公共文化服务的首要前提。在我国，公共文化源于"群众文化"和"大众文化"，为了更好地理解公共文化，我们将公共文化拆解为人、文化、公共空间三个要素，这三个要素之间相辅相成、缺一不可。人民群众是社会物质财富和精神财富的创造者，对文化的形成、发展和传播等都起到了至关重要的作用。英国人类学家泰勒将文化界定为"一个包含知识、信仰、艺术、道德、法律、习俗和个人作为一个社会成员所

---

❶ 罗哲，唐逸丹. 农村公共文化服务的结构转型：从"城市文化下乡"到"乡村文化振兴"[J]. 四川师范大学学报（社会科学版），2019，46（5）：129-135.
❷ 中华人民共和国中央人民政府. 习近平：高举中国特色社会主义伟大旗帜　为全面建设社会主义现代化国家而团结奋斗——在中国共产党第二十次全国代表大会上的报告 [EB/OL]. [2022-10-26]. http://www.gov.cn/xinwen/2022-10/25/content_5721685.htm.

必须获得的能力及习惯在内的复合体"❶，体现了文化的整体性和多样性，是多个要素合集。文化的发展与人类社会的发展是一个相互作用的过程，人类创造文化，文化反过来作用于人类。值得注意的是，从某个特定的条件来说，这种反作用始终表现为正向的，因为文化本身没有对错之分，文化之所以被称为文化是因为它适应了当时社会的发展，能够对当时的社会产生积极的作用，可能随着社会的发展，有些文化不再适用于当今，但不能说其没有了价值，对任何事物的评价都离不开特定的条件。宏观上，乡村公共文化服务是当代"真善美"价值的提炼；中观上，将文化与蕴含意义建立联系，把这种联系植入并呈现在村民意识里；微观上，知行合一，引导和规束村民的思想行为。乡村公共文化服务不仅是为了满足公众精神文化生活，更是一种共识建构，达到行动规束的"软治理"目的，实现文化价值再造的过程。

公共文化的理论探索起源于公共领域的探索，著名的当代哲学家哈贝马斯提出公共领域是一个介于国家和社会之间的公共空间，它和"私人领域是相对的""首先可以理解为一个由私人集合而成的公众的领域"❷，哈贝马斯对公共领域的定义是建立在资产阶级公共领域发展基础之上的，而我国是社会主义国家，探讨公共文化服务的公共空间时应当立足于我国的基本国情，不应生硬照搬。公共空间是公共文化服务提供主体和公共文化服务受众客体共有的，对于提供服务的主体来说公共空间是载体，对于受众的客体来说公共空间是渠道。公共文化服务的公共空间主要分为实体空间和虚拟空间。文化的实体公共空间是指图书馆、博物馆、档案馆、农家书屋等能够提供文化产品、文化服务以及文化资源的具有物理性质的空间；虚拟空间是指数字图书馆、数字档案馆以及现今流行的微信读书、豆瓣读书等能够满足人们的文化需求，为人们提供沉浸式文化体验的第三空间。早期，所有文献资源均需依赖图书馆、博物馆与文献馆而保存，说明了当时无论是公共文化服务还是乡村公共文化服务都离不开图书馆、博物馆等的支持，而在当今互联网时代，虚拟空间的公共文化服务也显得尤为重要，二者是一个协同推进的过程。

在探讨公共文化理论时必然会谈及文化权利，文化权利是公共文化理论的现实逻辑起点。公民的文化权利是指公民在社会文化生活中应该享有的不容侵犯的各种自由和利益。公民文化权利有四个基本层面的内涵：享受文化成果的权利、参与文化活动的权利、开展文化创造的权利以及对个人进行文

---

❶ 爱德华·秦勒. 原始文化 [M]. 连树声，译. 上海：上海文艺出版社，1992：1.

❷ 哈贝马斯. 公共领域的结构转型 [M]. 曹卫东，等译. 上海：学林出版社，1999：32.

化艺术创造所产生的精神上和物质上的权益受保护权。❶ 公共文化服务不仅是文化事业，也是人权事业，习近平总书记曾说"人权是人类文明进步的标志"❷"我们发展人权事业，不是西方所提的那个标准为圭臬，不论发展到什么阶段，我们的人权事业都要按照我国国情和人民要求来发展，达到了我们确立的目标和水平就是好的，不需要向西方看齐，不需要向西方评判"❸。因此，乡村公共文化服务建设要充分考虑到我国乡村的实际情况，不能照搬其他国家或其他城市的建设模式，切实保障公民的文化权利，避免出现公共文化需求只是一小部分人的特殊需求的现象，保障乡村人民的文化权利是乡村公共文化服务的出发点和落脚点。乡村公共文化服务作为公共文化服务的一个分支，是公共文化理论在当今时代发展的又一应用领域，公共文化理论厘清乡村公共文化服务中的公共文化、公共文化空间等核心要义，同时也说明只有将乡村公共文化服务置于乡村这个背景中去才能真正地做到因地制宜。

1.2.2　公共产品理论

公共产品理论是经济学的一项基本理论，公共产品理论的研究最先起源于财政学科领域研究。19 世纪末，奥地利和意大利学者采用边际效用价值论来研究政府和财政对市场经济的影响，从而得出了公共产品理论❹。而公共产品的经典定义则出现在萨缪尔森 1954 年发表的《公共支出的纯理论》中，即每个人消费这种物品或劳务不会导致别人对该种产品或劳务消费的减少❺。从萨缪尔森的定义中可得出公共产品具有非排他性和非竞争性，非排他性是指一旦公共产品被提供，就不可能排除其他任何人对它的不付代价的消费；非竞争性是指一旦公共产品被提供，增加一个人的消费不会减少其他任何消费者的受益，也不会增加社会成本，即新增消费者使用该产品的边际成本为零❻。除了这两个基本特征之外，公共产品还具有其他特征，如生产上的不可分性、自然垄断性、普惠性、社会价值大等。乡村公共文化产品属于公共产

❶ 艺衡，任珺，杨立青. 文化权利：回溯与解读 [M]. 北京：社会科学文献出版社，2005：12.

❷ 柳华文. 人权是人类文明进步的标志 [N]. 人民日报，2022-5-30 (013).

❸ 中共中央文献和党史研究院编. 习近平关于尊重和保障人权论述摘编 [M]. 北京：中央文献出版社，2021：4.

❹ 曾雪梅. 论行政收费的有偿性 [J]. 长白学刊，2011 (5)：92-97.

❺ PAUL SAMUELSON. The Pure Theory of Public Expenditure [J]. Review of Economics and Statistics，1954 (4)：387-389.

❻ 余斌，张钟之. 试析公共产品的本质属性 [J]. 高校理论战线，2007 (1)：47-50.

品的一部分，具有公共产品的特征，但这并不意味着任何乡村公共文化产品必须具备以上所有的特性，乡村公共文化产品首先必须具备非排他性和非竞争性，其他的特性可有其一或更多。

公共产品的供给和生产问题属于物品本身与具有复杂行为特征的人组成的各种关系中的一个子集。由于公共产品具有非排他性和非竞争性，往往容易导致公共产品在供给和生产方面出现一些问题。1739 年，休谟在《人性论》中阐述了存在"搭便车"的心理现象，并提到"桥梁、海港和运河的建设以及军队建设等等，都只有在政府的组织下才能做到"❶，这一方面肯定了政府在公共产品供给上的作用，另一方面也反映了其将政府视为公共产品的唯一提供者，这会带来"政府失灵"和一系列的社会问题。1776 年，亚当·斯密在《国富论》中也有提到政府在公共产品供给上的问题，他虽然肯定了自由市场的决定性作用，但也从政府职能的角度提出了政府需要做到的三项职能，即维护本国社会的安全、保护人民不使社会中的任何人受到其他人的欺辱或压迫、建立并维持某些公关机关和公共工程。❷ 布坎南在萨缪尔森的基础上对介于纯私人物品和纯公共物品之间的物品或服务作出了俱乐部物品的定义❸，由俱乐部物品的定义可以看出任何物品都不是孤立存在的，而是跟一定的组织和人群有联系，是一定领域内的公共产品，就如学校有学校的公共产品、家庭有家庭的公共产品。从这一方面来说，公共产品理论为乡村公共文化服务中公共产品的供给提供了依据。

乡村公共文化服务中的公共文化产品如果只依靠图书馆、文化馆等机构来提供就会降低这些机构的激情，如果只依靠政府来提供又会带来"政府失灵"的现象，因而具有典型的博弈特征。这种博弈包括政府组织内部间、政府组织与其他供给主体间以及政府与农民间等的博弈，只有选择最优策略才能保证双方的最大利益。与帕累托改进的原理一样，乡村公共文化服务要做到在满足一方的文化需求时，对其他人不会造成伤害，如何在这之间寻求一个利益的平衡点是实现乡村公共文化服务可持续发展的关键问题之一。

公共产品的分类有多种划分方式。按照公共产品的非竞争性和非排他性，可将公共产品分为准公共产品和纯公共产品。准公共产品具有不完全的非竞

❶ 鄢奋. 对现代西方公共产品理论演进的梳理与思考 [C] //中华外国经济学说研究会，云南财经大学. 外国经济学说与中国研究报告（2011），2010：161-164.

❷ 李义平. 经济学百年：从社会主义市场经济出发的选择和评介 [M]. 天津：天津人民出版社，2002：26.

❸ 张军. 布坎南的俱乐部理论述评 [J]. 经济学动态，1988（1）：60-64，20.

争性和非排他性，介于私人物品和纯公共产品之间，如非义务教育、公共卫生等；纯公共产品具有完全的非竞争性和非排他性，如国防、司法等。按照不同层次划分，公共产品的类型有三种划分方式：一是将公共产品划分为全国性公共产品、区域性公共产品、地方性公共产品三大类，二是将公共产品划分为全国性公共产品和地方性公共产品两大类，三是将公共产品划分为世界性公共产品、全国性公共产品和地方性公共产品三种❶。在一国之内，公共文化服务属于全国性的公共文化产品或服务，乡村公共文化服务则属于地方性的公共文化产品或服务，有共性也有差异，这并不代表全国性的公共文化服务与乡村公共文化服务完全不同，二者是基于不同的区域背景而言的。

基本公共服务不均等现象主要出现在乡村、区域之间，就如同好的医院都在大城市里一样，乡村、区域的公共文化服务水平比城市的低，出现城市公共文化产品供给总体过剩和乡村公共文化产品局部不足、资源分布不均匀等现象。2018 年发布的《乡村振兴战略规划（2018—2022 年）》中提到加强农村公共文化建设，健全乡村公共文化服务体系，还特别强调了公共文化资源要重点向乡村倾斜，提供更多更好的农村公共文化产品和服务❷。《"十四五"文化发展规划》中也提出了城乡区域文化协调发展、促进乡村文化振兴的重要性❸，这些政策为新时代下乡村公共文化服务的建设指明了道路和方向，但是目前就如何准确定义和划分乡村公共文化产品以及这些产品的提供主体具体由谁负责等重要问题还需要进一步探讨和解决。公共产品理论不仅能加深我们对乡村公共文化服务基本性质的认识，还为我们提供了一种研究乡村公共文化服务的微观分析方法。

1.2.3 公共管理理论

自人类社会诞生以来就伴随着一系列的管理，由于管理领域的不同，自然就有私人管理和公共管理之分。私人管理和公共管理都具有一般管理的本质和规律，都需要整合资源、制定管理目标、实施具体方案、监控和评估执行进程，但它们在管理目标、管理权威、管理理性、管理制约和调控机制上

❶ 李成威. 公共产品理论与应用［M］. 上海：立信会计出版社，2011：116.

❷ 中共中央国务院. 乡村振兴战略规划（2018—2022 年）［EB/OL］.［2022-10-30］. http://www.gov.cn/gongbao/content/2018/content_5331958.htm.

❸ 中华人民共和国中央人民政府. 中共中央办公厅　国务院办公厅印发《"十四五"文化发展规划》［EB/OL］.［2022-10-30］. http://www.gov.cn/zhengce/2022-08/16/content_5705670.htm.

存在着很大区别。❶ 政府在公共管理上起着重要作用，公共管理理论则为其各种管理活动提供理论支持。公共管理理论主要经历了三种理论范式的发展，即公共行政理论、新公共管理理论和公共治理理论，❷ 每一种理论范式的发展都体现了政府职能的变化。

虽然公共管理涉及经济学、政治学、社会学等多个学科领域，但是其作为一门学科最初是在行政学的基础上发展起来的。在早期，公共行政管理经历了两个阶段，即传统公共行政和新公共行政。传统公共行政形成于 20 世纪 20 年代，直到 20 世纪 60 年代始终占据主导地位。❸ 在这一时期，威尔逊提出了政治与行政二分原则的思想，古德诺则进一步对其思想进行了阐述，他提出"在所有的政府体制中都存在两种主要的或基本的政府职能，即国家意志的表达功能和国家意志的执行功能，前者谓之政治，后者谓之行政"❹。20 世纪 70 年代，由于西方国家经济出现了"滞胀"现象，政府行政效率低下、管理问题突出，传统公共行政理论中的政治与行政二分原则已不适用，强调政府应将政治与思想关联起来，新公共行政理论应运而生。总的来说，公共行政理论的主要思想特征是强调全面性、注重效率，注重社会公平与正义，尊重人民主权和意愿等。乡村公共文化服务本身就是一项人权事业，维护社会公平、保护乡村人民权利是乡村公共文化服务的应有之义，公共行政理论给予乡村公共文化服务新的视角，对政府进行了新的角色定位，启示政府或其他单位在开展乡村公共文化服务时应将乡村的居民、农民等看作"顾客"，尊重他们的意愿，在满足人们显性的文化需求的同时注重激发他们的隐性需求，而不是仅仅执行一些简单的服务和管理职能。

直到 20 世纪七八十年代，以美国为代表的西方国家进行了一场影响比较巨大的政府改革运动，这一运动促进了新公共管理理论的诞生。奥斯本和盖布勒在《改革政府：企业家精神如何改革着公营部门》中为政府再造提出了十个原则：起催化作用的政府；社区拥有的政府；竞争性政府；有使命感的政府；讲究效果的政府；受顾客驱使的政府；有事业心的政府；有预见的政

❶ 楚明锟，等. 公共管理学 [M]. 郑州：河南大学出版社，2013：8-11.
❷ MASSEY A. Managing the public sector: a comparativeanalysis of the United Kingdom and the United States [M]. Aldershot: Edward Elgar, 1993: 6-35.
❸ 杨艳. 公共管理 [M]. 北京：国家行政学院出版社，2005：3.
❹ 傅利平，何兰萍. 公共管理研究方法 [M]. 天津：天津大学出版社，2015：5.

府；分权的政府；以市场为导向的政府。❶ 新公共管理理论强调政府应当进行适当的授权与分权、引入市场竞争机制和私营部门的管理方法、以顾客和目标结果为导向等。精确的战略管理源于精准的战略定位，新公共管理理论为政府在乡村公共文化服务中的战略定位提供了理论来源。在职能定位上，强调政府要注重重塑政府与社会、政府与农民、政府与其他机构组织之间的关系，进行适当的授权与分权，权利合理化是提高乡村公共文化服务质量和效率的途径之一，政府应适当将管理权利分散给其他主体，避免出现公共文化服务供给垄断的现象，培养跨界的开放性思维，引进技术和其他领域先进的管理方法来提高乡村公共文化服务水平；在角色定位上，在乡村公共文化服务中，政府可以是设计师、服务者和教师。设计师的角色强调政府在乡村公共文化服务建设整个发展过程中都要站在全局的角度，综合考虑内外部环境各种因素来进行顶层设计，为乡村公共文化服务制定发展规划和策略；服务者的角色则体现在政府对实现乡村公共文化服务建设目标的使命感上，能够自觉地接受来自这种使命的召唤和指使；教师的角色体现在政府应协助其他组织机构、群众了解和辨别乡村公共文化服务发展的情况，及时为公共文化服务建设指明正确的方向。

公共治理理论在 20 世纪 90 年代开始流行，它致力于探索新的国家和社会公共事务的管理模式。传统公共管理中要么依靠政府来管理，要么依靠市场来管理，这会带来"政府失灵"或"市场失灵"，因此具有一定的局限性，于是公共治理主体多元化开始受到关注和重视，换句话说，公共治理理论实际上是在综合政府和市场二者的基础上加入了第三中心提出来的。奥斯特罗姆夫妇等人创立的"多中心理论"为公共治理理论奠定了理论基础。公共治理理念所关注的主要问题是"如何在日益多样化的政府组织形式下保护公共利益，如何在有限的财政资源下以灵活的手段回应社会的公共需求"❷。治理理念应用于乡村公共文化服务场景，就转变为如何在日益多样化的政府组织形式下保护乡村的公共文化利益，如何在有限的财政资源下回应乡村人民多样化的公共文化需求。❸

❶ 奥斯本，盖布勒. 改革政府：企业家精神如何改革着公营部门 [M]. 周敦仁，等译. 上海：上海译文出版社，2006：73-110.

❷ 陈振明，薛澜. 中国公共管理理论研究的重点领域和主题 [J]. 中国社会科学，2007（3）：140-152，206.

❸ 邓若兰. 公共治理视角下政府和社工机构在项目运作中的关系困境：以成都市 X 社工机构 Y 项目为例 [J]. 国际公关，2022（13）：49-51.

有管理就会有治理，公共治理理论对政府的治理权利和治理职能提出了新的要求：在政府治理权利上强调政府治理权力分散，尊重其他主体的基本权利；在政府治理职能上提出政府要用新的工具或方式来控制和指引政府职能的有限化。这为乡村公共文化服务在"多中心"体制下探索了新的发展模式，恰当的政府职能有限化是唤醒和孵化其他组织机构或个人开展乡村公共文化服务意识的利器，公共治理理论则为这种内在意识的外化奠定了基础。

公共管理理论的发展过程体现了政府从最初的以"自我为中心"、政治统治职能为主要职能，到现在的更加重视维护公共利益的服务型职能，证明了政府是一个不断发展的有机体，其发展随着外部环境的变化而不断变化。党的十九届五中全会明确提出到 2035 年建成文化强国的远景目标，2020—2035年是迈向社会主义现代化强国的关键时期，为了响应新时代建设文化强国、推进文化自立自强、增强中华文明传播力影响力的号召，政府在推进公共文化建设的过程中需要做出新的职能转变和角色转变。

目前，政府在乡村公共文化事业服务方面还存在很多不足。一是缺乏以乡村公共文化服务为己任的意识以及实现乡村公共文化服务目标的使命感，未能够真正地接受来自这种使命感的召唤和指使；二是各级政府虽然制定有相关的政策来保障乡村公共文化服务的建设，但是比较少或者缺乏站在全局的角度去考虑内外部环境因素，导致这些政策或措施的实际指导意义不强，出现重政策而轻实践的现象；三是管理权利没有真正做到合理分配，存在某些政府越位、错位、乱位的现象，有些本该由图书馆等文化机构或组织管理的事情，政府一览全收，没有将权利合理分配，政府的大包大揽使得其他社会组织机构难以进入农村公共文化服务领地，也打压了这些公共机构的积极性，这样一来造成乡村公共文化服务发展的滞后。因此在乡村公共文化服务中政府需要做出新的转变，将乡村公共文化服务落到实处。

1.3 乡村公共文化服务的研究述评

1.3.1 国内研究现状述评

党的十九大报告指出："文化是一个国家、一个民族的灵魂。文化兴国运兴，文化强民族强。"公共文化服务是满足大众多方面、多层次、多样化文化需求的公共服务，是维护社会稳定和谐、保障国家繁荣昌盛的基本因素之一。当前我国农村经济发展进入关键时期，农村地区却面临着发展经济和缩小城乡公共文化服务差距的双重压力，追求乡村经济快速增长成为标准发展路径。推动农村地区公共文化服务建设是新时期需要解决的关键问题。长期以来，乡村公共文化服务难以走出城乡"二元"困局，随着城市化进程的加速，城乡公共文化服务差距越来越大，乡村公共文化服务水平令人担忧。当"共享""协调"成为发展主旋律，如何缩小差距，并将城乡公共文化服务连接形成一体化是践行发展新理念的重要内容。重新梳理农村公共文化服务的最新研究成果，找寻当前研究领域中的薄弱环节和未来努力方向，可为农村公共文化服务高质量发展问题提供研究借鉴和启示。

通过知网以"乡村公共文化服务"为主题词进行检索，共有 837 篇论文。乡村公共文化服务研究论文的历年发文时间与发文趋势曲线如图 1-1 所示，从文献发布年份和数量来看，从 2017 年开始文献数量大幅度逐年增加，这与国家在 2017 年正式实施《公共文化服务保障法》不无关系，而乡村公共文化服务研究的发文趋势向来与该领域的政策引导有紧密关联，发文量越来越大说明该领域受到了国家的足够重视，这也反映出乡村公共文化服务研究具有很强的政策导向性、持续性。

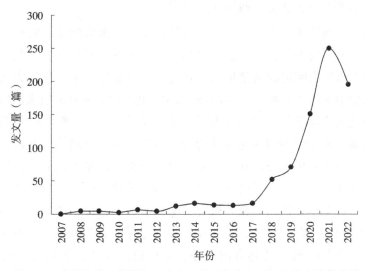

图 1-1　农村公共文化服务研究论文的历年发文时间与发文趋势曲线

在乡村公共文化服务研究领域的大量研究成果中，论文关键词是全文的论述方向，是对文献内容的精准提炼。乡村公共文化服务的文献关键词较多（见图 1-2），覆盖范围较广，研究内容多样，经过整理主要为三个方面：乡村公共文化服务政策、农村公共文化服务供给、乡村公共文化服务均等化。

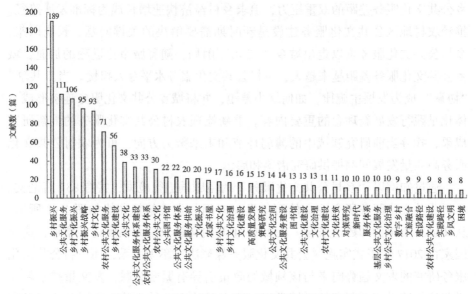

图1-2　乡村公共文化服务领域主要关键词词频

（1）乡村公共文化服务政策演进脉络

伴随着市场经济的兴起，乡村人口结构发生了重大转变，农村人口大量涌入城市，人口的不均衡流动造成乡村人口空心化、老龄化，公共文化资源进而转向人口更为密集的城镇地区，随着而来的就是乡土文化作为文化载体在乡村场域中逐步"退场"。但乡村居民对公共文化服务有着较大的需求，于是乡村公共文化服务作为主力军开始全面"嵌入"乡村。❶ 乡村公共文化服务的发展随着国家政策的变化而从理念、制度、硬件设施等维度进行适应和调整。乡村公共文化服务的建设不是一蹴而就的，而是由点到面，先形成固定的乡村文化活动场所，再以此为基本点向外延伸，拓宽乡村公共文化服务空间，并打造文化载体，承载乡村公共文化服务的使命，成为文化沟通的桥梁。"八五计划"提出要积极建设城市、集镇、农村的群众性文化设施，增加活动网点，努力做到"县县有图书馆、文化馆，乡乡有文化站"的目标❷。之后相继出台的《中华人民共和国国民经济和社会发展"九五"计划和2010

---

❶ 韩鹏云. 乡村文化的历史转型与振兴路径 [J]. 华南农业大学学报（社会科学版），2020，19（4）：1-9.

❷ 中华人民共和国国民经济和社会发展十年规划和第八个五年计划纲要 [R]. 中华人民共和国国务院公报，1991（12）：374-414.

年远景目标纲要》《文化事业发展"九五"计划和 2010 年远景目标纲要》《文化事业发展第十个五年计划纲要》都强调巩固和进一步扩大农村公共文化服务场所。在此期间，乡村公共文化服务场所与空间建设取得了一定成效，但长期的城乡二元结构体制和工业化、城镇化战略，深刻改变了城乡发展格局，乡村出现全面衰退，城乡差距持续扩大❶，马太效应尤为明显。基于此，《国家"十一五"时期文化发展规划纲要》提出将保障基层文化建设、农民和城市低收入群体的基本文化权益作为发展重点，以公共服务普遍均等为原则，要求推进农村文化建设重点工程、加大文化资源向农村的倾斜、建立农村文化建设的长效机制❷。保障乡村弱势群体文化权益和公共文化服务均等化成为乡村公共文化服务发展的关键理念，在《中共中央办公厅 国务院办公厅关于加强公共文化服务体系建设的若干意见》《中共中央关于深化文化体制改革推动社会主义文化大发展大繁荣若干重大问题的决定》《国家"十三五"时期文化发展改革规划纲要》中均有所体现。在均等化理念的影响下，文化资源进一步向乡村倾斜，乡村公共文化服务设施网络有了质的提升，但发展并未完全抹平差距，不平衡问题仍然存在。在深入推进中，乡村公共文化服务发展面临新的挑战。《国务院办公厅关于推进基层综合性文化服务中心建设的指导意见》提出，由于缺少统筹协调和统一规划，基层公共文化资源呈分散状态，整合难度大，难以发挥出整体效益。乡村文化活动场所局限性强、便利性差，于是综合性文化服务中心成为乡村建设重点。乡村文化建设需要整合基层公共文化资源，并依托于服务中心，为乡村居民提供文艺演出、读书看报、广播电视、电影放映、文体活动、展览展示、教育培训等基本公共文化服务，还要完善基层公共文化设施网络，补齐短板，打通公共文化服务的"最后一公里"❸。2020 年，习近平总书记在教育文化卫生体育领域专家代表座谈会上的讲话中提出推进城乡公共文化服务体系一体建设的工作要求❹。国家"十四五"规划提出完善公共文化服务体系，优化城乡文化资源配置，

---

❶ 邓银花. 基于乡村振兴战略的乡村图书馆发展路径研究 [J]. 图书馆，2021 (3)：21-27.

❷ 中华人民共和国中央人民政府. 国家"十一五"时期文化发展规划纲要 [EB/OL]. [2022-01-26]. http://www.gov.cn/govweb/gongbao/content/2006/content_431834.htm.

❸ 中华人民共和国中央人民政府. 国务院办公厅关于推进基层综合性文化服务中心建设的指导意见 [EB/OL]. [2022-02-26]. http://www.gov.cn/zhengce/content/2015-10/20/content_10250.htm.

❹ 中华人民共和国中央人民政府. 习近平. 在教育文化卫生体育领域专家代表座谈会上的讲话 [EB/OL]. [2022-02-25]. http://www.gov.cn/xinwen/2020-09/22/content_5546157.htm.

推进城乡公共文化服务体系一体建设❶。相继出台的《"十四五"公共文化服务体系建设规划》和《"十四五"公共服务规划》将城乡公共文化服务一体化建设当成重要任务。这表明建设城乡公共文化服务是为让城市和乡村人口享受最便捷的公共文化服务，但最终的目标是城乡作为一个整体共同享受公共文化服务。

乡村公共文化政策是推动乡村公共文化服务体系建设、文化事业繁荣的最主要、最直接的手段，用行政手段推进公共文化服务在乡村地区的协调发展，对完善我国整体公共文化服务有着重大影响。当前我国缺乏乡村公共文化建设与发展的专门的法律法规，乡村公共文化政策的重心仍在文化资源配置上，更倾向于通过营造良好的环境从而促进发展，缺乏直接扶持、激发农村文化发展的政策。乡村宏观性战略层面的公共文化政策偏多，虽为我国乡村公共文化服务构建了建设框架，但实际推进过程中遇到了政策还未提及或者触及不深的地方，缺乏乡村公共文化服务标准化、规范化及其实施细则。因此应针对各痛点和难点，尽快完善乡村公共文化服务相关政策，精细化、具体化政策内容，利用法律与政策对其进行兜底性保障。

（2）乡村公共文化服务供给侧研究

回往看来，我国乡村公共文化服务建设一直是以"供给"为核心，然而当前乡村公共文化服务却呈现出"悬浮化"，学者胡恒钊认为服务供给与需求不相适应、服务机构不够健全、设施陈旧落后、专业技术人才匮乏、投入资金薄弱等弊端已成为制约农村文化发展的瓶颈❷。学者甄惠从乡村公共文化服务供给模式角度出发，认为"大水漫灌"式的乡村公共文化服务严重阻碍了相关建设。❸ 学者黄雪丽从历史角度阐释，由于我国乡村公共文化制度的变迁经历了传统家户制、集体计划制、家庭承包制三个阶段，农村公共文化制度变迁过程中受到制度黏性的制约、文化断裂的挑战和思想观念的约束，导致农村公共文化政策难以落地生根。❹

---

❶ 中华人民共和国中央人民政府. 中华人民共和国国民经济和社会发展第十四个五年规划和2035年远景目标纲要［EB/OL］.［2022-02-25］. http://www.gov.cn/xinwen/2021-03/13/content_5592681.htm.

❷ 胡恒钊. 我国农村公共文化服务体系建设的困境与重构［J］. 中共天津市委党校学报, 2018, 20 (2)：77-81.

❸ 甄惠. 提升农村公共文化服务水平需"精准滴灌"［J］. 人民论坛, 2019 (32)：138-139.

❹ 黄雪丽. 我国农村公共文化服务"悬浮化"的阐释：基于历史制度主义的分析视角［J］. 图书馆论坛, 2018, 38 (2)：29-35.

一部分学者则专注于供给侧优化路径的研究。李金龙、刘巧兰❶基于话语权的视角建议建立保障乡村居民话语权的制度，完善话语表达路径。刘力、阮荣平❷通过实地调查发现农民的人口统计学特征、对村干部满意程度、宗教信仰、自身精神状况对参与公共文化服务有显著影响。耿达❸基于公共文化空间视角进行"空间重塑"，建议打造一种"内嵌型"乡村公共文化空间。廖晓明、徐海晴❹通过抽样调查探讨供给主体与需求结构关系以及供需之间的作用机理。袁锐❺认为粗放式的乡村公共文化产品供给带来了"水土不服"、效果不佳等问题，并解释了供需失衡的发生逻辑。王雪丽、王瑞文❻基于"三圈理论"，从价值、能力、支持三个维度阐释乡村基层公共文化服务效能低下的问题。许丹❼阐述了何为高质量乡村公共文化服务，厘清阻碍高质量服务的掣肘因素和行动框架。刘红❽深入分析乡村公共文化服务供给体系的建设路径和优化策略。刘宇、何小芊❾基于乡镇文化站的考察，计算乡镇文化站运行效率及空间差异并分析其影响因素。曹海林、任贵州提出以文化治理的高度推进服务供给实践的纠偏，将公共文化服务作为调节乡村文化生态进而重塑乡村社会秩序的重要载体，以内外价值互嵌推进供给旨向的回归，以文化仪式推送强化情境共识的建构，以文化主体参与锻造合作共治的自觉，以行动价值传播激发公共规则的生成。❿

另一部分学者专注于供给侧要素研究，供给侧视角下主要涉及三个要素：

❶ 李金龙，刘巧兰. 话语赋权：农村公共文化服务高质量供给的基本保障 [J]. 图书馆建设，2018（10）：23-31.

❷ 刘力，阮荣平. 农村公共文化需求排序及其影响因素研究 [J]. 图书馆，2019（5）：57-62.

❸ 耿达. 公共文化空间视角下农村公共文化服务体系建设研究 [J]. 思想战线，2019，45（5）：137-146.

❹ 廖晓明，徐海晴. 新时代农村公共文化服务供需问题探析 [J]. 长白学刊，2019（1）：149-155.

❺ 袁锐. 农村公共文化服务的供需失衡难题何解 [J]. 人民论坛，2019（14）：138-139.

❻ 王雪丽，王瑞文. 基层公共文化服务效能困境：成因与破局：基于"三圈理论"的阐释 [J]. 图书馆工作与研究，2020（2）：19-28.

❼ 许丹. 中国农村公共文化服务高质量发展：基本内涵、问题清单与行动框架 [J]. 社会科学研究，2021（5）：115-123.

❽ 刘红. 乡村振兴背景下农村公共文化服务体系建设研究 [J]. 社会科学战线，2022（3）：255-259.

❾ 刘宇，何小芊. 农村公共文化服务的"效率困境"问题剖析：基于乡镇文化站的考察 [J]. 地域研究与开发，2022，41（2）：127-132.

❿ 曹海林，任贵州. 乡村治理视域下的公共文化服务：功能定位与实践路向 [J]. 南京农业大学学报（社会科学版），2022，22（3）：75-83，184.

乡村公共文化服务供给主体、供给内容和供给形式。乡村公共文化服务供给主体指的是乡村公共文化服务的提供者，目前公共服务供给主体单一，主要是以政府为核心自上而下直接或间接提供服务。乡村公共文化服务的普惠性、公益性难以实行市场管理的商业模式，政府必定为主要供给者。学者黄梦航❶认为基层文化建设中以乡村文化礼堂为中心，可以有效释放社会力量活力。刘玉堂认为新乡贤可以充当其他供给主体与村民之间的联络者和沟通者，并且作为政府履行职能的补充者。❷ 还有学者认为应以乡村社区为主体❸，围绕乡社形成供给体系。李永萍❹经过实证调查发现老年人协会可以激发村庄社会的内生活力和农民的主体性，可以承担部分乡村文化建设的职责。高晓琴❺提出乡村文化建设应以"社区营造"为核心，通过利益主体的合作提高乡村公共文化服务的活力与质量。李少惠、邢磊发现社会组织可以通过制度、专业、服务、技术嵌入到乡村公共文化服务中。❻ 崔盼盼❼通过"赣南新妇女"运动发现家庭可以成为乡村文化建设的组织主体和治理主体。范红丽等❽实证社会文化组织能够提升乡村居民的幸福感。乡村公共文化服务供给内容是乡村公共文化产品、服务、设施类型的概括，早期农家书屋、文化站、广播站等文化惠民工程满足了村民最基本的视听需求。根据许多学者的调查发现国家在基层开展的文化项目效果并不如预期，一些活动甚至是无人问津。一方面，部分乡村地区供给设施现已陈旧，现阶段所能提供的服务远远滞后；另一方面，设施完好的公共文化设施鲜有人使用，甚至出现有时用于其他活动的尴尬局面。乡村公共文化服务的供给与农村居民的需求之间存在脱节、错位、

❶ 黄梦航. 农村公共文化服务体系建设中社会力量参与的路径问题：以湖北 D 市文化礼堂建设为中心的考察 [J]. 福建论坛（人文社会科学版），2018（4）：73-81.

❷ 刘玉堂，李少多. 论新乡贤在农村公共文化服务体系建设中的功能：基于农村公共文化服务供需现状 [J]. 理论月刊，2019（4）：125-131.

❸ 朱冬亮，朱婷婷. 乡村社区公共文化建设路径探析：以社区能力建设为视角 [J]. 厦门大学学报（哲学社会科学版），2019（3）：129-137.

❹ 李永萍. 论乡村建设的主体、路径与方向：基于湖北省官桥村老年人协会的分析 [J]. 中国农村观察，2019（2）：110-122.

❺ 高晓琴. 乡村文化的双重逻辑与振兴路径 [J]. 南京农业大学学报（社会科学版），2020，20（6）：87-96.

❻ 李少惠，邢磊. 社会组织嵌入：农村基层公共文化服务效能提升路径研究 [J]. 图书馆学研究，2021（10）：32-38.

❼ 崔盼盼. 乡村文化振兴的主体再造与路径创新：以"赣南新妇女"运动为例 [J]. 湖北民族大学学报（哲学社会科学版），2021，39（3）：101-110.

❽ 范红丽，杨嘉乐，张晓慧. 社会文化组织对农村居民幸福感的影响：基于中国劳动力动态调查数据的分析 [J]. 中国农村观察，2022（4）：170-184.

断裂等问题。❶ 当前学界对乡村公共文化服务供需错位的研究已经形成主流共识，即坚持供需结合为导向，厘清失衡原因，以政府主导、社会参与、市场配置的"多元参与"合作模式因地制宜开展文化服务，改善乡村公共文化服务。学者普遍认为要从制度上规范乡村公共文化服务内容以及完善服务内容动态调整机制，当今中央层面上规定各地政府应实质性地提出与当地经济和社会发展水平相适应的服务项目。但乡村公共文化内容更新仍比较滞后。李国新❷认为县级基本公共文化服务内容应当紧密结合国家乡村振兴战略，根据战略变化灵活调整服务内容更新周期。张少君❸认为应根据当地村民的切实需求开展常态与短期结合的服务，以村民问题为出发点，努力解决乡村居民的所需所求。陈建❹认为在增强乡村特色公共文化服务、促进城乡协同发展的同时，采取"先富带动后富"的模式，让城市优质的公共文化服务可以进入乡村，乡村也能结合自身文化资源进行借鉴模仿。胡恒钊❺认为应创新现有乡村文化产品，依托乡村特色文化、特色节日庆典活动，开展当地特有民俗文化活动，并不断推陈出新，创造出乡村群众喜爱的乡村优质文化作品和活动。陶俊、杨敏红❻提出：农村公共文化服务与乡村旅游的融合发展，以乡村公共文化场馆打造旅游目的地，有利于盘活乡村农家书屋、镇图书室等乡村特色文化设施。

　　乡村公共文化服务供给形式是对乡村公共文化服务供给手段、工具、平台、途径等的描述。目前我国乡村公共文化服务的形式主要是以实物为主，如农家书屋、放映电影。供给形式与供给内容之间有着紧密联系，采取哪种供给方式去提供更优质的服务是学界的研究热点之一。对于传统乡村公共文

---

　❶　毛伟，朱祥磊. 新时代乡村公共文化服务供给体系的优化策略［J］. 云南行政学院学报，2020，22（2）：166-171.

　❷　李国新. 关于加强农村公共文化服务建设的思考［J］. 中国图书馆学报，2019，45（4）：4-11.

　❸　困境与突破：乡村振兴战略背景下农村公共文化建设研究［J］. 艺术百家，2022，38（2）：57-63.

　❹　陈建. "中心—边缘"：城乡公共文化服务治理模式及其优化［J］. 图书馆，2022（3）：28-33.

　❺　胡恒钊. 新时代我国农村公共文化服务体系建设的路径选择［J］. 理论导刊，2018（6）：87-91.

　❻　陶俊，杨敏红. 农村公共文化服务体系与乡村旅游的融合发展：以浙江德清总分馆改革为例［J］. 图书馆论坛，2022，42（2）：45-55.

化服务，学者谢敏仪提出"流动的农家书屋"发展构想❶，综合时间、物流成本，在合适范围内交换、流动各农家书屋资源。金栋昌、杨斌推崇"书服到家"的新型服务方式，乡村图书馆与邮政局合作，借助"搭便车"方式使乡村读者享受到"书服到家"服务。❷

"图书馆+服务""图书馆+场所""图书馆+景区"等新路径也取得了不错的成效。随着乡村数字化设施的提升，学者开始探索将数字化、智能化技术融入乡村公共文化服务的供给中，从而激发乡村用户的主动性和满足乡村用户的多样化需求。曾鸣分析数据发现互联网使用通过促进政府财政支出、居民公共事务参与以及完善财政监督的途径提高了乡村公共文化服务满意度。❸唐义、徐薇❹深入分析"韵动株洲"数字文化服务云平台的运行机制与不足，为其他平台的建设提出参考性建议。徐延章结合服务设计思维进行美丽乡村公共文化智慧服务设计研究，从认知、链接、使用和反馈四个方面进行公共文化智慧服务触点设计。❺冯献等❻构建乡村居民公共数字文化服务采纳意愿模型，促进乡村居民参与公共数字文化。王锰等❼采用 fsQCA 模糊集定性比较分析方法归纳出用户信息规避行为的影响机理，为解决乡村公共数字文化服务中用户信息规避行为问题提供借鉴。戴艳清、孙英姿❽探究了农村居民参与公共数字文化服务的演变规律和未来发展趋势。

在乡村公共数字文化服务研究中，学者们逐渐意识到高质量供给的实现离不开供给侧系统性数字化转型，强调了数字赋能对乡村公共文化服务转型

❶ 谢敏仪. 农村公共文化服务新模式："流动的农家书屋"发展构想 [J]. 图书馆理论与实践, 2017（10）：81-84.

❷ 金栋昌，杨斌. 府谷实践：农村"书服到家"的公益合作创新 [J]. 国家图书馆学刊, 2021，30（4）：55-63.

❸ 曾鸣. 互联网使用与农村公共文化服务满意度 [J]. 华南农业大学学报（社会科学版）, 2018，17（4）：84-94.

❹ 唐义，徐薇. 公共数字文化服务平台 PPP 模式应用研究：以"韵动株洲"云平台为例 [J]. 国家图书馆学刊，2020，29（2）：3-15.

❺ 徐延章. 美丽乡村建设中公共文化智慧服务触点设计 [J]. 图书馆学研究，2021（9）：28-34，62.

❻ 冯献，李瑾，崔凯，等. 基于信息生态视角的乡村居民公共数字文化服务采纳意愿影响因素分析 [J]. 图书馆建设，2022（4）：139-146.

❼ 王锰，蒋琳萍，郑建明，等. 乡村公共数字文化服务中用户信息规避行为的影响机理 [J]. 图书馆论坛，2022，42（5）：107-117.

❽ 戴艳清，孙英姿. 农村居民公共数字文化服务参与的演变规律与发展逻辑 [J/OL]. 图书馆论坛：1-12 [2022-10-23]. http://kns.cnki.net/kcms/detail/44.1306.G2.20220922.1814.006.html.

的重要性。杨芳、王晓辉❶以"淄川文化云"为例，运用扎根理论从供需维度分析了数字赋能乡村公共文化服务的过程。江维国、胡敏、李立清❷构建了数字化技术赋能乡村治理现代化的核心路径。罗娟❸探索数字化、智能化场景下乡村公共文化服务可及性的实现机制。曹明❹构建数字技术赋能乡村公共服务的内在机理、现实约束、实现路径。孙晓宁、甄瑾慧从信息生态理论与公共文化服务体系建设的综合视角提出了我国实施农村居民数字贫困消减行动的若干建议。❺ 邵明华、刘鹏从数字技术嵌入并驱动的多元治理、内容偏好、技术接受、网络赋权等维度构建了农村公共文化服务供给动力机制。❻ 数字化为乡村公共文化服务带来了生机，但出现服务适老化程度不高的问题，学者汤资岚提出应针对性采取相应策略，从搭建服务平台、培育信息技能、引领内生需求、驱动外部资源、重构文化空间等方面着手，助推数字乡村战略下农村老龄公共文化服务效能的提升❼。

目前供给侧研究与乡村振兴、文化扶贫等实践问题紧密结合，试图构建"自治+他治"的农村公共文化服务治理体系，重塑供给主体之间的关系，放大农民的主观意愿，建立农民文化需求的表达机制。脱离以往供给侧重于有形物品投入、忽视无形物品开发的思想，目前服务内容和形式开发的研究通常结合"互联网+"技术思想创新供给内容，进而推动新时代的农村公共文化服务发展。但现有研究中指导基层实践的操作性研究成果少，具有乡村公共文化产品和服务特殊性的研究成果少，理论上的研究虽丰富但难以在乡村公共文化服务体系建设中有所体现。随着乡村公共文化服务设施网络完备，供给侧研究应该从供需出发，立足于现实问题，围绕高质量、高效能展开讨论，

❶ 杨芳，王晓辉. 数字赋能农村公共文化服务供需契合作用机理研究：基于扎根理论的质性研究 [J]. 图书与情报，2021（1）：62-69.

❷ 江维国，胡敏，李立清. 数字化技术促进乡村治理体系现代化建设研究 [J]. 电子政务，2021（7）：72-79.

❸ 罗娟. 过程型逻辑：数字乡村建设背景下农村公共文化服务可及性的实现机制 [J]. 农村经济，2022（10）：82-90.

❹ 曹明. 数字技术赋能乡村公共服务创新的机制与路径研究 [J]. 中州学刊，2022（10）：69-75.

❺ 孙晓宁，甄瑾慧. 农村居民数字贫困成因、状态及其关系结构研究：基于山西省晋中市的田野调查 [J]. 中国图书馆学报，2022，48（3）：112-129.

❻ 邵明华，刘鹏. 数字赋能农村公共文化服务高质量供给：价值意蕴、动力机制与路径创新 [J]. 图书馆论坛，2023，43（1）：40-48.

❼ 汤资岚. 数字乡村战略下农村老龄公共文化服务效能提升研究 [J]. 图书馆，2021（10）：9-15，33.

扩大乡村公共文化服务的供给。

（3）乡村公共文化服务均等化研究

实现城市和乡村的公共文化服务均等化是实现一体化发展的重要前提，失衡状态下，城乡一体化发展是空谈。均等化的逻辑起点在于公民基本文化权利的保护，1966年第21届联合国大会通过的《经济、社会、文化权利国际公约》与《公民权利与政治权利国际公约》，第一次在世界范围内把经济、社会和文化权利以法律形式加以确认，从此，公民文化权利作为一项基本人权，与公民权利、政治权利、经济权利和社会权利一起被并列提出[1]。我国《宪法》明确规定了公民享有文化权利和国家的供给义务，公民对文化的追求得到了法律的保护。有学者指出满足公民的基本文化需求、保障公民的基本文化权益是公共文化服务的首要目标。[2] 乡村公共文化服务均等化是让乡村地区公民有均等机会享受公共文化服务，充分保障乡村地区广大公民基本文化权利，也给予乡村极大的发展空间。

近年来，许多学者阐述了乡村公共文化服务均等化的必要性。宏观层面上，均等化能够推动乡村公共文化服务高质量发展、社会主义现代化美丽乡村建设，助力乡村振兴从而实现全体人民共同富裕的目标。然而我国地域之间的差异必然无法实现绝对的公平。杨新海等认为在我国目前社会经济发展水平下，应将城乡公共服务差距控制在合理的、可接受的范围之内，一定程度上实现基本公共服务的城乡均等化供给，而不是为追求平均化，把市场公平竞争中居民间享受公共服务的差异完全抹平。[3] 对于"均等化"内涵的研究，我国学者从"均等""平等"和"公平"等角度进行了语义辨析，认为"平等"表示资源分配均匀，而"公平"则更为强调公道和公正，"公平"与"平等"之间的最大区别在于是否承认存在差异，无差异一定是平等的，但有差异却未必是不公平的，差异过大或过小都有可能导致不公平。[4] 学界曾对公共文化服务到底是"结果均等"还是"过程均等"展开激烈的讨论，学者们虽然存在着不同的表述，但是更多的学者认同"过程均等"，公民拥有均等地

---

❶ 唐亚林，朱春. 当代中国公共文化服务均等化的发展之道 [J]. 学术界，2012（05）：24-39，254-255，265-266.

❷ 王载册，钟丽萍. 论公共文化服务的基本性 [J]. 江汉论坛，2013（10）：122-125.

❸ 杨新海，洪亘伟，赵剑锋. 城乡一体化背景下苏州村镇公共服务设施配置研究 [J]. 城市规划学刊，2013（3）：22-27.

❹ 魏和清. "十一五"以来中国基本公共文化服务均等化差异的追踪分析 [J]. 经济统计学，2016（1）：30-38.

获得基本公共文化服务的机会。均等化的公共文化服务绝不是搞平均主义，让城乡等额分配资源，而是在不同的阶段根据国家政策、地区基本情况以及当地财政状况提供大致均等的公共文化服务，并且均等化水平循序渐进，不断提升。

乡村公共文化服务均等化的研究由理论基础衍生层层递进，通过实证方法进行区域内均等水平的测量。刘蓓、赵修安基于熵权 TOPSIS 法对广西 14 个地市的基本公共服务均等化水平进行评价。[1] 张建清、严妮飒[2]采用主成分分析法测试长江中游城市基本公共服务均等化水平。傅才武、张伟锋[3]利用量化模型评估我国基本公共文化服务均等化程度。刘淑萍、辛冲冲、周全林[4]实证考察中国各地区公共文化服务支出差异。彭雷霆[5]、王雪晴[6]等分别利用基尼系数法对江苏省和湖北省乡村基本公共文化服务均等化进行定量研究。王文玲[7]、张德钢[8]、李百灵[9]等借助泰尔指数分析我国省域内部公共服务均等化水平和公共文化服务区域差异化程度与特征。杨晓军、陈浩探究了中国城乡基本公共服务均等化的区域差异及其收敛性。[10] 完颜邓邓、王子健[11]结合泰尔指数测算与网络调查对我国公共数字文化服务区域均等化进行实证分析。

❶ 刘蓓，赵修安. 基于熵权 TOPSIS 法的基本公共服务均等化评价实证研究：以广西为例 [J]. 学术论坛，2016，39（3）：72-76.

❷ 张建清，严妮飒. 长江中游城市群基本公共服务均等化的测度与特征分析 [J]. 生态经济，2017，33（1）：102-106.

❸ 傅才武，张伟锋. 基本公共文化服务均等化研究：模型构建与实证分析 [J]. 图书馆杂志，2018，37（8）：4-13.

❹ 刘淑萍，辛冲冲，周全林. 中国公共文化服务支出区域差异的实证考察：基于泰尔指数测算及分解分析 [J]. 财经论丛，2019（3）：31-41.

❺ 彭雷霆，皮彦芳. 江苏省基本公共文化服务均等化实证研究 [J]. 图书馆杂志，2018，37（9）：27-36，110.

❻ 王雪晴，田家华. 湖北省基本公共服务均等化水平测度 [J]. 统计与决策，2021，37（23）：81-85.

❼ 王文玲，陈通. 基于泰尔指数的公共文化服务区域均等化测算 [J]. 统计与决策，2021，37（18）：45-49.

❽ 张德钢，郭皓皓，陆远权，等. 财政透明度对基本公共服务均等化的影响研究 [J]. 宏观经济研究，2021（11）：5-16，111.

❾ 李百灵. 长江中游城市群基本公共服务均等化水平测算与区域差异比较 [J]. 统计与决策，2022，38（1）：53-58.

❿ 杨晓军，陈浩. 中国城乡基本公共服务均等化的区域差异及收敛性 [J]. 数量经济技术经济研究，2020，37（12）：127-145.

⓫ 完颜邓邓，王子健. 我国公共数字文化服务区域均等实证分析 [J]. 图书馆学研究，2020（5）：50-58，66.

韩增林等探究中国海岛县基本公共服务均等化时空特征及其演化机理。❶ 张艺炜等❷运用熵值法评价各地区公共文化服务建设水平，描述各地区时空分异。王家合等❸对县域政府购买农村公共文化服务绩效进行评估。吕光明等引入基尼系数测度与解析不同县域类型间基本公共服务均等化程度❹。

对于促进我国公共文化服务均等化水平影响因素的研究，武力超等❺发现金融生态环境对均等化水平提高有显著影响。戚学祥发现均等化程度与地方政府财政自给能力、城镇化率、人均 GDP、人均预算收入成正相关，与人口密度、总人口相关度不高，而与人均转移支付、人口自然增长率、人均一般预算支出不相关。❻ 陈媛媛、柯平❼提出政策和法律因素、经济因素、人文因素是影响公共文化服务均等化的主要驱动因素。吴江、申丽娟、魏勇❽认为贫困地区应集中并优化配置、建立综合服务机制、提供精准对接服务，从而提升公共文化服务均等化效能。齐岳等提出城市群公共服务均等化指数即差异度与经济发展不平衡程度之间存在显著的正相关关系，群域内公共服务均衡协调发展能够促进城市间经济平衡发展。❾ 李少惠、张玉强发现文化多样性会阻碍公共文化服务均等化发展，经济增长对公共文化服务均等化呈现正相关，有利于促进地区的公共文化服务均等化发展。❿ 彭雷霆、康璐玮、欧阳样发现中央文化转移支付与均等化水平提高有直接关系，而地方文化财政支出的增加虽然在短时间内可以提高公共文化服务的均等化水平，但从长期看却阻碍

❶ 韩增林，朱珺，钟敬秋，等. 中国海岛县基本公共服务均等化时空特征及其演化机理 [J]. 经济地理，2021，41（2）：11-22.

❷ 张艺炜，邓三鸿，孔嘉，等. 中国公共文化服务建设的时空分异与影响因素研究 [J]. 图书馆建设，2021（6）：165-174，183.

❸ 王家合，杨硕，杨德燕，等. 县域政府购买农村公共文化服务绩效的空间差异：以湖北省咸宁市咸安区为例 [J]. 经济地理，2021，41（1）：165-172.

❹ 吕光明，陈欣悦. 县域基本公共服务均等化的测度与结构解析 [J]. 财政研究，2022（4）：52-68.

❺ 武力超，林子辰，关悦. 我国地区公共服务均等化的测度及影响因素研究 [J]. 数量经济技术经济研究，2014，31（8）：72-86.

❻ 戚学祥. 省域基本公共服务均等化指标体系建构及其运用：基于四川省的实证研究 [J]. 经济体制改革，2015（2）：58-63.

❼ 陈媛媛，柯平. 基本公共文化服务均等化驱动因素研究 [J]. 图书馆，2019（3）：20-25.

❽ 吴江，申丽娟，魏勇. 贫困地区公共文化服务均等化：政策演进、效能评价与提升路径 [J]. 西南大学学报（社会科学版），2019，45（5）：51-58，198.

❾ 齐岳，秦阳. 城市群公共服务均等化与经济发展不平衡关系研究 [J]. 统计与决策，2020，36（21）：77-81.

❿ 李少惠，张玉强. 文化多样性、经济增长对公共文化服务均等化的影响：基于空间计量模型的实证检验 [J]. 图书馆学研究，2020（1）：33-41.

了这一进程。城镇化进程从长期来看可以提高均等化水平，但在发展中期也可能对均等化产生负面影响。● 均等化是乡村公共文化服务的研究热点，现阶段的研究对实现均等化有一定的指导性作用，但缺乏公共文化服务均等化的统一标准。

1.3.2　国外研究现状述评

国外学者专门针对公共文化服务的研究较少，没有乡村公共文化服务这一说法，往往穿插在公共文化理论、公共产品理论、公共管理理论、乡村文化治理、乡村教育的研究中。鉴于乡村公共文化服务相关理论前面已详细梳理，这里重点介绍国外主流的乡村公共文化服务模式及典型案例。世界主要发达国家经历工业化革命后都建立起较为完善的公共服务体系，但各国的乡村公共文化服务都经历过"低迷期"，国外乡村地区同样存在贫穷、乡村人口向城市转移、城乡发展差距大、公共资源配置失衡、供需错位等矛盾。发达国家展开公共文化服务研究较早，聚焦城乡发展不均衡等问题进行了一系列探索实验，取得了一定的成效，在乡村公共文化服务实践领域累积了丰富的经验，推动过程中产生了社会效应，影响深远。目前学界认为国外主流乡村公共文化服务模式分为三种，一种是以美国为代表的"民间主导型"服务模式，强调依靠社会力量提供乡村公共文化服务，政府一般不直接提供乡村公共文化服务，而是通过政策宏观上引导、调节、协调乡村公共文化服务供给。一种是以日本为代表的"政府主导型"服务模式，指的是政府通过行政手段直接或间接管理乡村公共文化服务事业，主要依靠政府力量实现乡村公共文化服务供给。最后一种是以法国为代表的"多元复合型"服务模式，强调因地制宜，多元供给主体针对不同地区、层次、需求提供乡村公共文化服务。国外主流国家的公共文化服务供给模式的共性大于差异，主流发展方向都倾向于供给主体多元化，政府、市场、社会建立起稳定的合作关系，重视民众参与。当前我国乡村公共文化服务过于依赖政府，缺乏市场的干预，在此以美国的乡村公共文化服务模式、治理模式与具体实践为例，着重分析梳理美国开展乡村公共文化服务的路径，为我国乡村地区提供参考性建议。

美国的乡村公共文化服务主要是由非营利组织和协会提供。美国的治理模式主要是在乡村公共文化服务的培育与发展中，美国政府负责基础设施的

● 彭雷霆，康璐玮，欧阳样. 我国公共文化服务均等化水平影响因素研究：基于 VAR 模型的实证分析 [J]. 图书馆学研究，2021（13）：27-36.

建设、法律的制定、资金赞助。美国政府根据乡村发展形势的变化先后颁布了 100 多部有关乡村的法律，形成较为完整的乡村法律体系。美国政府还强调除政府以外的社会力量参与其中，非营利组织在乡镇中发挥作用。从已有的实践来看，非营利组织服务基本上覆盖了国家社会治理的民生领域，其中公共领域包括科学技术、文化卫生、公共艺术、环境保护、公益慈善以及行业协会等，而公共文化服务供给则属于其中核心的内容❶。美国社区还有志愿者组织，志愿者组织能够开设或者辅助社区公共文化活动。而美国行业协会供给公共文化服务已成为一种社会常态化内容，政府公共服务机构与行业协会机构之间关系较为紧密，并通过一定的途径支持后者制定自身发展的行业条例或管理规则❷。社区成为乡村居民参与公共文化服务的首选，社区中的学校、图书馆在空余时间是乡村公共文化服务供给的主要场所，空余时间学校的教学设施和资源成为乡村居民再教育的地点，图书馆承载了多元的功能，图书馆的资源（包括电子资源）为个人提供教育培训、信息获取、精神文化以及公共服务场所。美国社区教育内涵丰富，覆盖年龄层次广，成人教育发达，惠及民众广泛。美国农村社区开设了成人学院，一方面是为高中生提供进入大学的机会，另一方面为社区有需求的居民提供基本技能和职业技能等教育培训，社区企业参与文化服务的方式主要是提供文化宣传和技能培训等服务。多层次多主体共同打造的公共文化服务，充分满足了不同需求层次的农村居民。具体实践上，美国州政府重视并且挖掘乡村地区的文化和艺术，推动乡村文化产品商业化、规模化发展。路易斯安那州❸力图挖掘更有价值的乡村文化资源；卡罗莱纳州以艺术、文化和创意场所塑造来推动农村地区的发展❹；俄亥俄州利用农村工作室、画廊与剧院提供多样化的公共文化服务，加强艺术、文化空间建设与项目翻新，并将公共文化服务供给作为优先投资事项。❺ 美国政府向社会转移了部分公共文化职能，政府的放权促使社会各机

---

❶ Program guidelines-nonprofit cultural organizations ［EB/OL］．［2021-05-01］. https://iowaculture. gov/arts/grants/iowa-arts-emergency-relief-fund/program-guidelines-nonprofit-cultural-organizations.

❷ President's committee on the arts and the humanities ［EB/OL］．［2021-05-01］. https://files. eric. ed. gov/fulltext/ED572045. pdf.

❸ Cultivating innovative partnerships ［EB/OL］．［2021-04-07］. https://dra. gov/initiatives/dra-partnerships/.

❹ Art of community-rural SC ［EB/OL］．［2021-04-07］. https://www. southcarolinaarts. com/community-devlopment/programs/art-of-community-rural-sc/.

❺ Ohio 2015-2016 biennium capital bill arts & culture committee funding recommendations ［EB/OL］. ［2021-04-07］. http://www. heritageohio. org/wp-content/uploads/2014/01/Statewide-Book-BA. pdf.

构组织也参与乡村公共文化服务的建设中，弥补了市场空白。这种交互还提高了社会机构组织的供给能力，减少了政府的公共文化服务成本，社会满意度也得到极大提升。

通过梳理期刊论文发现：由于国家体制和社会背景的差异，国外专门研究乡村公共文化服务的文献并不多，国外乡村公共文化服务的理论研究也并不丰富，基本上沿用公共文化服务的理论；国内吸收了国外的先进理论，结合国情与政策使其中国化。国外学者的研究视角主要聚焦政府在乡村公共文化服务中的角色定位，在治理框架下讨论乡村公共文化服务的实践问题，强调市场机制的重要性，倡导乡村公共文化服务的多元、协作供给，结合法学、教育学等视角进行乡村实践探索；国内主要集中在公共文化服务供给，尤其是政府与社会组织的供给地位，涉及不同层级、不同主体的跨界协作探讨较少。国外以"乡村公共文化服务"为中心点，贯穿着传统乡村向现代乡村的转化，穿插着对村民的文化教育、技能培训；国内有关乡村公共文化服务体系的理论研究都比较深入，大多是综述性成果。

随着研究的深入，对乡村公共文化服务的研究不能停留在概念的界定和对问题对策的探讨上，当前我国学者聚焦国家文化政策，并基于此提出改善措施，这些建议较为宏观，适用性不高，也缺少关于乡村公共文化服务的前瞻性研究、整体性研究。许多学者去到乡村收集一手资料，但是研究内容大同小异，对同一议题进行反复研究，缺乏乡村居民真实文化服务需求的调查以及趋势量化分析，特别是新时期下乡村公共文化服务评价指标体系、乡村公共文化服务财政指标体系少有学者关注。国内乡村公共文化服务的具体实践研究也还相对不足，我国地域之间条件差距较大，现有实践研究集中特定省份，难以反映区域性的真实情况，影响动态模型的建构，其研究成果也就很难普及推广，这些不足阻碍了我国乡村公共文化服务的健康发展。为不使乡村公共文化发展成为纸上谈兵，研究乡村公共文化服务要扎根于乡村，立足于基层，增添更多的科学依据和操作性强的具体内容。此外，还需要针对不同的乡村公共文化服务供给主体进行探讨，促使更多的主体参与其中，使得乡村公共文化服务供给多样化、丰富化。

乡村公共文化服务高质量发展依据

文化兴则国运兴，文化强则民族强。自 2006 年以来，中共中央办公厅、国务院办公厅相继颁布了"十一五""十二五""十三五""十四五"文化发展规划纲要，专门做出积极推动城乡文化大发展、大繁荣的战略安排，这是国家对文化发展高度重视的直接映射。我国广阔的农村地区经济发展相对落后，农民文化素质普遍不高，新时期"三农"问题成了关系国计民生的根本问题，因而国家提出乡村振兴战略。为贯彻落实乡村振兴战略，各级各类部门陆续颁布一系列的方案、意见等，极大地促进了乡村文化、人才、产业、组织、生态等的发展。❶ 其中乡村文化振兴既是乡村振兴的表征，也是乡村振兴的归宿。随着乡村基础设施的覆盖、资源共建共享的推进、乡村社区建设的推动、现代信息技术的广泛应用，乡村公共文化服务内容逐渐增加、形式日益丰富、水平日益提高，逐步进入高质量发展阶段。文化自信是一个国家、一个民族发展中最基本、最深沉、最持久的力量，持续推动城乡公共文化服务高质量发展则是文化自信的基本保障。

2.1 乡村公共文化服务的政策导向

2.1.1 国家文化发展规划

文化是一个国家的软实力，一个民族的灵魂。它不仅承载着一个民族的

---

❶ 习近平. 在全国抗击新冠肺炎疫情表彰大会上的讲话 [EB/OL]. [2022-10-25]. http://www.xinhuanet.com/politics/leaders/2020-09/08/c_1126467958.htm.

精神和传统，更是国家形象塑造不可或缺的关键组成部分。如果一个国家的文化衰败，那么这个国家就难以繁荣；如果一个民族的文化衰败，那么这个民族必遭淘汰。随着时代的发展，人们对文化生活提出了更高的要求。我们需要坚定不移地走中国特色社会主义道路，推动文化事业和文化产业共同发展，才能更好地推动社会进步、提高国家文化软实力和建设文化强国，进而使中华民族充满生机与活力。

我国一直重视文化的发展，2006年中共中央办公厅、国务院办公厅颁布《国家"十一五"时期文化发展规划纲要》❶，这是第一个中央专门部署文化建设的规划纲要，充分表明了党中央、国务院对文化建设的高度重视。规划纲要对公共文化服务、文化产业发展、民族文化保护等做了全面部署，明确了"十一五"时期文化发展导向，提出了文化建设的指导思想、发展思路、方针原则和发展目标。随后，我国政府相继发布了"十二五""十三五""十四五"文化发展规划。这些文化发展规划纲要将公共文化服务建设作为重点任务之一，从人民群众的文化需求出发做出战略部署，注重推进公共文化设施建设、公共文化产品和服务供给、文化遗产保护传承和利用以及城乡公共文化服务均等化。

公共文化服务基础设施建设，为公共文化的繁荣发展奠定了坚实基础。诸多政策反复强调改善、提高乡村文化的基础设施条件和服务水准，实现基层公共文化设施资源共建共享，推动文化设施向社会免费开放，诸如《"十四五"文化发展规划》提出"探索建立全国市县广播电视节目公共服务平台"❷，通过加强网络基础设施建设推进公共文化的开放共享。公共文化产品与服务供给是公共文化服务的重要内容，形式多样的公共文化服务以及丰富的文化产品是文化传播和发展的主要途径。"十二五"期间，政府部门要求建立覆盖全国地级市、县级市和有条件的县城的数字影院，通过现代信息技术有效地传输文化资源，增强农村及偏远地区的公共文化产品和服务供给能力❸。《"十四五"文化发展规划》提出"培育一批扎根基层的群众文艺团队"，提高公共文化服务的供给能力，广泛开展如文化展览、广播节目、舞蹈

---

❶ 中华人民共和国中央人民政府. 国家"十一五"时期文化发展规划纲要（全文）[EB/OL]. [2022-10-25]. http://www.gov.cn/jrzg/2006-09/13/content_388046_5.htm.

❷ 中华人民共和国中央人民政府. 中共中央办公厅　国务院办公厅印发《十四五》文化发展规划》[EB/OL]. [2022-10-25]. http://www.gov.cn/zhengce/2022-08/16/content_5705612.htm.

❸ 中华人民共和国中央人民政府. 中办国办印发国家"十二五"文化改革发展规划纲要[EB/OL]. [2022-10-25]. http://www.gov.cn/jrzg/2012-02/15/content_2067781.htm.

歌唱等多种多样的、群众方便且乐于参与的公共文化活动，不断丰富群众文化生活。农村地区一直存在公共文化服务的短板，文化的繁荣发展必然是城乡的均衡发展和全面发展，因此推进公共文化服务均等化是国家文化发展的重点。促进乡村公共文化发展的重要手段之一就是推动优质公共文化资源向乡村及偏远地区倾斜。《国家"十二五"时期文化改革发展规划纲要》指出鼓励文化单位、企业等各类社会主体通过提供流动服务等方式对基层和农村进行文化帮扶，利用社会力量促进乡村公共文化服务的均衡发展。

加强文化遗产保护传承和利用，挖掘其存在的文化思想价值，有利于增强民族精神、促进文化自信，扩大中华优秀传统文化的影响力，提高国际竞争力。文化遗产是我们宝贵的文明财富，是我国各族人民在不断的生活实践中创造出来的物质成果和精神成果，保护和利用好文化遗产对我国经济社会的协调、可持续发展有着重要意义。❶《国家"十一五"时期文化发展规划纲要》强调了重要文化遗产的保护，强化群众的文化遗产保护意识，指出要充分利用"文化遗产日"开展文化遗产保护工作，组织举办一系列宣传展览。❷《国家"十三五"时期文化发展改革规划纲要》指出"加强文化遗产保护"❸，扩大了文化遗产保护的范围，要求建立并完善国家文物监察、登录和保护等制度，强化文化遗产的保护工作。2021年8月，中共中央办公厅、国务院办公厅印发的《关于进一步加强非物质文化遗产保护工作的意见》❹指出要在有效保护非物质文化遗产的前提下，促进与旅游业的有机融合，以实现高质量发展，为文化遗产保护利用提供了路径。通过文化遗产与旅游的融合和相互促进，让更多的人享受到文化遗产保护的成果，为旅游提供更加丰富的文化资源，同时文化遗产也为旅游赋能，丰富旅游文化内涵，提高吸引力，从而促进文化遗产的繁荣发展。

❶ 周海涛. 从阐释民族精神到坚定文化自信：论文化遗产保护与知识生产意义 [J]. 档案管理，2022，257（4）：65-70.

❷ 中华人民共和国中央人民政府. 国家"十一五"时期文化发展规划纲要（全文）[EB/OL]. [2022-10-25]. http://www.gov.cn/jrzg/2006-09/13/content_388046_5.htm.

❸ 中华人民共和国中央人民政府. 中共中央办公厅 国务院办公厅印发《国家"十三五"时期文化发展改革规划纲要》[EB/OL]. [2022-10-27]. http://www.gov.cn/zhengce/2017-05/07/content_5191604.htm.

❹ 中华人民共和国中央人民政府. 中共中央办公厅 国务院办公厅印发《关于进一步加强非物质文化遗产保护工作的意见》[EB/OL]. [2022-10-25]. http://www.gov.cn/zhengce/2021-08/12/content_5630974.htm.

2.1.2 乡村文化发展政策

2017 年 10 月 18 日，习近平在党的十九大报告中提出要实施乡村振兴战略，并在报告中指出农业农村农民问题是关系国计民生的根本性问题，强调了"三农"问题在党的工作中的重要地位❶。乡村振兴战略的实施有利于推动乡村政治、经济、文化等各方面的发展，是提升村民幸福感和获得感的重要保障。乡村振兴包括文化振兴、人才振兴、产业振兴、组织振兴、生态振兴五个方面的内容❷。乡村振兴，文化先行。没有文化振兴，就没有乡村振兴。文化振兴不仅是乡村振兴的基本要求，而且是乡村振兴的重要环节。建设好乡村文化，营造良好的社会氛围，可带动乡村其他方面的振兴，促进社会和谐稳定发展。乡村文化建设涉及范围极其广泛，但主要体现在三个方面：乡村文明建设、乡村文化传承和文旅融合。

（1）乡村文明建设

乡村文明建设是提高乡村社会文明程度与营造乡村文化氛围的基础，主要包括农民精神文明建设、文化服务活动、基础设施建设和社会氛围营造等四个方面。首先，加强农民精神文明建设，塑造良好的精神风貌。农民是乡村文化建设的主要力量，其精神层面的全面发展是实现乡村文化振兴的内在动力。国家颁布了一系列文件，从不同的角度促进农民精神文明建设。2016年中央一号文件中指出"增强农民的国家意识、法治意识、社会责任意识，加强诚信教育，倡导契约精神、科学精神，提高农民文明素质和农村社会文明程度"❸。2018 年中央一号文件强调要深入推进农村普法教育和宣传等各项工作，促进农民法治素养的提升，引导农民自觉增强尊法学法守法用法意识❹，提高农民的法治意识。2019 年中央一号文件中指出"引导农民践行社会主义核心价值观，巩固党在农村的思想阵地"。"乡村文明建设必须加强宣传教育，做好农民群众的思想工作，宣传党的路线方针和强农惠农富农政策，

❶ 习近平. 决胜全面建成小康社会 夺取新时代中国特色社会主义伟大胜利：在中国共产党第十九次全国代表大会上的报告 [EB/OL]. [2022-10-25]. http://www.gov.cn/zhuanti/2017-10/27/content_5234876.htm.

❷ 乡村振兴 扎扎实实这样干 [N]. 人民日报，2018-03-20（006）.

❸ 中央政府门户网站. 中共中央、国务院关于落实发展新理念加快农业现代化实现全面小康目标的若干意见 [EB/OL]. [2022-10-25]. http://www.gov.cn/zhengce/2016-01/27/content_5036698.htm.

❹ 中华人民共和国中央人民政府. 中共中央、国务院关于实施乡村振兴战略的意见 [EB/OL]. [2022-10-26]. http://www.gov.cn/zhengce/2018-02/04/content_5263807.htm.

引导农民听党话、感党恩、跟党走"❶。通过线上线下的宣传教育，弘扬时代精神和民族精神，加强农民的思想品德建设，形成良好的乡村文化氛围。其次，充分挖掘乡村文化资源，开展乡村公共文化服务活动。《乡村振兴战略规划（2018—2022 年）》中指出要"深入推进文化惠民，为农村地区提供更多更好的公共文化产品和服务"❷，对乡村公共文化服务资源、品牌等做出了详尽阐述。然后，推动文化基础设施建设，改善公共文化服务条件。我国政府鼓励加强设施建设，推动综合性文化服务中心建设、文化礼堂、文化广场等文化设施建设，开展常态化文化惠民活动，提高农民群众参与的积极性和主动性。此外，职能部门规定博物馆、图书馆、社区文化中心等公益性文化设施免费向公众开放，不断提高公共文化服务的可及性。最后，营造良好的社会氛围，加快乡村文明建设进程。通过宣传交流，各地区可以相互借鉴，共同促进精神文明建设。中共中央、国务院印发的《乡村振兴战略规划（2018—2022 年）》积极倡导建设文明乡村，注重乡风、家风和民风的引导和培育，推动乡村精神文明建设。2022 年 1 月，农业农村部关于落实中共中央、国务院《2022 年全面推进乡村振兴重点工作部署的实施意见》指出"推介第三批全国村级'文明乡风建设'典型案例"❸，通过遴选一批示范县等典型案例提高各地乡村文明建设的积极性，挖掘并宣传道德榜样典型，发挥文化建设示范作用，在全社会营造良好的社会氛围，推动农村精神文明建设。

（2）乡村文化传承

我国有悠久的历史和灿烂的文化。优秀传统文化是中华民族的精神源泉，在促进乡村振兴中发挥着重要作用。非物质文化遗产承载着传统文化的精髓，乡村应该积极挖掘本地的特色文化，创新发展非物质文化遗产。一方面，加大优秀传统文化的保护力度。文化保护是文化发扬传播的基础，文化传播是文化保护的目的。为加大乡村传统文化的保护力度，我国相继出台了诸多文化政策。2022 年 9 月，国家乡村振兴局、农业农村部发布的《关于鼓励引导

---

❶ 中华人民共和国中央人民政府. 中共中央、国务院关于坚持农业农村优先发展做好"三农"工作的若干意见 ［EB/OL］. ［2022 - 10 - 26］. http://www. gov. cn/zhengce/2019 - 02/19/content_5366917. htm.

❷ 中华人民共和国中央人民政府. 中共中央、国务院印发《乡村振兴战略规划（2018—2022年）》［EB/OL］. ［2022-10-26］. http://www. gov. cn/zhengce/2018-09/26/content_5325534. htm.

❸ 中华人民共和国农业农村部. 农业农村部关于落实党中央、国务院《2022 年全面推进乡村振兴重点工作部署的实施意见》［EB/OL］. ［2022-10-26］. http://www. ghs. moa. gov. cn/tzgg/202203/t20220301_6389880. htm.

脱贫地区高质量发展庭院经济的指导意见》指出要"依托乡村非物质文化遗产，发展一批特色鲜明、带动作用明显的非遗工坊"❶，《关于全面推进乡村振兴加快农业农村现代化的意见》强调要加强对传统村落以及具有历史文化价值的村镇等乡村文化遗产和历史遗迹的保护力度❷，以此推动非遗文化的基础设施建设和保护。2022 年，农业农村部发布的《关于落实党中央、国务院2022 年全面推进乡村振兴重点工作部署的实施意见》提出要"加强农耕文明传承。实施农耕文化传承保护工程"，对农耕文明文化的传承和发展做出了重要部署。《中华人民共和国乡村振兴促进法》要求各级人民政府应采取措施积极保护农业非物质文化遗产，深入发掘并弘扬其丰富内涵，实现优秀传统文化的传承和发展❸，从法律层面加强对非物质文化遗产的保护力度，为推进乡村振兴提供有力法治保障。另一方面，利用宣传和技术赋能推动传统文化创新性发展。现代信息技术的发展为非物质文化遗产的传承和发展提供了丰厚的土壤，也为非遗文化的保存、展示和传播开辟了新的路径。2017 年 5 月 1日，中共中央办公厅印发的《数字乡村发展战略纲要》指出"开展重要农业文化遗产网络展览，大力宣传中华优秀农耕文化"❹。借助网络的力量，通过各种网站、平台等宣传传统文化，营造良好的氛围，实现优秀传统文化的广泛传播和发展。2020 年 5 月 9 日，中央网信办等四部门印发的《2020 年数字乡村发展工作要点》强调数字技术在非遗文化中的应用，指出"继续推进非遗记录工程，运用数字化手段加强成果利用"❺；2021 年 7 月，中共中央网络安全和信息化委员会办公室印发的《数字乡村建设指南 1.0》强调农村非物质文化遗产的数字化，提出对农村地区传统口头文学、传统民俗等非物质文化遗产通过信息技术进行数字化记录、保存和宣传展示，构建网络资源数据库，实现农村非物质文化遗产的数字化留存和传播。

❶ 国家乡村振兴局. 国家乡村振兴局　农业农村部　关于鼓励引导脱贫地区高质量发展庭院经济的指导意见 [EB/OL]. [2022-10-26]. https://nrra.gov.cn/art/2022/9/30/art_50_196921.html.

❷ 中华人民共和国中央人民政府. 中共中央　国务院关于全面推进乡村振兴加快农业农村现代化的意见 [EB/OL]. [2022-10-26]. http://www.gov.cn/zhengce/2021-02/21/content_5588098.htm.

❸ 中国人大网. 中华人民共和国乡村振兴促进法 [EB/OL]. [2022-10-27]. http://www.npc.gov.cn/npc/c30834/202104/8777a961929c4757935ed2826ba967fd.shtml.

❹ 中华人民共和国中央人民政府. 中共中央办公厅　国务院办公厅印发《数字乡村发展战略纲要》[EB/OL]. [2022-10-27]. http://www.gov.cn/zhengce/2019-05/16/content_5392269.htm.

❺ 中华人民共和国国家互联网信息办公室. 中央网信办等四部门联合印发《2020 年数字乡村发展工作要点》[EB/OL]. [2022-10-27]. http://www.cac.gov.cn/2020-05/08/c_1590485983517518.htm.

(3) 文旅融合

文旅融合是文化行业和旅游行业的融合,是促进文化传播、产业振兴、文旅繁荣的重要途径。一方面,通过景区的导游、游客等途径传播弘扬中华优秀传统文化和社会主义核心价值观;另一方面,通过文化产品、旅游景观等资源彰显我国深厚的文化底蕴,提高传统文化的可见度和知名度,促进文化交流,开辟文化传播的旅游路线。此外,文旅融合有利于乡村形成文明开放的旅游氛围,接受并不断更新新的思想和外来的优秀乡风文化,打造文明开放的旅游文化空间,促进乡村精神文明的建设。目前,文旅融合是国家重点关注的领域,这些年来一直不断发布政策,实现了从文化旅游发展到推动文旅深度融合的政策导向,推动文旅产业的高质量发展。2011 年《中华人民共和国国民经济和社会发展第十二个五年规划纲要》首次提出了"文化旅游"的概念,明确积极发展文化旅游,提升旅游的文化内涵。2015 年 12 月,国土资源部联合住房和城乡建设部、国家旅游局印发的《关于支持旅游业发展用地政策的意见》从旅游业用地市场配置方面促进相关用地的利用,以支持文化和旅游业态的发展。2016 年,国务院印发的《"十三五"旅游业发展规划》提出"促进旅游和文化融合"❶,并对文化旅游的基础设施、创意产品、旅游品牌、示范区建设等方面做了全面的规划要求。2019 年 8 月,国务院办公厅印发的《关于进一步激发文化和旅游消费潜力的意见》对我国文化和旅游消费设施、消费结构、消费环境、产品和服务供给等做了详细规划和指导。2020 年 11 月,"十四五"规划强调"推动文化和旅游融合发展,坚持以文塑旅,以旅彰文"❷。2020 年 12 月,《粤港澳大湾区文化和旅游发展规划》聚焦粤港澳大湾区的文化和旅游的协调发展,指出"加强与'一带一路'沿线国家和地区文化和旅游交流,深化文化产业和旅游业合作"❸,为粤港澳大湾区文化旅游发展指明发展方向,引领大湾区成为中外文化交流的枢纽和世界旅游的目的地,推动全国文旅协调发展。2021 年 4 月,《"十四五"文化和旅游发展规划》把文化和旅游发展纳入乡村建设行动计划,对我国"十四五"期

❶ 中华人民共和国中央人民政府. 国务院关于印发"十三五"旅游业发展规划的通知 [EB/OL]. [2022-10-27]. http://www.gov.cn/zhengce/content/2016-12/26/content_5152993.htm.

❷ 中华人民共和国中央人民政府. 中华人民共和国国民经济和社会发展第十四个五年规划和 2035 年远景目标纲要 [EB/OL]. [2022-10-27]. http://www.gov.cn/xinwen/2021-03/13/content_5592681.htm.

❸ 中华人民共和国文化和旅游部. 粤港澳大湾区文化和旅游发展规划 [EB/OL]. [2022-10-27]. https://zwgk.mct.gov.cn/zfxxgkml/ghjh/202012/P020201231518402967969.pdf.

间的文化旅游融合发展做出了具体安排和要求，优化了文化和旅游发展布局，推动文化和旅游的高质量发展。2021 年 12 月，《"十四五"旅游业发展规划》指出到 2025 年，实现文化和旅游深度融合，打造一批具有丰富文化底蕴的国际知名旅游景区和度假区。2022 年 8 月，《"十四五"文化发展规划》强调"推动文化和旅游融合发展""提升旅游发展的文化内涵、丰富优质旅游供给、优化旅游发展环境、创新融合发展机制"，打造独具魅力的中华文化旅游体验。广大乡村地区具有丰富的文化和旅游资源，这些政策的发布为乡村文旅融合发展提供了政策支持、指明了前进方向，推动乡村文化和旅游在更广范围、更深层次、更高水平上融合发展，极大地促进了乡村公共文化服务的高质量发展。

2.1.3　数字乡村政策

数字乡村是现代乡村发展的重要趋势，是数字时代发展的必然结果。数字赋能乡村可大大提高乡村公共文化服务能力，我国数字技术与公共文化的融合发展主要体现在农民信息素养和职业技能的提升、信息基础设施建设两个方面。

农民是乡村建设的行动主体，也是数字文化的服务对象。农民信息素养和职业技能的提升对乡村数字化转型起着至关重要的作用，是数字乡村建设的重要内容。数字乡村发展必须将农民的信息素养和职业技能培育放在重要位置，加快培育一支高素质的职业队伍，激发农民的内生动力，推动农村数字化转型[1]。我国一直重视农民信息素养和职业技能的培养，并随着时代的发展，顺应社会趋势，积极推进农民从传统职业技能的培训转向提高数字素养和手机技能培训，加快推进数字乡村的建设。2004 年中央一号文件指出要加强对农村劳动力的职业技能培训，积极促进社会各界参与，并鼓励各种教育培训机构和用人单位为农民提供职业技能培训资源，以此引发社会广泛的关注和积极参与，以推动农民技能的提升[2]；2005 年，中央一号文件对农民技能培训提出了更高的要求，指出要"全面开展农民职业技能培训工作，提高

---

[1]　武小龙. 乡村建设的政策嵌入、空间重构与技术赋能［J］. 华南农业大学学报（社会科学版），2022，21（1）：9-22.

[2]　中华人民共和国中央人民政府. 中共中央　国务院　关于促进农民增加收入若干政策的意见［EB/OL］.［2022-10-28］. http://www.gov.cn/gongbao/content/2004/content_63144.htm.

劳动者素质"❶；2006 年中央一号文件提出了"新型农民"，强调要加快乡村社会事业的发展，培养新型农民，继续支持新型农民科技培训，提高农民务农技能❷；2014 年中央一号文件强调要"加大对新型职业农民和教育培训力度"❸；2016 年，中央一号文件首次将职业农民培育纳入国家教育培训发展规划，并提出"优化财政支农资金使用，把一部分资金用于培养职业农民"❹，提高培养职业农民的积极性；2020 年中央一号文件对农民教育做了更加细致的规划，指出要有效整合利用社会教育机构、农业企业、农民社会组织以及财政支持等各方面资源，加快建立多元化、综合化的高素质农民教育培训体系，提升农民的知识、技能和综合素质❺；2021 年 7 月，中央网信办、农业农村部等 7 部门共同发布《数字乡村建设指南 1.0》，开始注重乡村数字素养的提升，指出"通过线上线下培训相结合的方式，提升农村居民和农村基层干部的设备与软件操作、沟通与协作、数字内容创建、数字安全等数字能力"❻；2021 年 11 月，中央网信办印发的《提升全民数字素养与技能行动纲要》指出"要把提升全民数字素养与技能作为建设网络强国、数字中国的一项基础性、战略性、先导性工作"❼；2021 年《"十四五"国家信息化规划》指出要加快提升农民数字技能；2022 年中央一号文件中指出要加强农民数字素养与技能培训；2022 年 3 月国务院印发的《"十四五"推进农业农村现代化规划》对农民数字技能提升提出了更加细节化的措施，强调"持续推进农

❶ 中华人民共和国中央人民政府. 中共中央 国务院 关于进一步加强农村工作提高农业综合生产能力若干政策的意见 [EB/OL]. [2022-10-28]. http://www.gov.cn/gongbao/content/2005/content_63347.htm.

❷ 中华人民共和国中央人民政府. 中共中央 国务院关于推进社会主义新农村建设的若干意见 [EB/OL]. [2022-10-28]. http://www.gov.cn/gongbao/content/2006/content_254151.htm.

❸ 中华人民共和国中央人民政府. 中共中央 国务院 关于全面推进乡村振兴加快农业农村现代化的意见 [EB/OL]. [2022-11-05]. http://www.gov.cn/zhengce/2021-02/21/content_5588098.htm.

❹ 中华人民共和国中央人民政府. 中共中央 国务院 关于落实发展新理念加快农业现代化实现全面小康目标的若干意见 [EB/OL]. [2022-11-05]. http://www.gov.cn/zhengce/2016-01/27/content_5036698.htm.

❺ 中华人民共和国中央人民政府. 中共中央 国务院关于抓好"三农"领域重点工作确保如期实现全面小康的意见 [EB/OL]. [2022-11-05]. http://www.gov.cn/zhengce/2020-02/05/content_5474884.htm.

❻ 中华人民共和国国家互联网信息办公室. 数字乡村建设指南 1.0 [EB/OL]. [2022-11-05]. http://www.cac.gov.cn/2021-09/03/c_1632256398120331.htm.

❼ 中华人民共和国国家互联网信息办公室. 提升全民数字素养与技能行动纲要 [EB/OL]. [2022-11-17]. http://www.cac.gov.cn/2021-11/05/c_1637708867754305.htm.

民手机应用技能培训，加强农村网络治理"❶；4月发布的《2022年数字乡村发展工作要点》将加强数字乡村人才队伍建设作为重点任务之一，指出要持续开展手机应用技能培训，提高农民在数字化环境下的生活和工作效率，同时要开展相关网络安全教育培训，增强农民对网络安全的认识和理解，教导他们如何保护自己的个人信息，避免网络诈骗和个人隐私泄露等问题，保障农民在数字时代的权益和安全。❷

另一方面聚焦信息基础设施建设。信息基础设施是乡村信息化发展的前提条件，也是数字乡村建设的重要基石，更是乡村振兴实践的基本保障。2017年，中共中央办公厅、国务院办公厅印发的《数字乡村发展战略纲要》对信息基础设施做了详细说明，指出数字乡村的信息基础设施包括乡村网络设施、信息终端、数据中心、信息服务机构等。我国农村信息基础设施建设经历了从加强农业信息化建设，到推进信息基础设施进村入户，再到建立更加系统、完善、综合化的信息基础设施体系的转变。2005年中央一号文件强调要"加强农业信息化建设"；2006年中央一号文件对农村基础设施建设做了更进一步的规划，指出要积极推动农业信息化建设，充分挖掘和利用农业相关信息资源，加强农村信息服务，扩大农民获取信息的渠道，重点关注"金农"工程和农业综合信息服务平台的建设工程，为农民提供一站式的农业信息查询、技术咨询、市场交易等服务。2007年中央一号文件提出加强农村一体化的信息基础设施建设是当前的重要任务，并倡导创新服务模式，以适应农村的特殊需求和背景，启动农村信息化示范工程，推动农村信息化的普及和发展。2008年中央一号文件提出了"积极探索信息服务进村入户的途径和办法"❸，积极扩大信息服务的覆盖范围，满足群众的信息需求。2016年7月发布的《国家信息化发展战略纲要》中指出要"实现信息基础设施共建共享，推进区域和城乡协调发展"❹；2020年7月中央网信办等七部门印发的《关于开展国家数字乡村试点工作的通知》中强调"完善乡村新一代信息基础

---

❶　中华人民共和国中央人民政府. 国务院关于印发"十四五"推进农业农村现代化规划的通知[EB/OL]. [2022-11-17]. http://www.gov.cn/zhengce/content/2022-02/11/content_5673082.htm.

❷　中华人民共和国国家互联网信息办公室. 2022年数字乡村发展工作要点[EB/OL]. [2022-11-18]. http://www.cac.gov.cn/2022-04/20/c_1652064650228287.htm.

❸　中华人民共和国中央人民政府. 中共中央　国务院关于切实加强农业基础建设进一步促进农业发展农民增收的若干意见[EB/OL]. [2022-12-26]. http://www.gov.cn/jrzg/2008-01/30/content_875066.htm.

❹　中华人民共和国中央人民政府. 中共中央办公厅　国务院办公厅印发《国家信息化发展战略纲要》[EB/OL]. [2022-12-26]. http://www.gov.cn/xinwen/2016-07/27/content_5095336.htm.

设施。加强基础设施共建共享，打造集约高效、绿色智能、安全适用的乡村信息基础设施"●；2021年12月《"十四五"国家信息化规划》将"建设泛在智联的数字基础设施体系"作为重大任务之一；《"十四五"数字经济发展规划》指出要"建设高速泛在、天地一体、云网融合、智能敏捷、绿色低碳、安全可控的智能化综合性数字信息基础设施"●。2022年3月，《"十四五"推进农业农村现代化规划》开发适应"三农"特点的信息终端、技术产品、移动互联网应用软件，构建面向农业农村的综合信息服务体系。

2.2 乡村公共文化服务的实践要求

2.2.1 公共文化设施建设与管理

近年来乡村经济发展水平逐渐提高，乡民不再满足于温饱状态，其文化需求随之不断增加。为了让广大乡村民众共享社会发展成果，国家极力推动公共服务下沉，扩大公共服务的覆盖范围。乡村公共文化服务是公共文化服务体系的重要组成部分，越来越受到党和政府的重视。基础设施是公共文化服务开展的基本前提和有效载体，其建设的数量和质量直接关系到公共文化服务的效能。近年来，在公共文化服务均等化的推动下，乡村公共文化服务设施建设已取得了一定成效，全国乡镇文化站覆盖率、村村通覆盖率和文化信息资源共享工程乡镇服务点覆盖率都达到了98%以上。目前，"三下乡"文化活动、"戏曲进乡村"和农村综合文化服务中心等多项文化惠民工程都在稳步推进中，这些项目的实施一定程度上解决了广大乡村、山区和贫困地区民众的公共文化需求。

在农村居民收入水平持续提高的情况下，农民对文化消费的需求也越来越强烈，农村地区对文化商品和服务的需求越来越多样化，这就给农村地区的公共文化产品和服务带来了更高的要求，这就迫使农村地区的公共文化供给侧在内容上进行更深层次的改革，从而使农村地区能够更好地满足人民群众的需要。其中，乡村文化发展中的基础性和保障性环节之一就是乡村公共

● 中华人民共和国国家互联网信息办公室. 中央网信办等七部门联合印发《关于开展国家数字乡村试点工作的通知》［EB/OL］.［2022-12-27］. http://www. cac. gov. cn/2020-07/17/c_159653 9938841028. htm.

● 中华人民共和国中央人民政府. 国务院关于印发"十四五"数字经济发展规划的通知［EB/OL］.［2022-12-27］. http://www. gov. cn/zhengce/zhengceku/2022-01/12/content_5667817. htm.

文化服务基础设施的建设。持续完善乡村公共文化基础设施，是实现乡村公共文化服务全面覆盖的前提和保障。在农村地区的文化建设过程中，政府强化基本的公共文化设施建设，扩大农村公共文化服务网络覆盖面。比如，建立综合文化活动室、农村书屋和文化活动中心等文化惠民设施，推动公共文化服务的模式创新，开展丰富多彩的群众性文化活动，提高人民群众的文化生活满意度。解决公共文化服务供给"最后一公里"问题，结合农村地区的实际人口分布，科学规划基层文化设施的数量布局，减少社区与活动广场之间的空间距离。通过加强基础设施建设与开展各种公共文化活动，囊括更多人口进入乡村"文化圈"，方便民众进行基本的文化消费，方便群众进行文化休闲与娱乐。❶ 乡村公共文化空间是包含生活型、学习教育型、文化艺术型和社交互动型空间在内的空间体系，乡村公共文化基础设施建设通过整合乡村各类文化资源，回应乡村居民多样化的公共文化参与和需求，并促进公共文化参与成为乡村居民的生活习惯和方式。如此乡村居民就能更加主动地参与其中，并从中获得文化的享受和收益。公共文化实施如果只建设不利用，不但达不到满足人民文化需求的目的，还是一种资源的浪费，因此必须高度重视加强现有公共文化设施管理。目前必须转变只注重建设而忽视管理的状况，即既要改善农村文化设施，又要加强对其的管理工作。❷ 只有在这种情况下，才能最大限度地发挥乡村公共文化设施的功能，为农民提供更丰富更高质量的服务。各相关部门建立健全相关管理机制，及时收集各地区村民的实际需要和原有设施数量信息，必要时详细调查村民对区域内设施的实际使用频次和具体使用情况，以此为依据改进公共文化设施布局方案，并根据村民消费水平设置预留空间，科学把握均等化供给策略。总之，在公共文化设施配齐以后，应该及时制定相应的管理、使用、维护、考核制度，切实提高乡村公共文化设施的使用效率，定期考核乡村公共文化设施的运行情况。对于在考核中表现良好的村庄，可以给予一定的扶持或奖励，从而促进乡村文化事业发展。

另外，乡村公共文化设施布局的规范指标化有助于实现设施的均等化分布。政府应在共建共享的背景下，充分考虑不同文化水平群体及其愿意通勤

❶ 刘田飞，陈刚. 精准扶贫视阈下乡村文化扶贫体系构建与路径优化研究 [J]. 四川民族学院学报，2019，28（4）：58-62.

❷ 李红岩，秦风明. 加强乡村文化建设 助推乡村振兴战略 [J]. 前进论坛，2021（2）：21-22.

时间，合理规划公共文化设施的空间布局，确保文化服务和设施使用的效果，实现资源共享的内涵。各地区应首先从制度层面统筹城乡公共文化服务体系建设，科学安排城乡公共文化设施的均衡布局，大力提升乡村公共文化的服务质量，为乡村居民提供与当地社会文化发展水平相匹配的公共文化设施。因此，政府职能部门需要加强农村公共文化设施的整体规划，充分考虑农村地区的发展差异以及群众的需要，不断完善乡村图书室、城镇图书馆、农家书屋、健身广场等文化场所，积极打造乡村公共文化服务平台，实现农村地区的文化服务与乡村居民们的精神文化需求的准确匹配。❶ 具体来说，要从农村基层开始调查，了解其期望和实际需要，并进行科学的规划和布局，确保资源的合理配置和发展。第一，定期普查。政府部门应该主导并定期组织开展农村公共文化基础设施的调查和统计工作❷，确保"底数清、情况明"的状态，为农村公共文化基础设施建设标准的调整以及后期发展规划等提供决策支持。第二，科学规划。根据各地城乡规划以及其他相关专项规划等，遵循合理定位、均衡发展、环境友好等要求的原则，科学规划农村公共文化设施的数量、规模、类型、布局等方面❸。第三，标准明确。根据不同地区的实际情况制定并调整规范，同时因地制宜地对服务标准的内容进行规范和细化，以便确保其可操作性。第四，资源配置。当前，政府主导与社会力量参与的乡村公共文化服务体系，是乡村公共文化服务工作的重点，其核心是要严格按照农村公共文化服务的要求，建立健全政府主导、市场调节、社会力量补充的制度保障体系，有效解决供需矛盾，提升供给效率，提高农村公共文化基础设施服务效能。

2.2.2 公共文化资源建设

乡村文化资源建设是确保村民文化权益的前提条件，为乡村居民提供了接触和参与文化活动的机会，包括接受教育、参与文艺活动、享受文化服务等，丰富其精神文化生活，有助于提升乡村居民的满意度与幸福感。同时公共文化资源建设是一项不可或缺的基础性工作，必然是乡村公共文化服务平台构建的前提条件。通过推动文化创意、文化产品的生产和推广，促进乡村经济的发展，营造具有文化特色和魅力的乡村形象，推动乡村振兴战略的顺

❶ 陈建光. 以文化建设引领新时代乡村振兴 [J]. 农村经济与科技, 2020, 31 (4): 273-274.
❷ 师彦伟. 农村公共文化基础设施供给问题研究 [D]. 新乡: 河南师范大学, 2020.
❸ 师彦伟. 农村公共文化基础设施供给问题研究 [D]. 新乡: 河南师范大学, 2020.

利实施。显而易见，建立健全乡村公共文化服务供给、管理和保障制度，有利于为乡村居民提供全面、丰富、便利、优质、高效的文化服务，从而满足村民们的文化新期待。

长期以来，农村公共文化建设存在一种误区，将乡镇视为农村文化建设的最基层。其实，乡镇固然在农村文化服务中具有重要地位，但乡村基层文化建设还有更为基层的社区、村庄及生产组等层面。因此，首先，农村文化的设施建设与公共服务必须重心下沉，加大对过去以乡镇为主导的乡村文化管理方式进行改革的力度，全面建立涵盖行政村的公共文化服务网络，切实提供更加多元、更加丰富、更加便利的公共文化服务活动。在农村整体规划中包括村级文化交流平台的建设，以构建完善的农村公共文化服务系统。为此，我们要做的第一步，就是要把各个部门的资源进行整合，把分散在各地的乡村文化建设资源集中起来，再从县级、乡镇"打包"到村级，不失为一个切实可行的办法。其次，要对乡村文化资源进行有效的开发，乡村文化设施经过长时间的发展，已经有了一定的基础，比如"村村通"等硬件设施、文化广场、改造再利用的校舍、农村党员干部的远程教育网。构建乡村公共文化服务体系，必须有效整合现有的乡村文化资源，确保有限的乡村公共文化资源发挥出最大的作用。❶ 下面将具体从多元化供给、实施文化供给侧改革、合理利用现代化技术三个方面进行阐述，探讨乡村公共文化资源建设的具体途径。

第一，多元化供给，丰富乡村公共文化资源。根据我国农村的实际状况，结合社会主义新农村建设的宏伟目标，乡村文化资源建设应当涵盖文化、教育、科学、艺术、体育等诸多领域，这是一个集知识性、趣味性为一体的大型综合性文化资源体系，基本上能够满足不同人群对公共文化的个性化需求。当今时代，我国农村占据了大部分的土地面积和较多的人口，发展乡村文化也是推动我国社会主义文化大发展大繁荣的切实需要。目前，文化已经成为一个民族凝聚力和创造力的重要源泉，也是综合国力竞争的重要因素❷。显而易见，文化在一定程度上来说也是生产力，必须加强各种文化资源建设，落实文化资源入村入户。一方面，政府应该增加对资源的投资，以满足乡村发

---

❶ 全国农村文化联合调研课题组. 中国农村文化建设的现状分析与战略思考 [J]. 华中师范大学学报（人文社会科学版），2007（4）：101-111.

❷ 傅琼，陈妍. 乡村文化建设中存在的问题及对策：基于江西省的调研 [J]. 江西农业大学学报（社会科学版），2012，11（3）：126-130.

展和人民群众对文化生活的需求，各级政府机构应该从经济发展的角度出发，注重乡村文化设施建设，并将其纳入乡村发展的基本规划中。另一方面要充分调动政府与社会的参与积极性，采取"民办公助""公办民营"等不同的实施方式，共同促进乡村文化的发展。"公办民营"即通过政府搭建基础平台，吸收社会力量参与，使二者相互融合、相互促进，从而有助于加速转变目前我国乡村文化落后的局面。"民办公助"是以民间力量为主体，通过国家财政的补助和激励，吸引民间力量加入乡村公共文化服务事业，从而减轻政府对于乡村公共文化事业投入的资金压力，实现公共财政投入效益最大化的目标。只有各级政府的高度重视并充分发挥政策、资金、制度、方式的合力，才能确保乡村文化的公共文化资源建设取得成果，乡村的电视入户、农家书屋、文化活动中心建设等乡村文化中的物质文化建设才能确保有效实施。❶

第二，实施文化供给侧改革，提升乡村公共文化资源供给的有效性。当前农村公共文化资源的闲置和重复建设问题，不仅造成了公共文化经费的浪费，而且还加重了地方乡镇政府的财政负担。例如图书室存在人流量过低的情况，文化服务站存在选址不合理的现象，这些或多或少跟村民使用不方便直接关联。因此，要对碎片化的资源进行整合有效利用。首先在公共文化设施建设上，文化站的选址要方便村民参与，降低农民参与公共文化活动的交通成本；图书采用订单式的方法进行采购，在购买前预先搜集村民们的阅读需求，减少政府统一采买次数，避免图书资源浪费；图书室中可适当增添少儿读物以及老年有关的书目，以提高图书室的使用率。地方学校的运动场也可以用作公共活动，在确保学校正常教学的前提下给当地的居民提供更多的活动空间。如果地方学校有电子阅览室，就可以减少或停止重复建设，剩余的经费可以投入公共文化设施的建设中。此外，由于我国农村老年人、儿童的数量较大，在开展文化活动时应注意满足相应人群的实际需求。对于儿童来说，可以透过文化课与美术课，让他们对我们国家的优秀文化产生好奇心与兴趣。对于老人来说，可以通过文化艺术、技能训练、健康指导来充实自己的晚年生活。

第三，合理利用现代化技术，丰富乡村公共文化资源建设途径。在当今智媒时代，智能移动终端的快速普及为使用者保障了更加亲民的互动，尤其是虚拟现实、增强现实等现代信息技术为使用者创造了一种新的体验。在乡

---

❶ 谭建跃. 当前我国乡村文化建设存在的问题及对策：以湖南 X 乡村为例 [J]. 南华大学学报（社会科学版），2008（4）：15-19.

村公共文化服务建设中，一方面通过文化活动中心、农家书屋、艺术广场等多种文化场所为村民提供阅读资源、电影娱乐、文艺汇演、展览演出等丰富多彩的文化活动。另一方面，利用数字网络提供公共文化服务，为村民创造远程文化体验环境，让村民在家也可以使用计算机或智能手机应用进行远程接入，透过电子设备，与艺术品、文物、图书等进行互动和观赏，与其他参与者一起讨论、分享心得，创造出新的交流和体验方式，促进文化资源的共享和互动交流。

农村的公共文化活动可以利用音乐、舞蹈、体育等形式来开展，还可以举办带有农村当地特点的活动，让村民有机会参与。比如，文化云平台可以与农村用户的地理位置相结合，通过可视化的文化地图，将当地的公共文化服务推荐给用户；县融媒体可以在"村村通"的基础上，开展"农村广播电视""送戏下乡"等文化内容的剧透设计；公共文化服务机构可以将智能手机应用，如微信、抖音等，与农村居民喜爱的农村文化服务与活动相结合；而中高考期间，乡村综合文化中心可以为广大农村考生、父母提供考试信息、报名信息等。农村公共文化服务网络的网络传播触点设计应考虑到农村居民不同的知识水平、年龄结构，并结合他们的行为与个性特点，提供个性化的推荐和定制功能，采用易于理解和操作的界面，让不同层次的用户都能轻松使用，更好地促进农村居民对公共文化服务的关注和参与，从而推动乡村文化建设的进一步发展。

通过各地村民的关注和参与，引领城乡居民积极互动，进而实现城乡文化的有效沟通。村民们可以借助文化交流，提升自身荣誉感和获得感，乡村文化建设特色得以体现。

2.2.3 公共文化服务推广

由于受传统规划管理制度的制约，乡村公共文化服务中各类文化组织的活力相对较弱，缺少积极的服务意识和创新意识，同时也存在着人浮于事的现象。尤其是我国的一些公共文化机构，其经费主要来自国家的财政投入，而不是通过社会公众评价的结果来决定，因此在公共文化机构的日常管理理念中，服务推广意识相对不足。毋庸置疑，公共文化服务是一种基本、普遍、公益、均等的文化传播活动，需要通过用户之间的互动交流来拓展其服务的广度、深度与影响。譬如，借助社区、学校、图书馆等场所，开展相关主题的宣传活动和培训，提高公众对文化服务的认知和理解。通过与公众的互动和沟通，了解他们的需求和反馈，进一步优化和改进公共文化服务，使之更加贴近公众的需求。通过宣传推广提高公共文化服务的可见性和认知度，鼓励更多的人参与其中，实现公共文化服务的公益价值和社会效益。❶

　　服务推广是指把服务看作与使用者维持长久关系的战略因素，因此必须从观念上确立新的文化服务推广理念，并将其融入具体的工作安排之中。服务推广工作中的精准需求分析是实现公共文化服务精准推广的关键，一是创建用户文化需求资料库。在采用传统的用户需求采集和调查方法之外，还可以采用网络问卷调查、网站平台等各种方式，对用户的行为习惯等信息进行采集，建立起与之对应的目标人群数据库，以更好地了解用户需求，为公共文化活动的开发提供有效依据。❷ 二是利用大数据进行个性化推广。避免从主观体验的角度去猜测用户的心理、决断等问题，在大数据基础上进行个性化的推广和精准的宣传。三是精准推广公共文化服务。对特定人群进行精准宣传，提高推广工作的工作效率，最终目的是向用户提供高质量的、符合用户喜好的内容。

　　由于使用者的知识水平、个人兴趣和社交圈子不同，他们对公共文化服务的需求、接受程度和参与程度会有所差异，在接受公共文化服务时会展现出多样化、个性化特征。多媒体、流媒体等数字信息技术的广泛应用，为乡村文化振兴带来了前所未有的发展机遇。当前，文化惠民工程业已取得初步成效，广播电视村村通已经基本实现；智能化移动服务逐渐得到应用，融合多媒体的互动体验环境走入了人们生活。乡村公共文化服务的技术条件不断改进，极大地拓展了其服务范围与提升了其服务质量。在推广农村公共文化服务的过程中，通过分析广大居民的兴趣和喜好，把握其使用习惯和认知能力，设计适应性的智能媒体传播环境和融合服务，促使乡村社区活动与音视频有机结合，形成丰富、多样的媒介内容和鲜活、互动的体验方式，实现用户高度参与乡村公共文化活动。

　　结合农村用户的媒体偏好推广公共文化服务，通过线下推广公共文化智慧服务，并加强重点服务区域的文化宣传力度，这是实现公共文化智慧服务触点设计的关键。用户对公共文化服务的认识和了解，就是用户之间在工作、生活和文化上进行交流的过程。在美丽乡村的建设过程中，除了通过村支部、

　　❶ 徐延章. 美丽乡村建设中公共文化智慧服务触点设计 [J]. 图书馆学研究，2021（9）：28-34，62.
　　❷ 韦楠华，吴高. 公共数字文化服务营销推广现状、问题及对策研究 [J]. 图书馆学研究，2018（17）：61-67.

村委会宣传板等方式，还应结合村民的工作、出行、购物等习惯进行宣传。公共文化智能服务推广需要把村民行为和乡村环境相联系，并运用媒体进行创意创新设计。公共文化智能服务的线下推广可以选择人流量较高的地点，如各个村庄的出入口、相关文化活动的地点、街道办事处等，展示公共文化宣传画或活动标识，提高公共文化服务的曝光度与影响力。公共文化服务的线上推广可以将数字电视与农村"大喇叭"相结合，开展乡村内部的文化传播。在公共文化智慧服务的推广时间选择中，既可以选择平日的休闲时段，也可以选择传统节日、集市等乡村团体活动场合。开展"智慧公共文化服务"活动，既要动员党员积极担当"宣传员"的角色，又要以各种方式动员群众参与。在乡村公共文化服务推广对象的体验设计中，要将居民的认知特征和文化喜好等融入推广活动中，并根据个性化需求设计广告和推广内容，可以特别强调相关活动的特色和传统文化元素，提供多样化的展示形式。

相对于城市用户，农村用户在地域上表现出更强的熟悉性，产生了走亲访友这种传统的社交方式和沟通手段。智能手机等移动业务促使农村用户的垂直社交和泛社交交互方式不断拓展，并在农村形成了共同的兴趣群体，具有相同的认知特征和情感需求。公共文化智能服务可以整合用户的兴趣、认知、情感，并利用故事化的设计思想进行创作认知与分享。譬如，通过智能设备的现场直播，宣传报道文化下乡活动、农家书屋服务、文化巡回展览、文化交流社群建设、创意海报共享等，创建乡村居民文化交流新形态。基于乡村基层社交网络开展公共文化智慧服务，形成融合农村社区社会化环境的主题服务，利用用户群体的口碑效应来吸引广大居民的兴趣和关注，进而扩大公共文化智慧服务的美誉度、满意度、知名度和影响力。

2.3 乡村社区建设的推动

2.3.1 乡村社区建设的提出

中国社会经历了漫长的历史演变，已经从"乡土中国"（新中国成立之前）发展到"单位中国"（新中国成立到改革开放之前）再发展到"社区中国"（改革开放以后）❶。早在 1933 年费孝通先生介绍帕克的社会学理论之

---

❶ 刘建军. 社区中国：通过社区巩固国家治理之基 [J]. 上海大学学报（社会科学版），2016，33（6）：73-85.

时，就明确地将"community"一词翻译为"社区"，从社区角度审视社会发展。1986 年，民政部为了加强城市管理而引入"社区"概念，要求在城市开展社区服务工作，这标志着社区已经成为城市的基层组织。随后民政部相继召开"全国城市社区服务工作座谈会"（1987 年）和"全国城市社区服务工作会议"（1989 年），分别提出城市社区服务应从老人服务、残疾人服务、优抚对象服务、困难户服务、儿童服务、家庭服务以及其他便民服务做起❶，要求在全国普遍开展社区服务工作❷，这表明当时我国已经从民政服务角度大力推进社区服务工作。2000 年，中共中央办公厅、国务院办公厅转发《民政部关于在全国推进城市社区建设的意见》，明确提出"社区建设是指在党和政府的领导下，依靠社区力量，利用社区资源，强化社区功能，解决社区问题，促进社区政治、经济、文化、环境协调和健康发展，不断提高社区成员生活水平和生活质量的过程"，从而要求将社区建设纳入国民经济与社会发展计划之中。2001 年，国家"十五"计划发展纲要强调建立"社区管理体制和运行机制""加强社区组织和队伍建设，扩充社区管理职能""以拓展社区服务为龙头，不断丰富社区建设的内容"，从而建立新型的现代化社区。❸ 至此，社区建设不仅成了一个普遍使用的概念，而且成了城市管理的重要抓手。

农村社区又称农村共同体、乡村社区、村落社区，是以中心村、若干个行政村或自然村为范围，以多种社会关系和社会认知相结合的社会生活共同体。❹ 农村社区居民的谋生手段主要是农业生产，普遍存在享受公共文化服务不足的现象。在实现城乡均等化、一体化过程中，因农村公共产品供给严重短缺，我国 21 世纪初开始大规模推进农村社区建设，旨在促使城市公共服务"下乡"，形成城乡一体、普惠均等的公共服务体系。由于村庄规模大小迥异、空间分布不同与特质表征差别，农村社区建设产生了"一村一社区""几村一社区"和"一村多社区"等三种模式，其中最为常见的建设模式是"一村一社区"。❺ 2006 年，十六届六中全会通过的《关于构建社会主义和谐社会若干重大问题的决定》使用了"农村社区"一词，提出要"积极推进农村社区建

❶ 白云. 全国城市社区服务工作座谈会要求以居委会为基层单位开展社区服务 [N]. 人民日报，1987-09-22.

❷ 李春. 我国城市社区公共服务模式的发展历程与启示 [J]. 理论导刊，2013 (2)：26-28.

❸ 中华人民共和国中央人民政府. 中华人民共和国国民经济和社会发展第十个五年计划纲要 [EB/OL]. [2021-03-09]. http://www.gov.cn/gongbao/content/2001/content_60699.htm.

❹ 刘云宝，陈德仙，崔国虎. 我国农村社区建设的起源与政策导向 [J]. 农村经济与科技，2018，29 (7)：247-248.

❺ 李勇华. 农村"社区"与"行政村"辨析 [J]. 探索，2014 (5)：80-85.

设，健全社区管理和服务体制，把社区建设成为管理有序、服务完善、文明祥和的社会生活共同体"。● 2007 年，民政部下发《全国农村社区建设实验县（市、区）工作实施方案》，确定了一批农村社区建设试点地区，这标志着农村社区建设正在稳妥推进。2009 年，民政部发布《关于进一步推进和谐社区建设工作的意见》，要求统筹推进城乡社区建设。2010 年中央一号文件大力倡导农村社区建设，要求加快培育社区服务性、公益性、互助性的社区组织，有条件的乡镇设立乡镇便民服务中心、村设立代办点，切实为农村居民提供便捷的服务。● 2015 年，中共中央办公厅、国务院办公厅发布《关于深入推进农村社区建设试点工作的指导意见》●，既科学系统地指出了当前农村社区建设的意义、要求和任务，又针对当前建设中面临的复杂环境和各种问题提出了指导方针，积极推进农村社区建设工作。社区建设涉及社区文化、教育、保障、环境、卫生、安全等各个领域，为加强各方的协同合作，2015 年，中共中央办公厅、国务院办公厅印发《关于加强城乡社区协商的意见》，明确要求"开展形式多样的基层协商，推进城乡社区协商制度化、规范化和程序化"●。2017 年 6 月，《中共中央　国务院关于加强和完善城乡社区治理的意见》指出，"完善城乡社区治理体制，努力把城乡社区建设成为和谐有序、绿色文明、创新包容、共建共享的幸福家园"●。2017 年 10 月，党的十九大报告提出，"加强社区治理体系建设，推动社会治理重心向基层下移"●。诸多推进社区发展的政策相继颁布，为农村社区建设提供了良好契机。

农村社区建设是促进城乡一体化发展的有效途径，其本质是通过加大农村公共财政投入，推动公共服务下沉，破解"三农"问题，促进农村经济社会发展，逐步缩小城乡差距。农村社区建设是城乡发展一体化进程中行政村建设的新形态，它大大拓展了原行政村建设和村民自治的建设领域，并赋予

● 刘云宝，陈德仙，崔国虎. 我国农村社区建设的起源与政策导向 [J]. 农村经济与科技，2018，29（7）：247-248.

● 刘云宝，陈德仙，崔国虎. 我国农村社区建设的起源与政策导向 [J]. 农村经济与科技，2018，29（7）：247-248.

● 中华人民共和国中央人民政府. 中共中央办公厅　国务院办公厅印发《关于深入推进农村社区建设试点工作的指导意见》 [EB/OL]. [2023-01-31]. http://www.gov.cn/xinwen/2015-05/31/content_2871051.htm.

● 林哲. 我国城市社区治理运行机制研究：基于福州市的经验 [J]. 海峡教育研究，2020（1）：71-76.

● 向德平，华汛子. 中国社区建设的历程、演进与展望 [J]. 当代中国史研究，2019，26（4）：152.

● 刘振杰. 党建引领基层社会治理的历程与思考 [J]. 社会治理，2021（8）：24-30.

了其新内涵、新使命❶。从前面我国发布的社区方面的政策文本可知，最先出现的是"城市社区"，然后运用了"农村社区"，再后来演变成了"城乡社区"。随着城乡一体化的快速推进，今后社区将成为城乡重要的基层组织，城市社区和农村社区也将不再严格区分。

2.3.2 乡村社区建设助力社区文化认同

国家主导推进的广大农村被"城镇化"，这是现代化所伴生的发展态势。但在城镇化进程的"规划性变迁"中，有些转居村民的主体意愿与制度安排相互排斥。农村社会内部在现代化和城镇化的推进中不断分化，其传统文化基因在多种因素影响下不断消解，农村社区文化认同感不断变弱，使得农村社区异质性不断强化，农村社区内发展动力受阻。在这种缺乏文化认同的环境中，村民的价值观、行为方式等很容易发生改变，从而威胁着农村社区的各项组织管理机制。因此需要在新建社区内创建公共基础设施，开展相关公共服务活动，让居民产生社区认同感、归属感和责任感，不断增强社区内生力量来改变这种窘境。

社区建设是社区文化认同的推动力。社区文化是农村社区的灵魂，是社区居民的共识和认同，具有规范社区居民行为和引领社区居民价值观形成的双重作用，既能影响社区居民的生活方式和行为观念，也能培养居民群体意识，增强社区认同感和归属感。社区文化建设是社区建设的基础和逻辑起点，在社区建设的不同阶段有不同的重点。❷处于转型期的中国乡村，人群类型丰富，受现代社会的价值观的影响，传统文化的价值观地位逐渐下降，各种体制观念、生活方式、价值理念都发生了改变，农民的价值取向和生活方式也呈多元化趋势，社区纽带从原来的地域转变为生活方式和价值理念。如今农村社区成员不仅仅满足于基本物质生活的需求，更注重享受丰富的精神文化生活。社区发展也不再是简单的经济增长，而是文化繁荣与生活美满的综合进步。

农村社区建设的稳妥推进促进了农村社区文化的发展。政府要发挥社区文化建设的主导作用，以居民的实际需求为指导，结合乡村振兴战略的具体要求，建设迎合居民需求的文化设施、组织相关文化活动及营造良好的文化

❶ 李勇华. 农村"社区"与"行政村"辨析 [J]. 探索，2014（5）：80-85.
❷ 景天魁. 社区文化与社区发育的逻辑 [J]. 北京工业大学学报（社会科学版），2007（3）：1-2，4-5.

氛围，为居民文化生活创造良好的外部条件，激发居民积极参与文化实践的热情，促进社区居民间的沟通交流。推动农村社区文化建设需要正确引导文化消费市场发展，其重点是打造居民喜闻乐见的文化资源和文化产品。不同的区域其文化资源状况也不相同，不同的社区场景呈现出不同的消费特点及价值取向，因而可因地制宜地布置差异化的公共文化服务场景，完善文化产品或服务供给，增强社区文化建设力量。❶

建设和谐乡村社区的核心在于培育能够使居民产生认同感的独特社区文化。社区认同包含文化认同，这种文化认同能够在社区内特定生活中形成一种共享的公共规范和价值准则。F. 滕尼斯所提出的"共同体"即"社区"概念，就是相互信任、守望相助，具有共同信仰的人员群体，后人又把"共同体"比喻为"天堂""温馨圈子"❷。涂尔干强调"同一团体的成员们采用同样的谋生手段，拥有同样的习俗和信奉同一图腾，这种共同性使他们意识到大家同属一个群体，即有相似性而构成的共同意识和一致性"❸。国内有学者更是具体到农村社区居民的日常生活实践，认为农村社区文化的本质就是一种"处境化经验"，只有从农民日常生产生活的"处境化经验"出发，才能赢得情感共鸣和内心认同❹。农村社区文化是农村社区居民的生产生活实践中逐渐形成的共同的价值观、信仰体系、传统习俗和行为规范等与文化作用于人，促使农村社区文化的传承和延续的过程，即"人化"和"化人"的结合❺。

文化认同是社区认同的核心，社区认同又以文化认同为前提。显而易见，农村社区居民的文化认同程度取决于农村社区的文化服务水平，其服务活动是否满足社区居民的文化需要又关系到社区文化服务的被认同度。只有社区居民对自己所处的社会环境产生认同感与归属感时，才能真正实现其社区认同。政府在开展特色社区建设的过程中，应采取平等式、柔性化❻的工作方

---

❶ 文雷，郭静怡. 乡村振兴战略背景下新型农村社区建设研究 [J]. 学习与探索，2019 (12)：107-113.

❷ 齐格蒙特·鲍曼. 共同体：在一个不确定的世界中寻找安全 [M]. 南京：江苏人民出版社，2003：6.

❸ 埃米尔·涂尔干. 社会分工论 [M]. 北京：生活·读书·新知三联书店，2000：71.

❹ 吴理财. 处境化经验：什么是农村社区文化以及如何理解 [J]. 人文杂志，2011 (1)：143-147.

❺ 管义伟. 农村社区文化建构的逻辑、主体与路径 [J]. 社会主义研究，2012 (5)：77-81.

❻ 黄立丰. 建构文化认同："嵌入式"党建何以可能与何以可为——浙江宁波 F 新型农村社区的探索思考 [J]. 理论月刊，2019 (10)：153-160.

式，积极主动地创造条件，高度重视并完善社区的公共文化服务体系，增大宣传力度，营造浓厚的文化氛围，开展有针对性的公共文化服务活动。在社区内开展居民喜闻乐见且具有积极社会意义的特色文化活动，诸如社区艺术展览、社会公益活动、传统技艺演示、社区音乐演出等，一方面可为社区成员提供一个文化信息交流的平台，丰富他们的精神生活，保障社区成员的文化权益；另一方面，使社区成员对共同居住的社区产生心灵上的归属感与依赖感，提升和深化居民的社区认同，拉进社区居民间的心灵距离。通过特色文化建成的社区文化认同具有真实性和长久性。

农村社区建设需要社区居民积极参与。社区居民的参与度是衡量农村社区建设成功与否的一个重要指标和判断标准。建立良好的社区关系有利于促进居民之间的沟通、了解与相互约束，从而减少摩擦和冲突的发生。社区文化建设有利于培养社区居民高尚的道德情操，不断提升社区居民的文化素养，引导人们自觉追求真、善、美的价值观，提升人们的精神境界。同时，社区文化建设也有利于增进社区居民之间的感情，促进良好的人际关系的形成，培育社区成员的参与精神和团结互助精神，还能激发他们共同建设家园的积极性和创造性，增强对社区的认同感和归属感，进而进一步加强社区意识，确立共同的价值目标。

2.3.3　乡村社区治理需要乡村文化引领

（1）乡村社区治理是国家治理体系的重要内容

在城乡一体化、新型城镇化建设进程中，随着农村土地动迁、村民集中居住、乡村振兴等政策的贯彻实施，农民集中居住社区、农村片区化中心社区、农村总部庄园社区❶等多种形态农村社区逐步形成。新型农村社区作为城乡统筹推进与融合发展的新载体，它既有别于传统农村社区又不同于现代城市社区。乡村社区是中国广大农村地区的最小社会单元，乡村社区治理体系无疑是国家治理体系的重要有机组成部分，其治理水平的高低直接影响着农民群众利益的维护、党执政根基的巩固和国家治理现代化能否实现。改革创新是中国乡村治理现代化的根本动力。百年乡村治理实践大致经历了"政权下乡""政社合一""乡政村治"三个发展阶段，每一次乡村治理模式的变革都是面对当时时代要求不断改革创新的结果。罗伯特 K. 默顿（Robert K.

---

❶ 刘伟，笪丽芳. 乡村振兴战略下新型农村社区治理模式研究［J］. 上海城市管理，2020，29（2）：17-20.

Merton）指出，"某一组织的社会功能有助于确定结构，正如这种结构有助于确定实现这些功能的有效性一样，结构影响功能，功能影响结构"。❶ 2020 年 12 月，习近平总书记在中央农村工作会议上指出我们党把为广大农民谋幸福作为重要使命。历史经验表明，"三农"问题是中国革命、建设和改革的关键问题，只有解决好"三农"问题，其他问题才能迎刃而解。面对新时代新任务，针对城乡发展不均衡、"三农"问题日益突出现象，为了使农民共享社会主义现代化建设成果，满足他们对美好生活的渴望，党以实现"治理有效"为目标，出台了多个中央一号文件，制定了一系列政策法规，扎实开展脱贫攻坚、建设美丽乡村、实施乡村振兴等重大战略行动。这些政策措施在很大程度上改善了农村生产、生态面貌，提高了农民生活水平和质量，促进了城乡之间的融合发展，改善了乡村治理体系，并提升了乡村治理水平。❷

农村社区治理是国家治理体系不可或缺的一部分，其重要作用日益凸显。党的十九大报告提出"加强农村基层基础工作，健全自治、法治、德治相结合的乡村治理体系"。显然，"三治融合"是农村社区治理必然的趋势。"德治"作为一种重要的治理方式，当前主要是通过不定期开展大型活动进社区或是在社区内开展文体活动的形式来实施。然而，这种送文化方式只能在活跃社区氛围、丰富村民文化生活等方面起作用，而不能在更高更深层次上提升价值观治理。因此，作为一种精神指引，"德治"需要在传承我国优秀传统文化的同时，采取适当方式将社会主义核心价值观有效地渗透到农民群体的内心，并产生一种潜移默化的影响，从而重构乡村文化价值秩序。推进乡村治理体系和治理能力现代化的目标就是建立健全以自治为基础、德治为引领、法治为保障的治理体系。自治的核心就是坚持以人民为中心的发展思想，激发和调动居民积极性、能动性和创造性，充分发挥其作为社区治理主体以及乡风文明建设主体的作用，促进居民从关注自身角度的"我"转变为注重群体利益的"我们"，从单一的"个体成员"转变为积极参与的"共同体成员"。德治就是通过挖掘传统文化、延续特色文化，鼓励社区中群众积极参与优秀志愿者、道德模范等推荐评议，通过这些评议活动，旨在提高社区的伦理价值观，并维持良好的道德秩序。法治就是引导居民遵纪守法、遵守村规

---

❶ 罗伯特·K.默顿. 社会理论和社会结构［M］. 唐少杰，等译. 南京：译林出版社，2006：193-195.

❷ 李楠. 中国共产党推进乡村治理现代化的百年历程与基本经验［J］. 国家治理，2021（15）：27-32.

民约来推动基层治理的一种方式，有助于维护社会秩序，还能够激发居民的参与热情，使他们积极参与到基层治理中，为社区发展和改善提供创造性的贡献。在乡村社区治理过程中，政府需要发挥主导性作用，首先，在"拆村并居""城中村搬迁"等农村社区的规划和治理过程中，需要充分考虑居民的生活需求和利益诉求，确保居民的权益和利益受到妥善保障和处理，日益缩小城乡差距；❶其次，要向农村社区提供必要的公共服务，通过公共性文化基础设施的建设，培育公共文化，让居民在公共领域中自主联系和互动，加强社区凝聚力，促进共同价值的发现和共享，不断引导多元主体有效、有条不紊地开展社区协同治理。乡村需要积极开发具有乡土特色的地方文化，如村史馆的建设可激起居民热爱家乡、建设美好家园的热情。

(2) 乡村文化治理是乡村社区治理的基础保障

中国新型城镇化助推了农村社区化，在诸多内外力量推动下新型农村社区随之产生。农村社区建设过程中，社会空间结构发生重大转型，这使得传统乡镇一级设立基层政权依法对乡村进行行政管理与乡镇以下的村实行村民自治的"乡政村治"模式下的治理功能失效，因此构建政治、经济、社会等多维新型现代治理共同体，就成为当前和今后一个时期乡村文化振兴的题中应有之义。❷农村社区可通过设置党群中心、便民服务中心、社区管理委员会、社区居民代表委员会等组织体系和权力架构，转变社区服务供给方式提升农村社区服务供给能力，重建社区综合治理模式增强社区居民参与能力，保障基层党组织巩固思想文化阵地和增强社区文化治理能力，推动乡村治理向"多元共治"的现代化转变。

文化是政府治理和公共政策实施的有效载体。城镇化进程中农村社区的演变形式，使得农民的生产方式、居住与生活方式发生巨大转变，同时也对治理模式和治理能力提出较高要求。强化社区文化治理能力是提升城乡社区治理水平的关键措施，旨在弥补城乡社区治理中的不足之处，提升社区居民的文化素养和认同感。发展和繁荣基层社区文化不仅是社区治理的重要内容和实践手段，也是引领社区治理的核心机制和社会动力。❸文化治理机制主要

❶ 袁骥，倪羌莉，李敏. 新型农村社区治理模式研究：以江苏省为例 [J]. 江苏农业科学，2020，48 (23)：19-22.

❷ 姜长云，等. 乡村振兴战略：理论、政策和规划研究 [M]. 北京：中国财政经济出版社，2018：62-65.

❸ 田鹏. 文化转型视角下农村社区文化治理体系重建的实践逻辑 [J]. 暨南学报 (哲学社会科学版)，2021，43 (11)：77-89.

有"送文化""种文化"两种。"送文化"即政府扮演供给者的角色，通过自上而下地"送"设施、"送"服务、"送"活动等形式向农村地区提供文化资源，试图满足农村地区的文化需求和提升文化治理效果，以完成行政性文化供给指标和文化治理绩效考核。"种文化"则是通过满足社区文化需求、培育文化主体意识、整合文化治理资源和治理机制以及重塑文化治理规则❶等方式来实现文化服务自我供给和治理的文化主体培育和文化自治机制。两种文化治理机制各有优势和劣势，"送文化"具有"短平快"的优势，但不一定满足人们的现实文化需求；而"种文化"的驱动力来自文化主体内部的内生需求，并通过文化主体自我组织的方式实现，强调社区居民的主体性和自治性，充分发挥他们的创造力和参与度，符合人们的现实需求的优势明显，但时间长、成效慢的劣势也很突出。目前乡村文化治理需充分考虑文化主体即乡村居民的诉求，从供需结构均衡入手，创新文化服务机制，实现由"送文化"到"送文化""种文化"两者融合的方向转型，重建农村社区文化治理体系，并提升文化治理效能。

随着乡村振兴战略的实施和新型城镇化的推进，农村社区生活共同体中，人们之间的社会交往和人际交往方式正在发生不同程度的转变，邻里之间的空间距离拉近但心灵距离的增大使得共同体内聚力遭到严重削弱。随着农村地区农民生计模式向非农化转型，传统村落共同体农耕生产功能逐渐减弱。当农业耕作功能减弱，社会生活空间逐渐减少的农民集中居住区面临重建社会网络结构和转型社区公共空间的挑战。在这个过程中，农民之间的社会交往和人际互动将突破传统熟人社会的规则，并逐渐转向"无主体半熟人社会"的实践逻辑，展现出公共化的转变。因此，如何培养农民集中居住区的社区认同感、归属感和责任感，以及提升基层社区的文化治理能力，成为新时期乡村振兴战略中农村社区建设的重要议题。

乡村文化认同是乡村社区治理的关键要素。在市场化冲击、流动性增强、多元化利益诉求等诸多因素的影响下，农村社区建设过程中出现了优秀传统文化失传、公共文化体系建设动力不足等"文化饥饿"问题。面对当前农村居民文化需求发生重大转变，农村社区文化治理体系重建应当以供需结构失衡的实际问题为导向，譬如从更新治理理念、健全服务机制、完善服务体系和提升服务效能等方面创新农村社区文化服务。同时要强化治理体系的主体

---

❶ 田鹏. 文化转型视角下农村社区文化治理体系重建的实践逻辑 [J]. 暨南学报（哲学社会科学版），2021，43（11）：77-89.

意识和社会基础，确保文化治理的有效实施，实现文化强国战略在农村社区建设中的落地生根，满足农村居民对文化的需求，并促进乡村社区的发展。因此，在"乡村振兴"和"文化下乡"的大背景下，如何激活乡村社会自治活力、重塑乡土居民文化主体性，提升基层社区文化治理能力、助力乡村文化振兴和文化强国战略就显得十分重要。❶ 农村社区文化治理的关键就是创新社区文化协同体制机制，并完善社区文化共治政策体系，实现多元融合发展格局。只有这样才能推动乡村文化传承、加强社区文化创造、优化社区文化治理，进而促进乡村文化振兴。乡村社区党建需要不断地自我创新，引领乡村社区文化建设，提升新型农村社区居民的文化认同和社区认同的成效❷，提升社区治理水平。

2.4 现代信息技术的支持

随着信息化技术的迅猛发展，现代信息技术正逐渐渗透到我们生活的诸多方面。这种技术的广泛应用不仅改变了城市的面貌，也对乡村地区产生了深远的影响。在这个过程中，现代信息技术为乡村公共文化服务的发展提供了强有力的支持。现代信息技术是指能够对声音、图像、文字、数字、符合等进行获取、加工、处理、存储、传播、使用的能动技术，包括互联网、区块链、大数据、云计算、人工智能、虚拟现实、增强现实等，现代信息技术的广泛使用有利于缩小城乡数字鸿沟，提高人们的生活质量。❸ 目前现代信息技术在公共文化领域的应用日趋成熟，不断产生新服务和新产品，为公共文化服务领域提供坚实的技术支撑，推动乡村公共文化向智能化、数字化、网络化方向发展，对乡村公共文化的发展产生有着深刻的影响。

2.4.1 互联网技术

工信部发布的《2022 年通信业统计公报》显示，截至 2022 年上半年，我国 5G 网络规模持续扩大，已经成功建成和开通了 185.4 万个 5G 基站，实现

❶ 田鹏. 文化转型视角下农村社区文化治理体系重建的实践逻辑 [J]. 暨南学报（哲学社会科学版），2021，43（11）：77-89.

❷ 黄立丰. 建构文化认同："嵌入式"党建何以可能与何以可为——浙江宁波 F 新型农村社区的探索思考 [J]. 理论月刊，2019（10）：153-160.

❸ 徐艺. 乘信息化教学的翅膀 展现数学可视化思维 [J]. 数理化学习（教研版），2022（12）：63-64.

"县县通 5G、村村通宽带"，固定互联网宽带接入服务在农村地区的普及步伐也在加快；截至 2022 年底，全国农村地区宽带用户总数已达 1.76 亿户，全年净增 1862 万户，比上年增长 11.8%，与城市宽带用户相比，农村宽带用户的增速高出 2.5 个百分点。● 中国互联网络信息中心（CNNIC）统计，2022年底我国网民达 10.67 亿，较 2021 年 12 月新增 3549 万；互联网普及率达 75.6%，较 2021 年 12 月提升 2.6 个百分点。农村地区互联网普及率为 61.9%，较 2021 年 12 月提升 4.3 个百分点，城乡地区互联网普及率差异较 2021 年 12 月缩小 2.5 个百分点。❷ 随着通信技术的演进，从 2G、3G 到 4G、5G，再从互联网、物联网和人工智能的兴起，数字化已经逐渐渗透到乡村生活的方方面面，这些技术的应用改变着农村居民的生活方式，使他们能够更加便捷地获得信息、享受服务。数字乡村的发展不仅促进了农村经济的繁荣，也推动了城乡发展差距的逐步弥合。以快手、抖音为代表的短视频和直播平台已经成了互联网最重要的基础设施，第 51 次《中国互联网络发展状况统计报告》显示，截至 2022 年 12 月，我国短视频用户规模达 10.12 亿，同 2021年增长 8.3%，规模庞大。短视频传播内容丰富，不同地区、不同职业、不同年龄段的用户都可以通过短视频平台宣传和享受公共文化，国家等相关部门也可以通过建立品牌，树立品牌形象，以更加亲民化的形式传播公共文化，相互交流沟通，扩大公共文化服务的覆盖范围，提高公共文化服务的可及性。随着互联网思维的发展和网络论坛、社交软件、直播平台等的普及，城镇和乡村的公共文化服务相互沟通和交流变得更加便捷。例如一些网络博主，将乡村的优秀传统文化制作成短视频等形式，通过互联网等平台将文化以各种方式展示给更多的人，扩大了文化的覆盖范围，不仅在城镇中引发了人们对乡村传统文化的热情，还将中国优秀的传统文化传播到国际网站上，让外国网友爱上我们的传统文化，对中国心生向往，推动了我国的文化输出。近年来，如"我是陈小七"等乡村网红如雨后春笋不断冒出，他们通过短视频、直播等形式向公众展示本土的乡村文化，介绍并推荐家乡的美景、美食，以实现文化和互联网的深度融合发展。在当今信息碎片化、生活快节奏的时代背景下，短视频开辟了旅游营销的新模式，通过对当地风景形象等进行视

● 中华人民共和国工业和信息化部. 2022 年通信业统计公报 [EB/OL]. [2023-01-19]. https://wap.miit.gov.cn/gxsj/tjfx/txy/art/2023/art_77b586a554e64763ab2c2888dcf0b9e3.html.
❷ 中国互联网络信息中心. 中国互联网络发展状况统计报告 [EB/OL]. [2023-03-02]. https://cnnic.cn/n4/2023/0302/c199-10755.html.

频化，打造网红景点，吸引更多游客打卡。互联网和各类平台为乡村公共文化服务的传播和发展带来了更多的机遇和可能性，同时也增强了公共文化产品和服务的供给能力，人们有越来越多的渠道去挖掘和宣传文化，也有越来越多的人能够享受到公共文化服务。

很多地区都已经建立了专业的数字化平台，在互联网上实现资源的共建共享，集聚基层文化资源，提高文化服务效能。同时还可与村民、组织等对接，实现公共文化服务的精准性供给。通过反馈、评价等机制不断完善公共文化服务。深圳市为促进资源共建共享，成立了全市文化馆联盟，统筹各街道文化站资源，实现文化馆资源全覆盖。2015 年，深圳市群众艺术馆牵头成立了全市的文化馆联盟，几乎覆盖全市的文化馆，通过整合各地资源，建立数字化信息服务平台。在新冠病毒感染疫情防控期间，联盟还积极探索线上服务模式，通过"云展演""直播教学真人秀"等形式向公众提供文化服务。

2.4.2 大数据

大数据（big data）指规模庞大、变化快速且包含多种类型数据的数据集合，用传统软件工具难以捕捉、管理和处理。这些数据具有潜在的价值，通过采用新的处理模式和技术，可以从中获取更强大的决策能力、洞察力和流程优化能力。[1] 大数据技术即是从大量多样的数据中，快速获得有价值的信息的能力

大数据的基本特征：一是数据体量大。随着信息技术和互联网的不断发展，用户及平台等产生的数据的数量也在以非常快的速度增长，规模庞大，数据体量早已达到 PB 级别以上。二是数据种类丰富。用户各种不同的行为都会产生不同的数据，比如个人信息、照片、视频、文件等，种类丰富多样。三是高速性。大数据的产生非常迅速，生活中无时无刻不在产生大量数据，这些数据都是要及时处理的，大数据可以从各种类型的数据中快速提取有价值的信息。四是商业价值高。大数据能够从大量杂乱无章的数据中预测和分析有价值的信息，并通过人工智能、数据挖掘和机器学习等方法进行深度分析，揭示数据背后的趋势和模式，为决策者提供有力的支持。大数据应用于教育、能源、医疗、金融等各个领域，推动创新和业务发展，从而达到提高生产效率、推动创新研发、改善社会治理的效果，最终实现其商业价值。

---

❶ 杨怡. 大数据时代深圳市政府人才综合服务平台建设研究［D］. 长沙：湖南大学，2018.

　　大数据在公共文化服务中的作用：一是精准对接用户需求。搜集用户偏好，并及时提供相关服务，从而满足客户需求，并对效果进行持续跟踪监测，建立反馈机制，从而改善服务，提高服务效能，促进公共文化服务可持续发展。通过大数据收集、整理、分析文化馆的利用率以及关注度比较高的活动等，掌握相关情况，明确群众偏好，有力推动公共文化服务的可及性和针对性。二是方便相关部门开展服务。各部门可以通过公共文化网络等平台，对开展公共文化服务的各项指标进行分析评估，比如报名人数、实际参与人数、市民对设施使用率的反馈与点评等，综合分析活动开展的成效并确定下一步工作计划，依据在平台获取的数据灵活调整，节约人力、物力和财力，大数据的数据处理的高速性在一定程度上节约了工作时间，提高了文化工作效率，提升了文化服务质量。三是有利于加强政府监管。社会力量参与是推动公共文化服务高质量发展的重要途径。但是在这过程中不可避免地存在一些社会组织或企业服务动机不纯或过于逐利等行为。通过大数据，政府可以掌握不同组织的项目投资、个性化需求、技术专利等方面的信息，从而有效地筛选合作对象，但有些政府比较注重引入社会力量，而忽视了对其进行监督和评价，导致服务结果与最初的目标相偏离，不利于公共文化服务的发展。应用大数据可以帮助政府对企业等相关主体进行监管，运用大数据形成的社会信用体系，对提供公共文化服务的单位或社会组织等进行实时监控和管理，对其信用进行监管，有效规范其服务行为，有利于后续的政府购买服务。

　　被列入基层公共文化服务高质量发展典型案例的北京市金顶街街道整合辖区社会资源，构建了"1个数据中台+4个小程序+X个社群"的"文化+"智慧社区管理平台系统。依靠大数据打造公共服务空间预约平台，设置场馆预约、随拍、大数据监测、AI机器人等功能，居民可通过平台进行场馆和活动预约、活动实时上传、问题答疑等，中心可通过大数据分析不同人群的文化需求，提供精准服务供给。依托预约平台和人脸识别系统，通过大数据手段精确获取居民文化需求、每个时间段每个功能室的使用频率，根据不同需求将活动、功能室进行分类匹配，并进行文化活动项目的个性化设计。通过信息化手段，更好地了解公众的需求和喜好，进而提供个性化、精准的文化服务，实现供给与需求的精准匹配，使服务更加高效。正常开放期间，街道市民活动中心日均到馆300余人次，年到馆10余万人次；开展的文化活动涉及舞蹈、模特、声乐、体育锻炼、绘画书法等多种类型，日均活动场次达17

场，每场活动参与人数近 20 人。新冠病毒感染疫情期间，中心开放 8 个空间供预约使用，日均到馆 100 人次，文化事业发展成效显著。

国家高度重视大数据的发展，2021 年我国发布了《中华人民共和国数据安全法》，旨在保障数据安全与维护人民利益。我国积极实施国家文化数字化战略，稳妥推进公共文化数字化进程，不断完善公共文化服务网络，大力推动大数据与文化、教育、农业等领域的融合发展。大数据在公共文化服务领域的应用场景广泛，其融合发展正面临前所未有的发展机遇。

2.4.3 虚拟现实

虚拟现实技术也就是 VR 技术，是一种通过计算机技术和设备模拟创造出一种沉浸式的虚拟环境，使用户可以感觉自己置身于其中的一种全新人机交互方式。它通过使用专门的设备，如头戴显示器、手柄、传感器等，模拟并传输视觉、听觉、触觉等多个感官的信息，使用户感受到身临其境的虚拟世界，并对虚拟环境进行自由探索和互动。❶

我国虚拟现实产业发展迅猛，已经在教育培训、体育健身、娱乐等领域应用广泛，VR 因立体化、真实感、强互动的优势，在公共文化服务领域发挥着巨大的作用。在馆内资源方面，各图书馆、博物馆、纪念馆、文化馆等可以通过互联网将馆内各种资源经过一定的信息技术实现虚拟化，VR 技术可以与文化遗产保护相结合，提供全新的方式来保存、传承和展示珍贵的文化遗产。通过虚拟现实技术创建虚拟的文化遗产场景，以高度逼真的方式重新呈现古代建筑、文物、遗址等，人们可以身临其境地参观和探索那些无法轻易亲临的遗产地，无论是因为时间的流逝、地理位置的限制或其他原因。VR 技术可以在数字平台上精确记录文化遗产的各个方面，包括结构、细节和装饰等，避免自然环境或人为破坏的风险，为文化遗产的保护和研究提供重要的参考和依据。通过 VR 展览，观众也可以与文化遗产进行互动，了解其历史、背景和意义，进而促进文化遗产的传承和推广，提升文化遗产的经济价值。我们可以借助实景三维重建等科技，通过数字化的方式展示乡村古代文化遗址、民俗民风馆、博物馆藏品、自然景观、乡村旅游打卡地等，开展线上服务，建立用户互动空间，提高乡村公共文化服务的可获得性和信息化水平。

在用户服务方面，用户可以通过手机、电脑、VR 眼镜等多种终端设备，

---

❶ 刘一鸣，龙嘉琳. VR 技术在公共图书馆老年读者服务中的应用研究 [J]. 农业图书情报学报，2022，34 (5)：21-30.

根据自己的需求不受时间和空间的限制远程访问各地的博物馆、图书馆、文化馆等，节约路途时间，降低参观成本，身临其境地感受 VR 技术带来的虚拟空间，在虚拟空间中用户可以观看不同馆藏的详细信息，增加体验感和参与度。同时，VR 技术的应用使图书馆的资源、馆藏结构立体化，更加直观有效，可以使用户通过不同的途径获取展览信息和图书馆的馆藏信息，信息获取的渠道也更加便捷丰富，更有利于推动数字图书馆、数字文化馆、数字美术馆的建设。

在机构业务方面，图书馆、博物馆等可以通过对用户行为进行跟踪预测，分析用户画像，能够为用户提供更加个性化的服务，提升服务质量。同时，利用 VR 为用户提供参考咨询服务，降低人力成本，帮助解决乡村公共文化服务中人才短缺及专业化程度普遍不高的问题，馆员也可以通过 VR 与其他馆合作培训，利用虚拟现实技术提供培训的场景，在虚拟环境中组织并举办研讨和交流活动，让工作人员能够身临其境，提高培训质量，提高专业能力和综合素养。

目前 VR 在各地区图书馆、博物馆中应用广泛，主要是提供漫游、导航和阅读等服务。比如上海杨浦图书馆以智能手机为依托，通过 AR 智能互动导航系统实现用户和馆内地理位置互通，实现实景导航，用户还可以通过扫描馆内载体触发对应 AR 效果，营造身临其境之感。用户可以通过互联网看到厦门市图书馆的里外实景，并且厦门市图书馆充分利用互联网技术和信息技术，通过智能蓝牙导航系统，结合馆内安装的蓝牙信息点，实现对馆藏文献书架的编码定位，通过导航指引用户前往对应的书架位置，从而快速准确地找到用户感兴趣的图书。用户可以通过 VR 眼镜看到以春夏秋冬四季为背景的中国传统文化情节，比如通过轻触、滑动等简单的交互动作临摹书法、选择和设计自己喜欢的孔明灯并将其点亮然后释放到天空中等各种创新形式，读者可以在虚拟空间以轻松交互的方式阅读传统古诗词，感受艺术意境，体验全新的数字阅读新形态。

尽管我国现有的 VR 技术及其应用还不完善，但国家大力支持相关技术的研发。党和国家高度重视虚拟现实产业的发展，工信部、文化和旅游部等五部门联合发布《虚拟现实与行业应用融合发展行动计划（2022—2026年）》，提出利用虚拟现实技术开发数字化体验产品，借助虚拟现实技术以全新的方式呈现优秀文化资源，实现更加生动和丰富的文化体验。开展行前预览、导览解说、文物展览、文化演出等虚拟现实应用，鼓励设置沉浸式体验设施和装置。《关于加快虚拟现实产业发展的指导意见》《"十三五"时期公共数字文化建设规划》等文件提出以虚拟现实新业态推动文化发展，为制造强国、网络强国、文化强国和数字中国建设提供有力支撑，并将文化产业融合与应用发展列为重要任务之一。我国虚拟现实产业还处于初级阶段，但其发展势头极其迅猛。未来虚拟现实技术将更加成熟和先进，必将与其他领域进行更深入的融合，必将对人类生活和社会管理等各个方面带来深刻影响。

2.4.4　人工智能

人工智能（Artificial Intelligence），英文缩写为 AI。它是研究和开发能够模拟、理解和执行人类智能任务的系统和算法的一门新的技术科学。人工智能涵盖了广泛的技术和方法，一般来说，主要包括计算机视觉、机器学习、自然语言处理、机器人和语音识别等五大类[1]。计算机视觉一般指用摄影机和电脑代替人眼对目标进行识别、跟踪和测量等功能，并做进一步图形处理，使图像成为更适合人眼观察或传送给仪器检测的图像[2]。通过计算机视觉技术，可以较为准确地识别图书馆中书架上所放置的书籍，判断其是否乱架，方便管理人员进行查看和管理，节约不必要的工作程序，提高工作效率[3]；机器学习是人工智能的核心，也称计算机自动获取知识。通过模拟人的行为来提取特征，并从中学习规律和结构，不断学习和优化来改善自身性能，使计算机系统不断改善和提升自身的智能行为[4]；自然语言处理是用计算机处理自然语言信息的过程和有关技术，使计算机能够理解和生成人的语言，用自然语言的方式与人类进行交流，实现"智能"；机器人通过整合机器视觉、自动规划等认知技术，并将它们应用于高性能的传感器、执行器和设计巧妙的硬件中，以实现高效感知和精确执行任务的能力，使得机器人能够感知和理解周围的环境，并做出相应的决策和行动；语音识别的最终技术就是研究出能够和人们正常交流的机器，使机器能够完全理解用户，并做出相应的动作。人工智能在公共文化领域中的应用，一方面可以提高资源管理和数据处理效

❶ 仇卫文. 人工智能技术在政务服务领域的应用与难点 [J]. 电子技术与软件工程，2017（20）：259-260.

❷ 李明禄. 英汉云计算·物联网·大数据辞典 [M]. 上海：上海交通大学出版社，2018.

❸ 王晓刚，钱思文，张继，等. 基于计算机视觉和人工智能技术的图书馆图书盘点系统的探索与应用 [J]. 图书馆杂志，2022，41（7）：96-100.

❹ 《数学辞海》编辑委员会. 数学辞海：第五卷 [M]. 北京：中国科学技术出版社，2002.

率。图书馆、博物馆等公共文化机构，包含了各行业不同时期的资料和信息，数量庞杂且类型丰富，人工智能技术可以依靠其强大的信息整合、数据分析及计算机处理能力，对资源进行有效的管理，提升资源建设的效率。另一方面可以提供精准化服务。图书馆可以通过人脸识别等技术，了解读者的阅读行为和阅读习惯，从而挖掘并预测出读者的阅读兴趣和偏好，并有针对性地采取个性化服务，向读者推送感兴趣的内容，强化图书馆和用户的情感链接，促进公共文化持续性的高质量发展。

人工智能的应用场景越来越广泛，国家一直出台相关政策支持相关产业的发展。在标准方面，国家知识产权局宣布把提升专利审查质量和效率作为2023 年的工作重点，尤其是将根据我国科技创新能力和产业发展水平，持续完善大数据、人工智能等新领域和关键核心技术的专利审查标准，为社会公众提供更加便捷、高效的服务❶。在人才方面，2017 年国务院印发的《新一代人工智能发展规划》中将优先极大培养和集聚人工智能高端人才，将高端人才队伍建设置于人工智能发展的核心位置。建设人工智能学科，重视人工智能与其他相关学科的融合发展。

人工智能技术在不同行业的应用十分广泛。人工智能技术在图书馆中的应用大致可以分为智能咨询、自助应用和智能知识服务三个方面。人工智能的应用可以让用户在使用公共文化服务平台或网站、公众号时，结合用户所处的环境、状态以及使用的特点，对浏览时长、交互方式、情景类型等进行个性化设计，捕捉用户需求，如针对老年人的特点，尽量为老年人创设较为简单的交互方式，为老年用户提供大字体的设计模式和系统的视频辅助，尽量简化选项，消除交互障碍，为用户提供更加友好方便的服务。公共文化服务 APP 可采用角色扮演的参与式设计方式，以故事化、叙事化的方式呈现，将用户置身于一个虚拟的文化世界中，为用户提供感受不同时代和国家的文化氛围体验，同时在人工智能技术支持下结合用户兴趣爱好、认知水平和知识能力的评估提供个性化文化知识推荐，鼓励用户积极认知和主动参与文化活动，用行动充实和丰富自己的文化知识储备，更加深入地了解当地的文化遗产和民俗特色❷。人工智能技术正在不断地从城市渗入农村，其不仅仅是在

❶ 光明网. 我国加快完善大数据、人工智能等领域专利审查标准［EB/OL］.［2023-02-03］. https://news.gmw.cn/2023-02/23/content_36385001.htm.

❷ 徐延章. 人工智能背景下用户参与式公共文化服务 APP 设计策略［J］. 中国编辑，2020（9）：38-42.

金融、农业生产等领域具有重要作用，在公共文化服务领域也在不断深入。公共文化服务机构在互联网背景下，结合人工智能等技术的应用，不断创新服务模式，丰富用户体验，提高公共文化服务质量。随着科学技术的进步和国家政策的支持，人工智能行业将会越来越繁荣，同时也会在公共文化领域应用更广泛，满足用户多样化的需求，为公共文化服务的发展提供更好的支持。

乡村公共文化服务的供给调研

随着现代公共文化服务体系建设的稳妥推进，乡村公共文化服务供给的不断增强，乡村居民公共文化获取权益逐渐得到保障。作为公共文化服务必不可少的供给主体与主导力量，政府部门在乡村公共文化服务供给过程中扮演着极其重要的角色。政府充分发挥它在筹集资金、协调人力等方面的优势，推动社会力量积极参与乡村公共文化建设，为乡村地区居民提供公共文化产品和服务。各种社会文化组织、民间团体、企业等社会信息服务组织，也是乡村公共文化服务供给的活跃主体，它们积极承担社会责任，在乡村地区协助政府开展公共文化服务，为乡村公众普及科学文化知识、举办形式多样的文艺演出、开设具有当地特色的民俗活动，使乡村公共文化服务供给主体呈现出多元化的态势❶。在多元主体的供给模式下，为进一步满足乡村居民的文化需求，政府和社会力量以群众需求为基础，以自身具有的优势为支撑，实现乡村公共文化服务的供给，统筹乡村公共文化服务的发展，为乡村公众提供公共文化服务。本章主要探讨乡村公共文化服务供给端，即从供给主体、供给模式、供给内容和供给项目等方面展开研究。

3.1 乡村公共文化服务供给主体

乡村公共文化服务供给就是政府公共文化部门或社会组织为长期处于农

---

❶ 经渊，郑建明. 新型城镇化进程中公共信息一体化服务模式研究 [J]. 图书馆建设，2017，275（5）：12-16，28.

业耕作的劳动环境中的农民群众，提供生产劳动之外（精神层面）的具有公益性或商业性的知识类活动和休闲娱乐活动等公共文化服务的过程❶。由于地理位置较为偏僻，乡村地区的经济发展相对迟缓，严重影响公共文化服务的开展，致使乡村公共文化建设相对滞后。公共文化服务作为一种无形服务，应具有完备的精准化和个性化特征，以确保乡村地区居民可以享受他们所需的公共文化。目前，随着社会经济制度和公共文化政策的变化，我国公共文化服务体系呈现出政府主导、社会力量参与的供给形态❷，这种供给形态也将成为乡村公共文化服务的供给趋势。乡村公共文化服务需要划分政府和社会力量的供给责任，明确政府部门和社会力量的供给地位，形成政府职能部门主导与社会力量广泛参与的局面。政府统筹协调文化组织、文化部门等社会各方力量，以科学化和系统化的方式掌握乡村居民真实的文化需求，进而打造公共文化多样化的供给方式，实现公共文化服务的有效供给，推动公共文化服务的高质量发展。

3.1.1 政府

传统的文化事业体系遵循政府主导文化事业的原则，以政府全能主义为主要思想，形成内向型的文化事业管理系统。❸ 随着公共文化事业的发展和文化制度的改革，虽然公共文化服务的管理模式打破原有的制度局限，由内向型的管理系统向外向型的管理系统转换，但公共文化服务的内核仍强调文化权益的确保和文化软实力的提升。❹ 政府部门应当积极采取相关举措，保障公众的文化权利，提升国家的文化软实力。在公共文化服务供给方面，政府部门需从宏观层面把握公共文化服务的供给局势，合理配置供给过程中所需的文化资源和人力资源，因此政府所承担的责任是不能被取代的，政府在公共文化服务供给中仍占据重要的主体地位。

由于乡村地区特殊的地理位置及经济属性，有关公共文化服务的优惠政策并未完善，乡村公共文化服务没能实现全面且精确的供给，政府有责任满足乡村地区居民的精神文化需求，保障乡村居民能够享受公共文化服务权益。

❶ 孙浩. 农村公共文化服务有效供给的体制性障碍研究 [J]. 甘肃行政学院学报, 2011 (6): 59-70, 124.

❷ 李少惠, 崔吉磊. 政府与社会力量在公共文化服务供给中的互动机理研究: 以 Z 市 "乡村舞台" 建设为例 [J]. 图书与情报, 2021 (2): 99-107.

❸ 李少惠, 崔吉磊. 政府与社会力量在公共文化服务供给中的互动机理研究: 以 Z 市 "乡村舞台" 建设为例 [J]. 图书与情报, 2021 (2): 99-107.

❹ 孔进. 公共文化服务供给: 政府的作用 [D]. 济南: 山东大学, 2010.

政府应当大力加强乡村公共文化服务供给，主要从政策颁布、资金支持、组织引导等方面着手推进。政策颁布是政府在宏观层面引导公共文化服务发展的重要举措，政府基于公共文化服务供给中存在的问题，通过颁布法律的形式，提出针对性的政策建议，规范公共文化服务的发展方向。目前，《公共文化服务保障法》和《公共图书馆法》的相继出台为我国公共文化服务体系的建设与发展提供了两法并举的协同保障❶，然而相关政策和法律的颁布并未直接定位至乡村地区，导致有关乡村公共文化服务的政策没有得到及时和有效的宣传。因此，我们应当加快制定有关乡村公共文化服务发展的政策，既要考虑符合大众价值观的先进社会文化，又要保留乡村地区优秀的乡土文化，以提升乡村公共文化服务的整体水平。政府应逐步完善乡村公共文化服务扶持政策，政策内容应包含乡村公共文化服务发展所需的资金支持以及建立社会力量积极参与乡村公共文化服务的机制，这样的机制不仅能使乡村公共文化服务的开展获得基本的资金保障，而且也能够调动社会力量的积极性，鼓励社会力量在乡村公共文化服务的供给过程中贡献自己的力量。为完善乡村公共文化服务供给的相关制度，政府承担制定和颁布政策的责任，制定和颁布的政策指引乡村公共文化服务朝着制度化和合规化的方向发展，政策的导向作用可以推动乡村公共文化服务供给工作的有序开展。在资金支持方面，充足的资金支持是提升乡村公共文化服务水平的有力保障。❷ 我国各地的经济发展水平不均衡，这在一定程度上影响了政府对乡村建设的资金支持力度，政府可通过财税手段以实现有利于乡村公共文化服务的社会资源的投入。结合我国目前的经济发展情况，政府可以通过税收优惠、财政贴息等方式，激励社会上的非营利组织等社会力量向乡村地区提供公共文化服务。同时，由于乡村自身的"慢经济"属性，乡村公共文化服务建设对社会力量的吸引力并不强，因此应当充分发挥税收减免的激励作用，以减免税收的方式鼓励或引导社会力量面向乡村地区生产更多的公共文化产品。在组织引导方面，引导社会资源和人力投入乡村公共文化服务建设，也是政府需要承担的重要职责。在农村地区，由于资金缺乏，导致开展公共文化服务所需的设施设备未能落实到位，设施设备的不健全阻碍公共文化服务的持续开展。因此，引入社会资源和人力资源投入农村地区，兴办公共文化设施和场所，确保乡民在

---

❶ 柯平. 《中华人民共和国公共图书馆法》全面保障我国公共图书馆体系化建设［J］. 图书馆建设, 2018（1）: 19–23, 36.

❷ 陈小钗. 我国农村公共文化服务供给中的政府责任问题探析［D］. 哈尔滨: 黑龙江大学, 2022.

公共文化场所可以通过文化设施获取他们所需的公共文化，改善乡村公共文化服务落后的发展现状，提升公共文化服务的质量，提高乡村公共文化服务的供给效率。此外，政府部门应加强乡村公共文化服务供给的指导和监督，从资金、设施、人员等方面增大对乡村公共文化服务的供给，整合文化资源，按照乡村居民的需求，积极组织和引导资源的合理投入，做到应供尽供、应给尽给，提升乡村居民对乡村公共文化服务的获得感。

3.1.2　社会力量

为实现公共文化服务的高质量发展，有效满足公众日益增长的文化需求，社会力量参与公共文化服务的作用日益凸显。❶ 2010 年 11 月，中共中央办公厅、国务院办公厅发布的《关于加强公共文化服务体系建设的若干意见》中提出了"坚持以政府为主导、鼓励社会力量积极参与"的政策要求。❷ 该意见的提出打破了原先政府单一的供给模式，激励社会力量参与公共文化服务体系的建设工作，促进公共文化服务体系建设与社会力量之间的有效互动。

政府是乡村公共文化服务的"掌舵"者，社会力量是乡村公共文化服务的"划桨"者。由图 3-1 可知，在乡村公共文化服务需求传达方面，社会力量在乡村居民与政府之间发挥着重要的中介作用，企业、社区、民间组织等社会力量作为乡村公共文化服务的供给主体，利用自身的独特资源、特殊渠道搜集乡村地区居民的多层次、多样性文化需求，针对性地为当地居民提供公共文化服务。❸

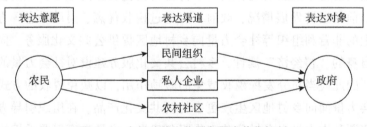

图 3-1　乡村公共文化服务需求收集机制

---

❶ 李少惠，崔吉磊. 政府与社会力量在公共文化服务供给中的互动机理研究：以 Z 市"乡村舞台"建设为例 [J]. 图书与情报，2021（2）：99-107.

❷ 中华人民共和国中央人民政府. 中共中央办公厅、国务院办公厅印发《关于加快构建现代公共文化服务体系的意见》[EB/OL].［2023-2-15］. http://www. gov. cn/xinwen/2015-01/14/content_2804250. htm.

❸ 程萍. 农村公共文化服务多元供给系统的构建：以江苏省为例 [J]. 编辑之友，2018（9）：16-22，42.

（1）企业

由于公共文化服务具有纯公共产品的特性，在秉持利润最大化的原则下，企业在乡村公共文化服务中的占比相较政府部门而言是较小的。尽管企业在公共文化服务供给过程中的比重小，但是企业拥有的进取心驱动着它培养自身强大的市场生产能力和市场竞争力。企业按照市场经济的发展特点，结合当前公共文化服务的发展形势，整合现有的公共文化资源，在遵循文化市场发展规律的前提下，在乡村地区合理配置公共文化服务发展所需的资源，参与乡村公共文化服务供给，具体表现在：企业通过政府购买服务的方式参与基层公共文化服务基础设施建设，其中村（社区）文化中心和乡镇（街道）文化站的建设数量最多，截至 2018 年底已建成近达 1 万家文化中心和文化站❶；企业利用专业优势，在把握政策机遇的基础上，参与公共文化服务合同外包、社会化公共文化服务供给等实践❷，如政府与社会资本合作模式（Public-Private Partnership，简称 PPP）应用于公共文化服务领域，政府提供文化服务项目的特许经营权，社会资本承担文化服务项目的后期运营与管理❸。PPP 模式是企业参与公共文化服务供给的重要模式，该模式创新了企业向公共文化服务领域进军的发展方向，引导企业投入社会资本参与公共文化服务建设，激发企业参与文化建设的积极性。

（2）文化机构

文化机构包括文化馆、综合文化站、农家书屋等在内的乡村公共文化机构❹，这些文化机构与乡村居民的文化生活关系紧密，必然对公共文化服务供给产生重要影响。文化馆和综合文化站是公益文化事业机构，文化馆通过举办民风民俗展览、承办文化艺术演出、开办农业技术讲座等活动，邀请居民和公众参与文化活动，丰富乡村公众的文化生活；综合文化站是宣传乡村公共文化的重要机构，是乡村文化传播和交流的有效载体，在承办各类文化主题活动的过程中，文化站为各类活动的开展提供场所，通过合理安排站内设施摆放和场地布置，开展符合主流价值观的文化活动，正确引导乡村居民参

---

❶ 李国新. 完善农村公共文化服务政府购买政策与机制 [J]. 行政管理改革，2019（5）：24-26.

❷ 陈建. 发达国家的公共文化治理模式 [J]. 图书馆论坛，2019，39（12）：151-157.

❸ 杨松. 文化 PPP 的应用范围、模式选择及特许权协议 [J]. 图书馆论坛，2019（5）：24-28.

❹ 王锰. 乡村公共数字文化服务能力提升策略研究 [M]. 北京：中国社会科学出版社，2021：151.

与乡村公共文化活动，如 Z 市文化站配合政府、公民个人等主体完成 Z 市"乡村舞台"建设，在"乡村舞台"的日常管理活动和文体活动运营中与其他供给主体建构良好的合作关系，提升 Z 市乡村公共文化服务效能❶。农家书屋是延续乡村传统文化、普及科学文化知识的重要载体，既保障农民读书的基本权益，又提供农村文化知识传播的平台。随着数字化和信息化的深入发展，农家书屋由传统意义上的图书馆形式向数字化农家书屋的方向发展，乡村居民可通过可见可触的物理实体或空间阅读出版物。同时，借助数字化的公共发行渠道，开创数字农家书屋的阅读空间新体验，为乡村群众进行传统社群人际往来提供便利❷。

（3）第三部门

第三部门是指具有免税资格和提供捐赠人减免税的非营利组织和非政府组织，它以满足公众需求和利益为宗旨，为公众提供有关服务。❸ 非营利组织和非政府组织的价值理念具有公益性和人文性的特点，可将其视为政府文化部门组织的延伸，在乡村公共文化服务供给方面有着重要的协调作用。❹ 它们以提供公共服务为使命，根据公众特殊的文化需求，为其提供特别的公共产品❺，在为社会提供公共服务和公共文化产品时享有一定的免税优惠，具有政府和市场所没有的独特优势。第三部门参与公共文化服务的供给方式可大致分为直接参与和间接参与两种。直接参与是指政府以公共福利、财政拨款等直接资助的方式，推进第三部门的运行管理甚至成立。❻ 在乡村地区，第三部门包括乡村文化礼堂、乡村文化祠堂、文化纪念馆等公共文化基础设施单位和组织，其服务宗旨和价值理念是为乡村居民提供优惠的或免费的公共文化产品和服务，满足乡村居民的文化需求，例如湖北 D 市政府以财政补贴、吸纳社会资金投入的形式，将本地农村的祠堂打造成具有明确社会化导向的文

❶ 李少惠，崔吉磊. 政府与社会力量在公共文化服务供给中的互动机理研究：以 Z 市"乡村舞台"建设为例 [J]. 图书与情报，2021（2）：99-107.

❷ 陈媛媛，王荔. 数字农家书屋公共服务与建设研究：以江浙沪皖地区为例 [J]. 编辑之友，2022（12）：19-28.

❸ 张良. 政府主导、社会参与、市场配置：农村公共文化服务体系建设的理想模式 [J]. 理论与现代化，2012（4）：25-30.

❹ 王锰. 乡村公共数字文化服务能力提升策略研究 [M]. 北京：中国社会科学出版社，2021：152.

❺ 周晓丽，毛寿龙. 论我国公共文化服务及其模式选择 [J]. 江苏社会科学，2008（1）：90-95.

❻ 景小勇. 论第三部门在文化治理中的功能与优势 [J]. 人民论坛·学术前沿，2015（23）：84-94.

化礼堂，在文化礼堂内开展本地人民群众广泛参与的丰富多彩的文体活动。❶
间接参与主要表现为政府实行公共文化服务外包，而第三部门通过签订契约，
为社会公众提供文化产品和服务。❷为培养第三部门的自治能力，政府借助市
场机制并根据乡村地区文化事业的发展现状，通过外包文化服务、委托生产
文化产品、参与文化服务的运营管理等方式，推动第三部门投入供给工作中，
丰富乡村公共文化的产品种类和服务形式。在乡村地区，第三部门间接参与
的乡村公共文化服务侧重于开展农家书屋、乡村图书馆等文化机构的图书外
包上架项目，总馆通过招投标的方式选择合适的第三部门对农村书屋、乡村
图书馆等文化机构所采购的图书进行编目加工，再由第三部门对相应的农村
地区的分馆进行上架，实施常态化的服务外包项目。

3.2 乡村公共文化服务供给模式

新中国成立后的 70 年间，我国的经济由计划经济向社会主义市场经济过
渡，经济体制的改革从根本上转变了公共文化的建设方向，宏观文化建设方
向的改变促使文化服务供给方式不断创新。我国乡村公共文化服务供给的发
展阶段经历了依靠农村集体经济或村民成本分担机制❸、专项建设方式以及政
府主导、社会力量参与机制三个时期❹。同时，随着市场经济的深入发展，我
国乡村公共文化服务供给模式由单一化向多元化转变。在厘清乡村公共文化
服务发展阶段的基础上，梳理总结乡村公共文化服务供给模式，旨在探讨如
何有效提高乡村公共文化服务水平。

3.2.1 政府主导型

公共文化服务和公共文化产品属于纯公共产品，由于具有特殊的经济属
性，从市场角度难以实现对其进行全面供给，需要由政府进行一定程度的干

---

❶ 黄梦航. 农村公共文化服务体系建设中社会力量参与的路径问题：以湖北 D 市文化礼堂建设
为中心的考察 [J]. 福建论坛（人文社会科学版），2018（4）：73-81.

❷ 景小勇. 论第三部门在文化治理中的功能与优势 [J]. 人民论坛·学术前沿，2015（23）：
84-94.

❸ 段小虎，谭发祥，赵正良，等. 西部贫困县图书馆"跨越式"发展的财政保障研究 [J]. 图
书馆论坛，2016，36（1）：1-9，41.

❹ 闫小斌，段小虎，贾守军，等. 超越结构性失衡：农村公共文化服务供给驱动与需求引导的
结合 [J]. 图书馆论坛，2018，38（6）：31-36.

预和提供。政府主导型的乡村公共文化服务的适用领域包括公共文化基础设施建设、农村基础教育、公共文化事业等。❶ 城市与乡村地区之间社会条件与经济属性的巨大差异，使得政府主导型的供给模式能够更好地适应乡村公共文化服务的发展。

在政府主导型的乡村公共文化服务供给模式下，政府是乡村公共文化服务的提供者和管理者，以行政手段和法律手段管理乡村公共文化服务。保障乡村居民基本文化权益是乡村公共文化服务供给的基本要求，也是政府主导型服务供给模式的主要服务方向与重点。政府需要创新契合公共文化服务发展的供给机制，拨付相应的财政资金和制定适合的文化政策，支持和保障乡村公共文化服务供给的有效性。

政府主导型的乡村公共文化服务供给模式大多是政府面向乡村直接供给公共文化服务和公共文化产品，包括农村地区的医疗保障、农村地区开展的义务教育等。此外，由政府主导的农家书屋工程、农村电影放映工程、广播电视村村通工程以及乡镇综合文化站建设工程等都需要在政府的支持和引导下开展，政府在乡村公共文化服务的项目中发挥着责无旁贷的主导责任。

单一的政府主导型模式是集权化的文化供给模式，政府掌握全部的社会文化资源和公共文化服务的自主管理权，文化部门按照政府的行政指令对各种文化资源进行计划配置，公共文化服务的规划、生产和管理职能由中央延伸至乡村社会的文化部门统一承担❷。政府主导型供给模式的优势在于可以集中管理公共文化服务，实现资源与服务的统一调配，但存在文化资源与服务同质化供给的现象，无法满足乡村居民的个性化需要。此外，政府主导型模式也使得公共文化资源无法得到合理、有效和均等的配置，造成文化资源利用率低下，阻碍乡村公共文化服务的进一步发展，因此政府主导、社会力量参与的合作型供给模式应运而生。

3.2.2 政府和社会力量合作型

治理理论指出，在社会公共事业管理方面，应采取多中心制度安排社会公共事业的相关业务，也就是说，各个文化机构或组织以及公民个人可以通过合法的形式参与社会公共事业管理，主动承担各自的责任和义务。除此之外，治

---

❶ 李少惠，王苗. 农村公共文化服务供给社会化的模式构建 [J]. 国家行政学院学报，2010，65（2）：44-48.

❷ 孔进. 公共文化服务供给：政府的作用 [D]. 济南：山东大学，2010.

理理论认为应建立国家、社会和公共部门相互依赖的合作机制,多元主体在合作共建社会的过程中实现社会公共事业的高效管理。❶ 文化治理是治理理论的衍生概念,文化治理各个主体通过合作、协商等方式,实现对文化的有效治理。文化治理强调文化功能在社会事业发展中的重要性,主张利用文化的导向、维持秩序等功能以实现政治、经济等多重治理目标。❷ 从治理理论和文化治理的概念可以看出,治理理论提倡治理主体的多元化和治理方式的多样化。

政府和社会力量合作型的供给模式是指社会力量投身到公共文化设施的前期建设和后期管理中,一以贯之地参与公共文化服务建设。在该模式下,政府和社会力量明确各自承担的责任,在公共文化服务的不同阶段,发挥自身具有的资源优势和人力优势,扩大公共文化服务的范围,完善公共文化服务体系❸。乡村公共文化服务的开展依托乡村公共文化空间建设,尽管乡村公共文化空间在建设及转型过程中存在消解、利益分化、价值观念消弭和组织架构碎片化等不稳定因素,但是政府能规划和统筹乡村公共文化服务的发展方向,秉持"以人为本"的观念,实现公共文化服务的有效供给❹,可见政府在乡村公共文化服务供给中处于重要的核心地位。在政府和社会力量合作型的乡村公共文化服务供给模式下,政府处于主导地位,企业、文化机构、第三部门等社会力量处于从属地位,各主体以乡村居民的文化需求为导向,在乡村公共文化服务供给过程中发挥协调和配合的作用。如温州农村"百姓书屋"建设具有一定的典范作用,由基层政府文化部门布置相关的业务工作,乡镇文化部门及村委组织负责落实具体的实践。农村"百姓书屋"的资金支持均由基层政府承担,确保农村"百姓书屋"的可持续发展。另外,为进一步提高农村"百姓书屋"的发展水平,获得星级的"百姓书屋"会得到奖励和嘉奖,进而激发村委组织成员办好"百姓书屋"的决心。❺ 此外,企业作为乡村公共文化服务的另一供给主体,主要参加公共文化基础设施建设和公共文化产品的提供,它具有的经济实力可以弥补乡村公共文化服务的财政缺

---

❶ 富勇军. 现代公共文化服务发展与建设研究 [M]. 长春:吉林美术出版社,2018:69-70.

❷ 吴理财,解胜利. 文化治理视角下的乡村文化振兴:价值耦合与体系建构 [J]. 华中农业大学学报(社会科学版),2019(1):16-23,162-163.

❸ 关思思,刘晓东. 我国公共文化机构社会化发展的主要形式及特点 [J]. 图书馆建设,2020,304(4):23-29.

❹ 许丹. 中国农村公共文化服务高质量发展:基本内涵、问题清单与行动框架 [J]. 社会科学研究,2021(5):115-123.

❺ 邱翠云,韦美良. 乡村振兴战略下乡村公共阅读空间建设策略研究 [J]. 图书馆工作与研究,2022,316(6):101-108.

口。政府通过招标、委托和部分业务外包等形式，吸引企业关注文化事业发展，鼓励企业投入资金参与文化事业建设，使企业之间形成竞争关系，生产出政府所期望的公共文化产品和服务，提高乡村公共文化服务的供给效率。

目前，针对乡村地区公共文化服务的供给，政府和社会力量合作型的供给内容侧重于乡村图书馆、农家书屋和乡村图书室的建设，供给模式主要为"公共资源+社会力量"的总分馆模式、文旅融合模式和其他形式联合共建的"图书馆+"模式三种模式：（1）"公共资源+社会力量"的总分馆模式。利用图书馆馆藏的书籍作为公共资源，联合社会力量打造乡村阅读空间，如浙江温岭的乡村家庭图书馆分馆❶的馆藏图书由温岭市图书馆负责配送上架，同时乡村家庭图书馆的借阅系统与市图书馆相互联通，帮助乡村居民在所在地区的图书馆就可实现图书的借还，在一定程度上便利了乡村居民的阅读。（2）文旅融合模式。随着文旅融合的深入推进，蕴含乡土文化的乡村图书馆与旅游元素结合紧密，例如杭州市桐庐县公共文化机构与民宿经营者相互合作❷，公共文化机构为民宿内部的乡村生活书吧提供图书资源的更新服务，让往来居住的游客在民宿内部即可享受到惬意的阅读时光，创新乡村阅读空间新样态。（3）其他形式联合共建的"图书馆+"模式。图书馆与其他空间的共建融合逐步创新阅读空间的新形式，譬如福建省顺昌县在公园内部设立"来读书吧"流动图书馆、浙江省永嘉县在社区内部设置"鸟巢书屋"流动图书馆❸，成为乡村地区开展公共文化服务活动的创新之处。

3.2.3 社会力量主导型

社会力量主导型的乡村公共文化服务供给模式是指企业、文化机构、第三部门等社会力量凭借自身的形象和实力自筹资金为乡村居民提供公共文化服务。该模式在农村社会系统的开放程度逐步加大、社会主体之间的关系程度逐渐紧密❹的情况下应运而生，是乡村公共文化服务供给的理想模式。在该种供给模式下，社会力量通过市场化的手段将农业信息、人才、科技等资源

❶ 雷兰芳. 赋能乡村振兴的公共阅读空间活化：有位、有为、有味 [J]. 图书馆杂志, 2023, 42 (1)：72–78, 98.

❷ 雷兰芳. 赋能乡村振兴的公共阅读空间活化：有位、有为、有味 [J]. 图书馆杂志, 2023, 42 (1)：72–78, 98.

❸ 雷兰芳. 赋能乡村振兴的公共阅读空间活化：有位、有为、有味 [J]. 图书馆杂志, 2023, 42 (1)：72–78, 98.

❹ 李少惠, 王苗. 农村公共文化服务供给社会化的模式构建 [J]. 国家行政学院学报, 2010 (2)：44–48.

引入乡村公共文化服务领域，独立承担农村公共服务的决策、资金提供和服务输送，不再充当政府的配角与合作者❶，不断拓宽乡村公共文化服务的渠道，并推动公共文化服务体系建设的进程。

目前，社会力量主导型的供给模式在乡村公共阅读空间领域得到了广泛的应用和认可，就福建省乡村公共阅读文化空间的供给模式而言，在社会力量的主导和支持下，截至 2021 年底，福建省的乡村民间公益阅读空间已达 216 个，其中泉州南安市的乡村民间公益图书馆占比 28%，社会力量在乡村民间公益图书馆的建设中发挥显著作用，南安市乡村民间公益图书馆的建设和运行情况如表 3-1 所示❷。由表 3-1 可知，南安市的民间公益图书馆的资金来源于捐助、众筹等渠道，由志愿者协会邀请志愿者参与图书馆的运行管理，南安市乡村民间公益图书馆多以私人筹建为主，政府在乡村民间公益图书馆的建设中承担监督和规范的职责。

表 3-1　南安市乡村民间公益图书馆建设情况

建设主体	数量（个）	建设和运行管理
"好读书"公益图书馆协会	18	资金来源：捐助+众筹。由南安市助学志愿者协会发起，成立"好读书"公益图书馆协会，服务于图书馆。
乡镇志愿者协会	6	资金来源：捐助+众筹。由官桥镇志愿协会、洪梅镇志愿者协会发起，组建图书室志愿服务队轮流管理。
福建省霞舒助学公益服务中心	2	资金来源：政府支持+企业捐建+众筹。聘用专职馆长和招募志愿者共同管理。
个人或其他社会力量	64	资金来源：捐建。多无固定管理者，以读者自助服务为主，开放随意性较大。
总计	90	—

此外，由乡贤带头捐建、群众自发筹建等方式筹资建设民办农民（农村）文化大院的公共文化服务供给方式也如雨后春笋般逐渐冒出，如重庆市万州区熊家镇金龙文化大院、安徽省萧县赵庄镇吴蒋庄文化大院等文化大院

❶ 史传林. 农村公共服务社会化的模式构建与策略探讨［J］. 中国行政管理，2008（6）：56-59.

❷ 雷兰芳. 赋能乡村振兴的公共阅读空间活化：有位、有为、有味［J］. 图书馆杂志，2023，42（1）：72-78，98.

为乡村地区居民提供文化资源、演出培训、活动空间、设施设备等，供乡村居民开展公共文化活动，成为农民心中的"文化乐园"❶。乡村公共文化服务具有非营利性的特征，所以非营利性组织作为社会力量的重要组成部分，其参与公共文化服务供给过程的重要价值日益凸显。近些年，非营利性组织在我国发展迅速且类型逐渐多样化，其主要供给形式包括无偿捐赠、志愿服务和公益性收费服务三种❷。但就乡村地区而言，非营利性组织在乡村公共文化服务供给过程中的参与程度不高，非营利性组织通过志愿服务在农村地区开展公共文化服务的形式较为常见。从社区层面来讲，非营利性组织鼓励社区居民积极参与当地的文化建设时，以成立志愿团体和文化团体的方式为乡村居民公共文化服务活动的开展提供文化制度方面的保障。

在我国乡村地区实现社会力量主导型的公共文化服务供给模式仍需要较长的时间。首先，由于中国的农村地区分布较广，各乡镇地区的发展情况不同，社会力量较难做到调查各个乡镇地区的文化发展情况，在一定程度上影响社会力量开展公共文化服务的效果；其次，尽管社会力量的存在形式逐渐多元化，但政府对社会力量的未来发展并没有颁布具体的政策措施进行制度保障，导致社会力量参与乡村公共文化服务供给的积极性不高；最后，社会力量主导型的乡村公共文化服务供给方式对主体的要求也较高，社会力量自身需具有一定的经济实力、组织能力和实践能力等综合能力，才能实现乡村公共文化服务科学、有效的供给。

乡村公共文化服务的高质量发展需要"政府主导型""政府和社会力量合作型"和"社会力量主导型"形成合力，在明确政府和社会力量各自具有的优势的前提下，结合政府和社会主体的角色定位以及乡村公共文化服务的实际发展情况，合理采用乡村公共文化服务的供给模式，实现三种供给模式的动态联合，从而满足不同乡村地区公共文化服务的现实发展需要。

3.3 乡村公共文化服务供给内容

2013 年 1 月，中华人民共和国文化部（现为中华人民共和国文化和旅游部）关于印发《全国文化信息资源共享工程"十二五"规划纲要》的通知指

---

❶ 关思思，刘晓东. 我国公共文化机构社会化发展的主要形式及特点［J］. 图书馆建设，2020，304（4）：23-29.

❷ 张震. 公共文化服务供给［M］. 北京：科学出版社，2018：129-130.

出："结合国家重大事件、重要节日、假日和纪念日，策划开展持续时间长、参与人数多、举办规模大、对外影响广的公共文化服务活动。"❶ 由此可见，随着公共文化服务体系的持续建设，文化部门鼓励公共文化服务组织开展丰富多样的活动，实现公共文化服务的内容供给。目前，乡村公共文化服务供给内容以多元化的活动形式呈现，乡村公共文化空间以乡土特色文化为依托为乡村居民提供公共文化服务活动。

在由上海市文旅局、浦东新区人民政府主办的"2021 年长三角及全国部分城市最美公共文化空间大赛"中，来自全国各大赛区的 300 多个空间荣获佳绩，获奖空间案例具有类型多元、风格各异、符合新时代公共文化空间发展的特点。因此，我们从"百佳公共文化空间奖"和"优秀公共文化空间案例"的获奖名单中选取 39 个乡村公共文化空间样本案例作为调研对象，样本案例涵盖基层文化空间、公共阅读空间、乡村文化空间等乡村公共文化空间，通过调查样本案例官网、微信公众号及相关网站，获取样本案例的空间类型、运营主体、所在地等方面的信息，详见表 3-2。

表 3-2　乡村公共文化空间样本案例

类型	序号	空间案例名称	类别	运营主体	省、村（社区）
综合化乡村社区（9个）	1	浦东祝桥星火村乡村振兴示范村	A	政府	上海市盐仓社区
	2	大南坡乡村美学示范村	A	政府	河南省大南坡村
	3	酷岛造梦营	B	企业	上海市水库村
	4	惠南镇海沈村	B	政府	上海市海沈村
	5	"我心向阳"安亭镇向阳村	B	政府	上海市蓬青路 298 号
	6	魅力时庄	B	政府	河南省时庄村
	7	李庄安石村	B	政府	四川省安石村
	8	美丽乡村魅力白沙	B	政府	四川省白沙村
	9	湖笔小镇公共文化空间	E	政府	浙江省湖笔街

❶ 中华人民共和国文化和旅游部. 文化部关于印发《全国文化信息资源共享工程"十二五"规划纲要》的通知［EB/OL］．［2022-11-28］. https://zwgk.mct.gov.cn/zfxxgkml/202012/t20201204_925704.html.

续表

类型	序号	空间案例名称	类别	运营主体	省、村（社区）
乡村图书馆 （8个）	10	景宁畲族自治县图书馆大均分馆	A	县图书馆	浙江省大均村
	11	天柱山野人寨乡村图书馆	A	专业文化组织	安徽省风景村
	12	老苗窑洞书馆 ——中国最美乡村图书馆	A	村民	河南省莫沟村
	13	石练镇淤溪镇村 二十四节气主题分馆	B	县图书馆	浙江省淤溪村
	14	方塘乡世京书屋	B	个人	安徽省葛村
	15	逸迩阁书院	B	个人	湖南省易家渡社区
	16	梨花·读乡村图书馆	D	村民	四川省熙玉村
	17	馆里·四川省图书馆 鹿溪智谷分馆	F	省图书馆	四川省蟠梓 西二街126-1
文博空间 （7个）	18	丁李湾传统古村落—茶湾里	A	博物馆	河南省神留桥村
	19	长三角盐文化文创基地	A	企业	上海市蒋庄路2067号
	20	海虞镇铜官山乡村历史文化馆	B	专业文化组织	江苏省七峰村
	21	妙山美术馆	B	企业	浙江省妙山村
	22	柳荫艺库	B	专业文化组织	重庆市柳荫粮站
	23	万古鲤鱼灯舞保护传习所	E	政府	重庆市大雄社区
	24	领报修院	E	专业文化组织	四川省回水村
综合服务 实践中心 （6个）	25	光山大别山乡村会客厅（光山旧粮仓与老乡政府改造）	A	政府	河南省南王岗村
	26	安仁华侨城南岸美村乡村客厅	A	企业	四川省清源村
	27	金乡卫城文化客厅	B	个人	浙江省西门大街31号
	28	重庆市渝北区兴隆镇牛皇村 综合文化服务中心	B	政府	重庆市牛皇村2社
	29	暖亭	C	政府	上海市向东新村
	30	怀仁镇综合文化服务中心	E	政府	山东省洼李村

类型	序号	空间案例名称	类别	运营主体	省、村（社区）
民宿书屋 （4个）	31	"坐忘阁"民宿书屋	A	个人	浙江省下官庄
	32	一鸣书居	A	个人	河南省邱庄村
	33	碗米民宿分馆	B	专业文化组织	重庆市龙印村
	34	岷江书院	F	企业	四川省岷江村
景区 （3个）	35	竹艺村景区	A	企业	四川省龙黄村
	36	美丽南洞乡村文化空间	B	企业	浙江省新建村
	37	郑州足球小镇游客中心	B	企业	河南省二七区樱桃沟景区
特色民宿 （2个）	38	秘境梁家山	A	个人	浙江省梁家山村
	39	云上院子	B	企业	河南省金岭坡村

说明：A代表百佳公共文化空间奖—美丽乡村文化空间、B代表优秀公共文化空间案例—美丽乡村文化空间、C代表百佳公共文化空间奖—基层文化空间、D代表百佳公共文化空间奖—公共阅读空间、E代表优秀公共文化空间案例—基层文化空间、F代表优秀公共文化空间案例—公共阅读空间

　　空间样本案例开展的服务活动内容丰富，活动项目多元，39个乡村公共文化空间案例服务活动概况如表3-3所示。结合表3-3内容，根据样本案例的服务活动项目，统计各个活动项目中样本案例开展的具体主题活动数量及占比情况，如图3-2所示。由表3-3和图3-2可见，样本案例开展的活动项目丰富（共128个项目），活动内容生动有趣，活动形式多样。由图3-2可知，39个样本案例的服务活动项目类型可分为14种，分别为党课及党性教育培训、红色文化活动、技能技艺培训、文化演艺、地方特色主题文化活动、科普展览、艺术展览、特定主题展览、自然研学、文化研学、文旅研学、世界阅读日活动、主题活动和分享沙龙。其中，地方特色文化活动是所有活动项目中开展数量最多的项目类型，共开展25项此类活动，占比为19.53%；其次为文化研学，有15项活动项目可归为此类。可见，地方特色文化活动和文化研学是样本案例开展服务活动的主要形式。另外，科普展览和世界阅读日活动是开展活动项目数量最少的2个类型，各有2个主题活动，各占所有活动项目比重的1.56%，说明目前少有乡村公共文化空间能承办专业性强的活动项目，乡村公共文化空间开展该类活动项目的能力仍有待加强。

表 3-3　空间样本案例服务活动内容及活动项目

活动内容	活动项目	比例（%）	案例	列举
红色与爱国文化活动	党课及党性教育培训	3.91	A1、A25、A26、B15	"长征精神"集邮特色党课、红色活动教育培训、地域党建展示、社会组织党课培训、党性教育主题活动
	红色文化活动	3.91	A1、A2、B6、B20	红色诗歌文化活动、绣党旗、主题党日活动、"学党史·跟党走"诗歌朗诵会、红色经典歌曲大家唱活动
乡土文化活动	技能技艺培训	7.03	A1、A18、A27、B33、D16	红木雕刻技艺培训、盐仓水晶年糕制作技艺培训、种茶制茶技艺培训、刺绣、国画培训、古筝培训、花艺培训、太极拳培训、创新创业培训
	文化演艺	10.94	A1、A2、A18、A19、A32、B3、B4、B6、B7、E30	沪剧下乡、梆戏演出、民谣乡村音乐会、民间艺术演出（锣鼓、鼓书、皮影、花灯、旱船等）、乡村麦田民宿文化艺术节、盐文化演艺、艺术驻村活动、稻田音乐会、曲艺展演活动、乡村摇摆舞会、小丘音乐会、爵士舞会、民俗特色活动展演、"万古鲤鱼灯舞"表演
	地方特色主题文化活动	19.53	A2、A19、B4、B5、B6、B7、B8、B15、B20、B28、B36、B39、C29、E9	碾米文化和枯文化宣传活动、盛世夜宴主题活动、云上院子全民抖音短视频大赛、乡村农民村晚、"记住乡愁·美丽演集"摄影大赛、时庄乡村游主题征文活动、"逸迩阁杯"全国高姓散文大赛、健康漫步活动、对歌节、祭龙泼水节、火把节、山歌与蹢脚舞活动、彝族吹长号唢呐活动、传统舞草龙、社区编织队活动、奥运观赛活动、"百县千碗湖州味道——笔墨飘香"旗袍音乐美食嘉年华、"笔笔生辉"华夏笔工祭笔祖活动

活动内容	活动项目	比例（%）	案例	列举
展览参观活动	科普展览	1.56	A35、D16	竹科普、科普教育展览
	艺术展览	3.91	A2、A11、A26、A35、B22、E9	绘画展、艺术展、竹美术展、美育艺术展览活动、中韩书画交流展
	特定主题展览	8.59	A25、B13、B21、B28、E9、E30、F17	乡村特色文创展卖，二十四节气主题展览，"宋韵·西塞山印象"主题篆刻创作邀请展，儿童公益作品展，社会公益性展览，新兴设计艺术主题展览，春牛喜耕展览活动，"方寸上的湖笔与汉字"——2020湖笔，汉字集邮展，特色农产品展销，创意产品展卖
研学活动	自然研学	7.03	A1、A2、A35、A38、B5、B7、B36、B39、E24	豆腐制作体验、石臼磨麦体验、自然研学营活动、竹体验（竹艺/竹编手工）、亲子互动自然研学体验、农耕体验、农场采摘、农事体验、插花
	文化研学	11.71	A1、A19、A25、B13、B15、B22、B27、B36、B39、D16、E23、F34	共享课堂、教育培训、盐文化科普教育项目、"金山情"研学时间教育活动项目、文化创意产业专题培训班、名师讲堂、中小学实践教育、公益讲堂、造秘奇趣主题活动、儿童课堂公益活动、"逸迩讲堂"品牌活动、社会美育研学活动、学术论坛活动、文化保护研讨会、国学论坛
	文旅研学	10.16	A2、A26、A35、B3、B6、B20、B21、B22、B28、B33、B36、C29、D16、E23、F34、F17	爱故乡—乡村文创研习营活动、竹研学、文创活动、青少年研学教育活动、蛟龙特训夏令营、画渔民画、拓片体验、土陶制作、稻草编织、中国乡村美育行动计划活动、纤维编织、"万古鲤鱼灯舞"知识传授制作

续表

活动内容	活动项目	比例（%）	案例	列举
阅读活动	世界阅读日活动	1.56	A12、B27	"世界读书日"主题阅读活动、世界读书日系列活动
	主题阅读	3.91	A11、B15、B33、E24、F17	"皖源天柱向未来　赓续文脉启新程"读书会活动、"逸迤读书"品牌活动、"柚花飘香　书香梁平"全民阅读暨"百本好书送你读"活动、"喜'阅'金秋，情暖重阳"阅读分享会、阅读推广实践活动
	分享沙龙	6.25	A1、A2、A11、B6、B14、B15、B21、B27、D16	文化沙龙、阅读分享会/交流会、主题学术沙龙、学术交流活动、"三月三"雅集活动、"逸迤读书会"活动、共青团读书会、百姓故事会

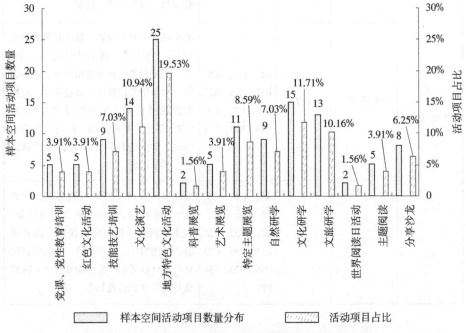

图 3-2　样本乡村公共文化空间活动项目分布情况一览

公共文化空间作为公共文化服务建设的空间维度，既包括提供活动场地和设施设备等基本功能的物理空间，也包括开展相关文化服务活动和服务项目所形成的活动空间。活动内容和活动项目丰富多元不仅反映公共文化服务实践开展情况，侧面也凸显出公共文化空间服务效能现状，为公共文化空间的建设优化和服务改善提升提供现实依据，分析乡村公共文化空间获奖样本案例开展的服务活动，对分析乡村公共文化服务供给内容具有重要意义。根据表3-3整理的内容，可以发现样本案例为提供公共文化服务所开展的活动内容包括红色与爱国文化活动、乡土文化活动、展览参观活动、研学活动及阅读活动五大类。

3.3.1 红色与爱国文化活动

红色与爱国文化教育活动的形式包括主题党日活动、红色诗歌朗诵会等。红色与爱国文化教育活动大多是在特定的节日或依托乡村公共文化空间的特有红色文化得以开展，样本案例中共有6个乡村公共文化空间开展此类活动，如"浦东红村"作为祝桥星火村（A1）重要的文化名片，星火村为乡村公共文化空间建设注入红色文脉，给村居民上"长征精神"集邮特色党课，村民之间可以以收集邮票或者互换邮票的形式学习长征精神的内涵，丰富党课知识的普及形式。目前，以红色诗歌朗诵、红色歌曲传唱的形式开展红色与爱国文化活动较为普遍，譬如时庄村（B6）在建党节组织居民举办的"学党史·跟党走"诗歌朗诵会、祝桥星火村（A1）的红色诗歌文化活动、海虞镇铜官山乡村历史文化馆（B20）开展的红色经典歌曲大家唱党建活动等活动。红色与爱国文化活动有助于弘扬爱国主义精神，有利于激发居民的家国情怀，因而各地需创新开展形式，让公众切实感受到红色与爱国文化的深厚底蕴，从而提高活动的开展效果。

3.3.2 乡土文化活动

乡土文化活动是紧密结合乡村地域文化的活动，也是目前乡村公共文化空间服务活动开展数量最多的活动。开展乡土文化活动可促进当地居民及外来大众对乡村地区特色文化的了解，激发大众参与和创造当地特色文化的兴趣，推动乡村文化的传承和创新。乡土文化活动主要包括技能技艺培训、文化演艺、地方特色主题文化活动等。技能技艺培训注重对当地传统的技能和技艺的培养，让用户在学习的过程中真切感受到传统文艺的魅力，祝桥星火村（A1）位于祝桥镇盐仓社区内，祝桥镇的盐仓水晶年糕享有盛名，为促进大众对盐仓水晶年糕的了解，社区人员会组织人们进行盐仓水晶年糕制作技艺培训，让人们参与淘米、浸米、磨粉、压干、打碎、蒸熟的全过程，给予用户沉浸式的制作体验；金乡卫城文化客厅（B27）作为当地重要的社区教育空间，以卫城书画院、茶书院、琴坊等为主要支撑载体，在室内设有专门的传授课程空间，配备相应的设施，聘请专业教师对社区居民开展免费的国画、古筝、花艺等方面的培训，激发了附近居民的学习热情，前往参加培训的人员络绎不绝。文化演艺是指通过文化演出或艺术巡演的方式开展文化活动，文化演艺的受众人群最为广泛，此类活动过程中不仅有演艺者的表演，也会有受众与表演者之间的互动，给受众带来直观的视觉和听觉体验，如在万古鲤鱼灯舞保护传习所（E23）中，公众不仅可以在传习所中学习万古鲤鱼灯舞知识，还能同传承人一起学习，参加万古鲤鱼灯舞表演活动；再如，丁李湾传统古村落—茶湾里（A18）的民间艺术演出（包括锣鼓、鼓书、皮影、花灯、旱船等项目）、长三角盐文化文创基地（A19）的盐文化演艺、酷岛造梦营（B3）的艺术驻村活动、惠南海沈村（B4）的稻田音乐会等活动都是文化演艺的重要形式，大众在活动中接受艺术的熏陶，提高自身的审美品位。地方特色主题文化活动是乡土文化活动中形式及主题最为丰富的活动，这是因为乡村公共文化空间开展的公共文化服务活动主要依托乡村当地的特色文化，只有深深扎根于地方特色文化，文化活动才能备受大众的欢迎和喜爱。白沙村（B8）是高山彝族的重要聚居村，白沙村拥有蹢脚舞和彝族长号两项非物质文化遗产，为增添白沙村旅游的文化底蕴，村内的文化队伍会在特定节日开展山歌与蹢脚舞、吹长号唢呐、泼水等活动，吸引游客前来观看和参加，不仅增加乡村居民的收益，同时也使彝族文化得以更广流传。

3.3.3 展览参观活动

展览参观活动是指以文字、图片等形式传达给大众，让大众从中获得创作灵感、陶冶情操、获取知识、放松身心等的活动。展览项目有科普展览、艺术展览和特定主题展览，活动形式主要包括图片展、绘画展、工艺展、科普展等。样本案例中，13个乡村公共文化空间开展此类型活动。首先，在科普展览上，竹艺村景区（A35）针对游客群体开设"竹科普展览"，展示道明竹编工艺；梨花读·乡村图书馆（D16）在图书馆内为读者提供科普教育，同时馆员还会组织读者开展科普知识竞赛活动，丰富科普教育的活动形式。其次，在艺术展览上，举办艺术展览的文化空间或组织意识到艺术展览是给人直观感受艺术的重要形式，艺术展览促进不同艺术及文化之间的相互交流，实现艺术和文化的传播和弘扬，如大南坡乡村美学示范村（A2）举办的艺术展、天柱山野人寨乡村图书馆（A11）为读者开办的绘画展、竹艺村景区（A35）为宣传竹编文化设立的竹美术展、柳荫艺库（B22）的美育艺术展览活动以及湖笔小镇公共文化空间（E9）举办的中韩书画交流展，为当地乡村居民提供形式多样的艺术文化活动。除举办艺术展览供居民观看外，安仁华侨城南岸美村乡村客厅（A26）鼓励当地群众亲身制作艺术品并为其开设村民艺术展，极大地促进居民的创作积极性，使居民切身地参与到公共文化服务活动中来。最后，在特定主题展览上，特定主题展览的形式最为多样，展览可以根据空间的特色文化以及设定主题进行举办，如妙山美术馆（B21）不仅举办篆刻展、书法展等展览，还为当地的儿童设立公益绘画作品展，展览形式丰富多样；石练镇淤溪镇村二十四节气主题分馆（B13）开办二十四节气主题展览，让馆内读者在四季流转的节气之美中体会到深厚的农耕文化，学习传统习俗；再如，重庆市渝北区兴隆镇牛皇村综合文化服务中心（B28）通过对牛皇村乡土文化的挖掘和提炼，打造"春牛喜耕"农村文旅地方品牌，同时在特定节日举办春牛喜耕展览活动，展示本土的特色文化。

3.3.4　研学活动

研学活动是"旅游+教育"的成果，是目前公共文化与旅游行业融合发展的重要途径。当前，各个乡村公共文化空间开展的研学活动初具规模并形成规范化的发展模式，具体形式包括自然研学、文化研学和文旅研学等，调研的样本案例共开展 37 个不同主题的研学活动。其中，自然研学占比为7.03%，自然研学体验的核心是与自然相联结，通过自然研学游客可以在自然环境中认识并了解自然，从而与自然建立亲密的联系❶。例如，向阳村（B5）建立米文化研学基地，使游客可以在基地内了解向阳村米文化的发展历程，同时也为亲子活动提供打米、晒米、制米等服务，成为亲子之间参与互动研学体验的好场所。李庄安石村（B7）、南洞乡村文化空间（B36）以及云上院子（B39）在各自空间内开展农耕、农场采摘、农事体验等劳作活动，场所负责人员引导游客参与农作物的播种、施肥、收割等过程，让游客以身体力行的方式了解传统的农耕文化。文化研学在三项研学活动项目中开展的主题活动最多，典型的有长三角盐文化文创基地（A19）的"金山情"研学实

---

❶ 蔡克信，贺海，郭凌. 自然联结：自然研学旅游体验研究［J］. 四川师范大学学报（社会科学版），2022，49（4）：97-106.

践教育活动和逸迄阁书院（B15）的文化研学活动。长三角盐文化文创基地是上海首个以"盐"为主题、集文化、创意、学习、体验为一体的文创基地，设有的"金山情"研学实践教育活动涵盖盐文化文创体验课程、土布课程、麻绳课程等内容。盐文化文创基地联合金山区的中小学开展多样化的盐文化研学活动，学生不仅可以在基地内通过球幕播放、实物展示、魔墙大屏互动等形式知晓金山盐业的发展变迁，也可以了解到古代制盐与现代制盐的区别，还可以以亲身实践来感受盐民制盐、运盐的辛劳。除联合中小学开展相关活动外，长三角盐文化文创基地还组织当地的社区为社区居民开展社区教育课程，课程多以实践为主，包括海盐手工皂、海盐腌鸭蛋、海盐精油磨砂膏等手工艺品的制作，让社区居民在制作的过程中明白海盐文化在日常生活中的运用，从而促进当地社区居民对海盐文化的深入了解。另外，逸迄阁书院作为中国最大的民办书院，深入挖掘历史文化底蕴，开发"5 大系列 60 个课程"的文化研学体系，通过发挥书院研学旅游基地的阵地优势和馆内丰厚的馆藏资源优势，策划出传统文化教育、儿童剧绘本分享、科技知识教育活动、亲子阅读等特色的研学活动。从 2018 年创办至今，逸迄阁书院先后举办的逸迄讲堂、逸迄读书、阅读标兵、全民阅读推广等文化活动多达 200 余场次，极大丰富了市民的文化生活。文旅研学是文化教育与旅游产业结合最为紧密的研学活动，在文旅融合的时代大背景下，公共文化服务逐渐呈现出文化自信、需求多元和全民共享的文化发展新特征，不仅反映出公共文化服务当前与未来的发展方向和目标，同时凸显出人民群众日益增长的美好生活需要❶，因此，乡村公共文化空间应在完善现有服务的基础上，持续拓宽公共文化服务的服务范围，创新服务形式和内容，探索新的服务模式和机制，以文旅融合理念为指导，为用户提供精细化、个性化、特色化和专业化的服务设施、产品和活动。南洞乡村文化空间（B36）是国家 4A 级旅游景区和全国中小学生实践教育研学基地。为实现旅游景区与研学基地的有效融合，南洞乡村文化空间连续多年开展蛟龙特训夏令营活动，开展多元化的文旅研学活动，参与活动的对象为 7~15 周岁的青少年。在夏令营活动中，青少年可以进行军事战术体验并完成军事基础训练，也可以在自主野炊的活动中感受到劳动带来的幸福感，还可以开展高空攀岩、丛林探险、野外生存等野外拓展项目，这些活动非常有利于青少年健康完善的独立人格的培养。

---

❶ 许迎霞，朱江，董晓鹏. 文旅融合背景下公共图书馆研学旅行服务思考：以鞍山市图书馆研学基地活动为例［J］. 图书馆工作与研究，2021（3）：102-106.

3.3.5 阅读活动

阅读活动的形式主要有世界阅读日活动、主题阅读和分享沙龙等。样本案例中有 14 个文化空间开展 14 个不同主题的阅读活动，承办的主体多为图书馆及文化服务中心，主要原因在于图书馆拥有丰富的馆藏资源及专业的人才队伍，在组织读者开展成熟且规范化的阅读活动方面具有显著优势。老苗窑洞书馆（A12）和金乡卫城文化客厅（B27）在 4 月 23 日的世界阅读日开展与"世界阅读"主题相关的阅读活动，引导儿童阅读趣味性的绘本及书籍，设计任务型的阅读内容，鼓励儿童进行探究性的阅读活动学习。主题阅读是根据特定的主题或节日内容为读者开展的阅读活动，大多数图书馆在主题阅读活动的创设上打造出属于自身特色的阅读活动，如天柱山野人寨乡村图书馆（A11）紧邻皖河之滨，源远流长的"皖河文化"对天柱山野人寨乡村图书馆的发展起到深厚的滋养作用，为赓续"皖河文化"所传承的精神，天柱山野人寨乡村图书馆依托"皖河文化"开展"皖源天柱向未来 赓续文脉启新程"读书会活动，让读者在读书会的交流活动中领会"皖河文化"的深厚底蕴。碗米民宿分馆（B33）在重阳节组织当地社区的中老年人开展"喜'阅'金秋，情暖重阳"阅读会，让社区的中老年人分享自己的读书心得，推荐自己认为具有价值的书籍供他人选择，在丰富中老年人业余文化生活的同时营造热闹的节日氛围，弘扬中华民族"尊老、敬老、爱老、助老"的传统美德，倡导尊老、敬老、爱老的新风尚。分享沙龙主要以自主分享的形式开展阅读活动，逸迩阁书院（B15）在"逸迩读书会"系列活动下开设多种形式的分享会，如书院开展"共沐书香 伴爱成长"亲子共读分享会，组织 12 组家庭参加分享会，在书院管理人员的引领下，小朋友之间自主分享喜爱的绘本故事，家长之间就培养孩子的阅读习惯开展系列的交流，同时家长同子女一起玩趣味游戏，享受愉快的亲子时光。总的来说，该类活动以"书"为媒介，以亲子共读共享的形式促进父母与孩子之间的交流，对孩童阅读习惯的培养具有重要意义。

3.4 乡村公共文化服务供给项目

党的二十大报告明确指出"全面推进乡村振兴，坚持农业农村优先发展，巩固拓展脱贫攻坚成果，加快建设农业强国，扎实推动乡村产业、人才、文化、生态、组织振兴"❶。文化振兴是乡村振兴的重要组成部分，文化振兴为乡村振兴提供智力支持，成为实现乡村振兴的动力源泉，而乡村公共文化服务是文化振兴的重要内容。近些年政府积极推进乡村公共文化服务建设，加强"农家书屋"工程、"农村电影放映"工程、"广播电视村村通"工程和"乡镇综合文化站建设"工程等工程项目的供给，尽力缩小城乡之间公共文化服务的差距，帮助解决乡村居民公共文化需求难以满足的问题。为乡村居民提供高质量的公共文化服务将逐步成为乡村文化振兴的战略发展方向。

3.4.1 农家书屋工程

农家书屋工程是贯彻落实《中共中央、国务院关于推进社会主义新农村建设的若干意见》和《关于进一步加强农村文化建设的意见》，由国家新闻出版署主导、中央文明办等八个部门共同参与的一项构建社会主义新农村公共文化服务体系的基础性和"文化惠民"工程❷。农家书屋工程以科学发展观为导向，在政府财政资金的扶持下，在行政村建立、由村民进行管理的能够提供村民实用文化产品的公益性服务设施。❸ 该工程建设的主要任务是为广大农民普及科技知识，传播先进的乡土文化，努力满足农村群众的精神文化需求❹。农家书屋工程建设至今，其建设历程可大致分为试点推广、巩固深化以及提质增效三个阶段。

（1）农家书屋工程的试点推广

2004 年，国家新闻出版署在服务"三农"经验和"三农"读物发行的基础上，首次提出"农家书屋"工程的概念❺。2005 年，农家书屋工程在甘肃和贵州等地开设试点，自此拉开了农家书屋工程建设的序幕。经过一年多时间的试点和推行工作，2006 年 3 月，新闻出版总署根据甘肃、福建等省的农家书屋建设情况实地调研的结果，提出农家书屋工程建设的思路和原则，推动农家书屋工程朝着科学化和规范化的方向发展。同年 9 月，《国家"十一

❶ 中华人民共和国中央人民政府. 习近平：高举中国特色社会主义伟大旗帜 为全面建设社会主义现代化国家而团结奋斗——在中国共产党第二十次全国代表大会上的报告 [EB/OL]. [2023-03-01]. http://www.gov.cn/xinwen/2022-10/25/content_5721685.htm.

❷ 刘小斌. 浅谈东莞农家书屋工程的可持续发展之路 [J]. 图书馆论坛，2011，31（4）：76-78.

❸ 武渝生. "农家书屋"建设的重庆实践 [J]. 重庆社会科学，2012（3）：91-97.

❹ 范雪梅. 广东"农家书屋"建设策略初探：以肇庆市为例 [J]. 图书馆论坛，2010，30（3）：52-55.

❺ 罗安琪，周金元. 农家书屋建设的问题及对策研究 [J]. 新世纪图书馆，2021（11）：40-45.

五"时期文化发展规划纲要》提出要按照"政府资助建设，鼓励社会捐助，农民自我管理，市场运作发展"的要求，支持农民群众开办农家书屋❶。以《国家"十一五"时期文化发展规划纲要》的发布为标志，农家书屋由"农民群众开办"的"农民自助读书组织"演变为政府主导的农村文化建设重大工程❷。为进一步推动农家书屋工程的高质量发展，农家书屋工程建设小组得以建立，农家书屋工程建设小组组建专业的人才队伍负责农家书屋工程的具体实施，截至2006年底，全国共建成农家书屋2550个。2007年3月，农家书屋工程写入政府工作报告并作为文化惠民工程在全国范围内推行，新闻出版总署等八部委联合印发的《关于印发〈"农家书屋"工程实施意见〉的通知》标志着农家书屋工程正式在全国推广，拉开了农家书屋工程在全国推广建设的序幕❸。与此同时，中宣部宣布将"万村书库"并入农家书屋工程，进一步扩大了农家书屋的发展规模。"万村书库"工程是主要面向贫困地区的居民提供阅读服务活动，尽管工程建设时间较短、书库的发展规模未能涵盖国内的全部乡村地区，但是书库的运营管理、组织架构等方面的建设经验为农家书屋的建设工作奠定了重要基础。2008年1月，全国农家书屋工程建设工作会议在京召开，新闻出版总署印发《农家书屋工程建设管理暂行办法》，财政部等部门联合印发《农家书屋工程专项资金管理暂行办法》，明确规定农家书屋的标准建设、报刊种类、电子音像制品数量等有关设施及图书配备等方面的内容，进一步规范国家财政资金投入农家书屋建设过程中的使用情况❹。2009年2月，新闻出版总署向中央呈报《关于加快进度、提前完成农家书屋工程建设的请示》，该指示指出应加快农家书屋快速发展的步伐，进而推动农家书屋工程建设进入一个新的发展平台。到2011年，农家书屋从2005年的225家发展到2011年的50.5万家，已覆盖84%的行政村。中央财政已累计投入资金45亿元，地方投入资金达到30多亿元。❺ 在中央财政资金和地方资金的投入下，农家书屋在全国范围内得到迅速发展，于2012年底完成全国的农家书屋布点工作，累计建成60多万个农家书屋，乡村地区呈现出"农家

❶ 中华人民共和国中央人民政府. 国家"十一五"时期文化发展规划纲要 [EB/OL]. [2023-03-03]. http://www.gov.cn/jrzg/2006-09/13/content_388046_8.htm.

❷ 金武刚. 农家书屋与农村公共图书馆服务体系融合发展探析 [J]. 中国图书馆学报, 2014, 40 (1)：84-92.

❸ 于仰飞, 赵琳. 乡村振兴背景下农家书屋建设的价值、困境与进路 [J]. 出版广角, 2022 (15)：66-69.

❹ 陈含章. 农家书屋工程十五年：追溯、历程与建议 [J]. 出版发行研究, 2020 (11)：5-14.

❺ 杨为民. 中国农家书屋网正式开通 [N]. 中国新闻出版报, 2007-10-12 (001).

书屋村村有"的局面，体现党和国家对乡村、农民的关心和推进乡村公共文化服务的强烈决心。❶

（2）农家书屋工程的巩固深化

2012 年是农家书屋工程建设的竣工之年，该年新闻出版总署下发《关于开展农家书屋复查确保农家书屋工程圆满竣工的通知》，通知要求各地复核农家书屋建设工程的进展情况，保障农家书屋的设施设备及图书资料得到妥善使用，进一步保障农家书屋工程能实现圆满竣工。2012 年 5 月，新闻出版总署农家书屋办公室在对北京、山东等 7 省（区、市）农家书屋工程建设实地暗访的基础上，下发《关于纠正农家书屋暗访中发现问题的紧急通知》，通知针对实地暗访中存在的问题要求各文化部门进行整改，各文化部门对农家书屋建设中存在的问题进行整改后，最后由新闻出版总署进行验收并取得显著成效❷。截至 2012 年 8 月，国家财政资金累计投入 180 多亿元，共建成 60 多万家农家书屋，农家书屋基本覆盖全国所有的行政村，经过 5 年多的努力，全国农家书屋工程建设的目标任务提前三年完成，同年 9 月，农家书屋试点推广及全面建设工作结束，农家书屋工程建设进入巩固发展阶段❸。

农家书屋工程建设进入巩固发展阶段后，工程建设工作的重心向加强管理和维护使用方向转移。为确保农家书屋工程的有效运转，财政部给予每年每个农家书屋 2000 元的资金保障。各地方政府在农家书屋工程的巩固发展阶段采取一定的措施持续推动农家书屋的发展，如江苏省文化部门联合财政部门拨付 2800 万元专项资金用于黄桥、茅山老区及苏北涉农地区的农家书屋出版物达标和省建农家书屋的图书更新❹。同时，为深入构建公共图书馆的总分馆体系，江苏省在省内组织实行农家书屋纳入县级公共图书馆的管理，由县级图书馆负责实施农家书屋的持续性建设，帮助农家书屋解决在管理过程中遇到的专业化问题❺。

（3）农家书屋工程的提质增效

2019 年中宣部等 10 部门印发《农家书屋深化改革创新 提升服务效能实

❶ 罗安琪，周金凤. 农家书屋建设的问题及对策研究 [J]. 新世纪图书馆，2021 (11)：40-45.
❷ 陈含章. 农家书屋工程十五年：追溯、历程与建议 [J]. 出版发行研究，2020, (11)：5-14.
❸ 李川. 全国农家书屋工程建设总结大会在津举行 [N]. 天津日报，2012-09-28 (001).
❹ 孙浩. 农村公共文化服务有效供给研究 [M]. 北京：中国社会科学出版社，2012：54-55.
❺ 姚雪清. 江苏试点农家书屋纳入县级图书馆 [N]. 人民日报，2015-04-02 (012).

施方案》，该方案指出"开展农家书屋数字化建设""推动农家书屋提质增效"❶，由此推动农家书屋工程进入提质增效阶段，农家书屋朝着数字化的方向发展。6月，为贯彻《农家书屋深化改革创新　提升服务效能实施方案》的思想，中宣部农家书屋主管部门专门组织召开了全国农家书屋数字化建设现场推进会，各地文化部门积极响应，立即组织开展当地数字农家书屋建设，当月共计 12.5 万个农家书屋投入数字化的建设中，约占全国农家书屋数量的1/5，❷ 促进农家书屋向数字化方向初步转型。

2023 年 3 月，中国互联网络信息中心（CNNIC）发布的第 51 次《中国互联网络发展状况统计报告》指出，截至 2022 年 12 月，我国农村地区在线教育用户占农村网民用户整体的 31.8%，较上年增长 2.7 个百分点，互联网正推动农村数字化服务发展。❸ 数字农家书屋是农家书屋工程提质增效的重要途径和必然趋势，是随着数字化文化产业发展和公共数字文化服务发展而兴起的。数字农家书屋使图书资料变得数字化，乡村居民可以随时随地享用数字化的图书信息和文化服务，弥补农村偏远地区图书资源不能及时送达的不足。近几年，各地政府加大对数字农家书屋的建设力度，有效提升了数字农家书屋的建设进程，得到了乡村居民和社会各界的关注和好评。例如，湖北省数字农家书屋建设以"顶层设计，统一建设，分级管理"为思路，采用"云端+大数据"模式的阅读服务，构建省、市、县三级组织管理体系，融合大数据和监控摄像，形成一套有据可查、实时更新的农家书屋监管平台。截至 2020 年，湖北省在 8 个试点县建成 520 个数字农家书屋，乡村居民下载蓝悦阅读 APP后，通过电子图书和有声图书的输出形式，即可享受由数字农家书屋提供的涵盖农业生产、文化艺术等与农民生产生活密切的资源；此外，江苏省依托数字农家书屋在省内开展线上线下学习宣讲活动和主题阅读活动❹，提高了乡村居民参与公共文化服务活动的积极性。

农家书屋工程在提质增效阶段极大地推动了农家书屋数字化的建设步伐。

---

❶ 中华人民共和国中央人民政府. 中宣部等十部门印发《农家书屋深化改革创新　提升服务效能实施方案》[EB/OL]. [2023-03-05]. http://www.gov.cn/xinwen/2019-02/26/content_5368689.htm.

❷ 于仰飞，赵琳. 乡村振兴背景下农家书屋建设的价值、困境与进路 [J]. 出版广角，2022（15）：66-69.

❸ 中国互联网络信息中心. 第 51 次《中国互联网络发展状况统计报告》[EB/OL]. [2023-03-05]. https://www.cnnic.net.cn/n4/2023/0303/c88-10757.html.

❹ 陈丽琴，张阿源. 文化精准扶贫视域下农家书屋的建设与作用 [J]. 出版广角，2020（21）：6-10.

与传统农家书屋的发展情况相比，数字农家书屋建设体系尚未成熟且缺乏正式的数字农家书屋建设模式，原因有二：一是因为数字技术的更迭速度较快，若缺乏一定的资金支持，农家书屋的数字化技术难以得到配备；二是由于农家书屋的位置局限，农家书屋的管理者多由村委成员轮流负责担任，管理人员并非是具有图书馆管理知识和经验的专业人员，面对农家数字书屋的数字化管理和建设他们更是显得力不从心，从而阻碍了数字农家书屋的发展。因此，要想实现数字农家书屋的优化发展，仍需要各个部门作出相应的努力，探索出适合乡村实际发展情况的数字农家书屋新模式，促进传统农家书屋向数字农家书屋的转型升级。

3.4.2 农村电影放映工程

为解决农民看电影难的问题，满足广大乡村居民多层次多方面精神文化需求，国家广电总局等六部委于1998年提出农村电影放映工程项目，以此带动乡村公共文化服务建设。该项目契合乡村居民对电影文化的需求，将电影放映的范围由城镇向乡村地区辐射。农村电影放映工程的初级目标是在21世纪初，实现每一个行政村（社区）每月放一场电影的目标；根本目标是建立公共服务与市场运作相协调的服务体系，使广大农民群众真正看到看好电影。[1]"十一五"时期是农村电影放映工程建设较为繁荣的阶段，该时期国家以下发补贴资金、发放电影放映设备的方式，驱动中、西部地区的电影放映工程的发展。"十一五"时期，农村电影放映工程取得可观的成绩，在乡村地区组建218条数字院线，数字放映队在乡村地区共计28000多支。[2] 其中，截至2008年8月31日，全国各地共组建农村数字电影院线135家（其中100家通过了广电总局电影局的院线备案审查，获得了农村公益版权数字影片使用资格），覆盖全国28个省市区，仅2008年前8个月全国新增农村数字电影院线就达82家，占院线总数的76%[3]，农村电影放映工程取得显著效果。

农村电影放映工程坚持以群众文化需求为导向和公益性特征，从最初的"企业经营、市场运作、政府购买服务"向后来的"企业经营、市场运作、政

❶ 许卫平. 关于焦作农村电影放映工程发展的探索和思考 [J]. 西部广播电视，2014，322（2）：109-110.

❷ 国家电影局. 广电总局关于推动农村电影放映工程持续健康发展的通知 [EB/OL]. [2023-03-06]. https://www.chinafilm.gov.cn/chinafilm/contents/161/829.shtml.

❸ 张绪韶. 从"2131"工程到农村公益电影服务体系建设：农村公益电影放映目前亟待解决的几个问题 [J]. 电影艺术，2009（3）：18-22.

府购买、群众受惠"的发展方向转变。为进一步规范农村电影公益放映场次，广电总局于 2008 年印发《农村电影公益放映场次补贴管理实施细则》的通知，该通知对农村电影公益放映场次作出明确且细致的规定，指出农村电影公益场次最低为一村一月一场（每年 12 场），农村电影公益场次补贴最低为 100 元/场，其中：西部地区由中央财政补助 80 元/场，地方财政最低补助 20 元/场；中部地区由中央财政补助 50 元/场，地方财政最低补助 50 元/场❶，表明中央财政根据中西部地区的经济发展程度不同给予不同的财政补助。中西部地区的农家电影放映工程在国家财政资金的支持下，在各自的乡村地区组建具有一定规模的农村数字电影院线，相关的配套设施得到基本落实。东部地区包括浙江、福建等少数省市的地方政府也落实数字化放映的设备，如浙江省的温州、宁波等试点市的电影放映工程在乡村地区已实现数字电影放映的全面覆盖，数字电影放映发展空间得到极大程度地提高。其中，温州市农村电影放映工程的表现较为突出，该市在乡村地区拥有 110 多支电影放映队和 5000 多个农村电影放映点，截至 2009 年，累积放映的电影数量和观影人次分别突破 12 万场和 3000 万人次，该市农村电影放映工程取得可喜的成绩❷。

3.4.3 广播电视村村通工程

广播电视村村通工程是由国家发展改革委、财政部、广电总局于 1998 年共同组织并实施的民心工程，其目的是解决乡村地区居民听不到广播、收看不到电视等方面的问题。广播电视村村通工程是广电系统实施的投入最多、时间最长、覆盖面最广、受益人数最多、人民群众最欢迎的一项系统工程。该项工程的实施不仅改变了乡村地区封闭落后状况、惠及乡村地区居民的文化权益，对乡村地区农业发展、农村稳定以及农民增收等方面都发挥着重要的作用❸。广播电视村村通工程从建设至今，大致可以分为以下四个阶段。

第一阶段是 1998—2003 年。该阶段广播电视村村通工程的主要任务是使已有广播电视的"行政盲村"能够收听到中央人民广播电台及本省的各一套

---

❶ 中华人民共和国中央人民政府. 广电总局关于印发《农村电影公益 放映场次补贴管理实施细则》的通知 [EB/OL]. [2023-03-06]. http://www.gov.cn/gzdt/2008-12/16/content_1179388.htm.

❷ 孙浩. 农村公共文化服务有效供给研究 [M]. 北京：中国社会科学出版社，2012：52-53.

❸ 张俊亮. "村村通"返盲现象透视及对策 [J]. 中国广播电视学刊，2006（1）：38-39.

广播，同时还能收看到中央人民广播电视台及本省广播电视台的各一套节目。❶ 据广电总局介绍，截至 2003 年，广播电视村村通工程的第一阶段任务已基本完成，实现全国已通电行政村"盲村"的广播电视村村通工程，中央和地方财政共投入 17.6 亿元，运行维护费 0.4 亿元，完成 11.7 万个行政村的广播电视村村通工程，帮助乡村地区的公众解决了观看电视难、收听广播难的问题。❷

第二阶段是 2004—2005 年。第一阶段广播电视村村通工程得到广泛普及后，为提升广播电视村村通工程的质量和水平，"提高广播电视村村通水平"的内容在相关政策文件及会议上开始得到关注，如 2004 年下发的国办 60 号文件、国家领导人 2004 年 12 月在中央经济工作会议上的重要讲话以及 2005 年的中共中央 1 号文件中均有所体现。该阶段继续完善和巩固第一阶段所取得的成果，国家投入超 18 亿元的财政资金，修复 1.5 万个"返盲"行政村"村村通"工程，帮助 10 万个 50 户以上自然村建设广播和电视作为乡村公共基础设施开展文娱活动。❸

第三阶段是 2006—2010 年，广播电视村村通工程经过 7 年时间的建设，仍然存在三个主要问题：一是自然环境较差的山区依然未实现广播电视覆盖，这些地区多集中于中西部的偏远地区，由于受到自然环境、经济发展等条件的限制，通信设备及设施无法覆盖到该地区，导致中西部偏远地区的农村仍未实现广播电视的全面覆盖，该地区的居民无法通过广播电视获取相关的文化信息。二是部分乡村地区的广播数量少。尽管广播电视村村通工程在初期得到一定程度的发展，但是受初期经济条件的限制，广播电视村村通工程建设的起点较低，观看的电视节目数量和收听的广播数量均为 2 个，电视节目和广播的类型不够丰富。三是乡村地区无线覆盖的效果较差。乡村地区无线设备"有人建设、无人管理"，无线设备老化后无人维修，致使无线覆盖广播电视的效果较差，降低了乡村居民收听广播和观看电视节目的热情，使得使用人数不断减少。为解决以上问题，国务院办公厅于 2006 年发布《国务院办公厅关于进一步做好新时期广播电视村村通工作的通知》，要求进一步巩固农村广播电视建设成果，完善农村广播电视基础设施建设，大力提高农村广播

❶ 石力月. 城乡二元格局中的公共文化服务问题：以广播电视"村村通"工程建设为例 [J]. 新闻大学，2013（3）：43-47.

❷ 孙浩. 农村公共文化服务有效供给研究 [M]. 北京：中国社会科学出版社，2012：50-51.

❸ 中华人民共和国中央人民政府. 广播电视村村通工程：切实保障农村群众基本需求 [EB/OL]. [2023-03-10]. http://www.gov.cn/jrzg/2011-01/28/content_1794549.htm.

电视无线覆盖水平，同时，应通过加大资金投入、政策支持、组织领导等方式进一步保障广播电视村村通工程建设❶。2007 年国家发展改革委、财政部、广电总局联合发布《"十一五"全国广播电视村村通工程建设规划》，对 2007年—2010 年的广播电视村村通工程作出细化工作，对其工程建设的总投资测算和资金投入进行合理安排。❷ 截至 2010 年底，中央政府联合中央电视台和地方政府投入 6700 万元资金启用直播卫星"村村通"公共服务建设平台，中西部地区完成近 1350 万套直播卫星接收设备安装调试，全国"十一五"广播电视村村通工程建设任务全面完成❸，全国大部分乡村地区可通过广播电视村村通工程收听广播和观看电视节目，打破了原先只能通过纸质传媒了解信息的局限，在丰富乡村居民文化生活的同时也实现了文化信息及文化资讯的传播。

第四阶段是 2011 年至今，随着科学技术的发展和经济水平的提高，广播电视服务的手段和质量已无法满足农村群众多样化多层次的文化需求❹，需要由传统的视听服务向多样态的服务方式转型升级，以便为农村群众提供精细化的服务。为加快广播电视村村通工程升级，国务院办公厅发布《关于加快推进广播电视村村通向户户通升级工作的通知》，明确升级目标是"到 2020年，基本实现数字广播电视户户通，形成覆盖城乡、便捷高效、功能完备、服务到户的新型广播电视覆盖服务体系"❺。该通知对广播电视村村通工程数字化的发展道路提出了具体的要求，即由有线和无线的广播电视播出方式向有线、无线和卫星联合的广播电视播出方式过渡，鼓励各乡村地区因地制宜推进数字广播电视的覆盖，实现"村村通"向"户户通"转变。

3.4.4 乡镇综合文化站建设工程

乡镇综合文化站是政府建设的公益性文化机构，是集图书阅读、广播影视、宣传教育、科技推广、科普培训、体育和青少年校外活动等于一体的综

---

❶ 中华人民共和国中央人民政府. 国务院办公厅关于进一步做好新时期广播电视村村通工作的通知 [EB/OL]. [2023-03-10]. http://www.gov.cn/gongbao/content/2006/content_443272.htm.
❷ 中华人民共和国国家发展和改革委员会. "十一五"全国广播电视村村通工程建设规划 [EB/OL]. [2023-03-10]. https://www.ndrc.gov.cn/fzggw/jgsj/shs/sjdt/200710/t20071016_1122418.html.
❸ 孙浩. 农村公共文化服务有效供给研究 [M]. 北京：中国社会科学出版社, 2012: 50-51.
❹ 滕佳丽, 曾静平. 智能传播技术支撑体系的层级逻辑关系 [J]. 传媒观察, 2022 (8): 84-89.
❺ 中华人民共和国中央人民政府. 国务院办公厅关于加快推进广播电视村村通向户户通升级工作的通知 [EB/OL]. [2023-03-10]. http://www.gov.cn/gongbao/content/2016/content_5070746.htm.

合性文化站❶。乡镇综合文化站主要承担本乡镇公共文化活动的开展和承办、文化事业的管理的职能。乡镇综合文化站是基层文化部门开展文化服务的重要阵地，是乡村公共文化服务体系建设的主要载体，为乡民提供乡村公共文化服务和产品，主要表现在：乡镇综合文化站在基层文化部门的支持下，不仅为乡村居民提供丰富的文化活动和多样的文化资源，还为乡村居民创造交流和沟通文化知识和信息的平台，提高乡村居民的文化素质。此外，乡镇综合文化站注重挖掘和传承乡村地区的本土文化，守护乡村地区的特色文化，让乡村文化融入公共文化服务体系的建设中。

2005年，全国已建立乡镇综合文化站机构34593个，然而，全国还有26712个乡镇没有文化站设施或站舍面积在50平方米以下❷，尤其在中西部欠发达地区，乡镇综合化站的建设仍然存在着许多的问题。截至2005年，大多数乡镇综合文化站的站舍建筑仍是20世纪保留下来的建筑产物，站内基础设施陈旧，亟需重新整理和建设。同时，由于乡镇综合文化站建设存在资金供应不足、站内服务人员素质偏低等问题，乡镇综合文化站建设的效果不如预期。因此，国家发展改革委、文化部于2007年制定并实施《"十一五"全国乡镇综合文化站建设规划》，对乡镇综合文化站建设的工作作出具体的指示，努力改善乡镇综合文化站的服务环境，建立和完善乡村公共文化服务体系。

"十一五"时期是乡镇文化站建设的重要时期。该时期，国家发展改革委、文化部对乡镇综合文化站的建设标准、投资安排、政策措施及建设成效等方面做出具体的要求。在建设标准方面，考虑乡镇的经济发展状况、覆盖人数等因素，综合乡镇综合文化站的性质，乡镇综合文化站的建设规模不低于300平方米；在投资安排方面，乡镇综合文化站建设所需的资金由中央专项补助资金、地方财政资金、自筹等多渠道进行筹措解决，针对中西部不同的乡镇地区给予不同程度的中央投资补助标准和中央补助资金估算，弥补中西部贫困地区乡镇综合文化站建设的资金空缺；在政策措施方面，规划指出应推进"强化乡镇综合文化站的文化服务职能""加快农村文化管理体制和运行机制改革""加强乡镇综合文化站工作队伍建设"和"建立稳定的乡镇综合文化站投入机制"等措施确保乡镇综合文化站建设工程的顺利推进；在建

---

❶ 中华人民共和国国家发展和改革委员会. "十一五"全国乡镇综合文化站建设规划［EB/OL］．［2023-03-11］. https://www.ndrc.gov.cn/fzggw/jgsj/shs/sjdt/200710/t20071016_1122419.html.

❷ 中华人民共和国国家发展和改革委员会. "十一五"全国乡镇综合文化站建设规划［EB/OL］．［2023-03-11］. https://www.ndrc.gov.cn/fzggw/jgsj/shs/sjdt/200710/t20071016_1122419.html.

设成效方面，全国乡镇综合文化站应取得设施设备完善、服务能力明显提高和加强对农民自办文化的扶持和指导❶。随着《"十一五"全国乡镇综合文化站建设规划》的深入推进，国家共投入财政资金近40亿的资金，新建和扩建近3万个乡镇综合文化站，基本实现"乡乡有综合文化站"的建设目标。"十一五"建设时期，根据2010年上半年乡镇综合文化站建设情况调查显示，截至6月底，已经落实中央资金的乡镇综合文化站建设项目共有12651个，竣工面积超过322万平方米❷。同时，为进一步提升乡镇综合文化站的服务能力，文化部以实施文化共享工程的方式，将文化共享工程的基层服务点扩展到村文化室，为乡村居民提供数字文化服务，创新了文化惠民工程的新形式和覆盖范围。

随着总分馆制建设的逐步推进，乡镇综合文化站作为乡村开展公共文化服务的重要载体，纳入县级图书馆总分馆制的建设当中。2016年12月，文化部等3部门印发《关于推进县级文化馆图书馆总分馆制建设的指导意见》，其中指出："依托县级文化馆、图书馆和乡镇（街道）综合文化站、村（社区）综合性文化服务中心等进行建设，符合条件的县级馆为总馆，在乡村两级基层综合性文化服务中心设置分馆。"❸该意见明确了乡镇（街道）综合文化站在开展公共文化服务方面的重要作用，为乡镇综合文化站的发展指明了方向。倘若乡镇综合文化站成为县级馆的分馆或服务点，就有利于缩短乡村公众与县级馆之间的距离，更好地贯彻公共文化服务下沉的政策精神。乡镇综合文化站与县级图书馆、文化馆形成文化资源共同体，既能够丰富乡镇综合文化站服务内容，又能够延伸图书馆和文化馆的服务范围，从而真正地实现基层公共文化资源的共建共享。

2021年，为促进公共文化服务的进一步发展，文化和旅游部等发布《关于推动公共文化服务高质量发展的意见》，意见中对乡镇综合文化站的"评估定级""分馆建设""文化治理""人才培养"等方面的内容作出了相应的要求，推进乡镇综合文化站的科学发展。在评估定级方面，以省（区、市）为

---

❶ 中华人民共和国国家发展和改革委员会. "十一五"全国乡镇综合文化站建设规划［EB/OL］.［2023-03-11］. https://www.ndrc.gov.cn/fzggw/jgsj/shs/sjdt/200710/t20071016_1122419.html.

❷ 中华人民共和国文化和旅游部. 全国乡镇综合文化站建设进度情况（截至2010年6月30日）［EB/OL］.［2023-03-11］. https://www.mct.gov.cn/whzx/bnsj/cws/201111/t20111128_827854.htm.

❸ 中华人民共和国中央人民政府. 文化部　新闻出版广电总局　体育总局　发展改革委　财政部关于印发《关于推进县级文化馆图书馆总分馆制建设的指导意见》的通知［EB/OL］.［2023-04-27］. http://www.gov.cn/gongbao/content/2017/content_5216448.htm.

主体，开展乡镇（街道）综合文化站评估定级，完善乡镇综合文化站的服务标准规范。在分馆建设方面，以县级图文馆总分馆制为抓手，乡镇（街道）综合文化站作为区域的分中心，覆盖周边的乡镇（街道），进而优化基层公共文化服务网络布局，该种基层公共文化服务网络布局可以实现文化资源在各地区的均衡分布，满足乡村居民对文化资源的多元需求。在文化治理方面，围绕乡村振兴战略的相关内容，将乡村文化建设融入乡村治理体系中，拓展乡镇综合文化站旅游、教育等功能，比如乡镇文化站可通过举办民俗文化活动来展示乡村特色，吸引游客前来观赏，通过举办文化讲座和开办培训课程，提高乡村居民的文化素养。在人才培养方面，根据乡村地区的实际发展情况，采取县招乡用、派出制、县乡双重考核等形式，配齐配强乡镇综合文化站文化专干，建设出具有一定水平的基层公共文化服务人才队伍❶，保障乡镇综合文化站的可持续发展。从《中国统计年鉴2022》发布的统计数据可知，截至2021年底，我国乡镇（街道）文化站有40215个❷。目前，乡镇综合文化站正由原先的高速发展向现在的高质量发展转变。

❶ 中华人民共和国中央人民政府. 文化和旅游部　国家发展改革委　财政部关于推动公共文化服务高质量发展的意见［EB/OL］.［2023-04-27］. http://www. gov. cn/zhengce/zhengceku/2021-03/23/content_5595153. htm.

❷ 国家统计局. 2022统计年鉴［EB/OL］.［2023-04-27］. http://www. stats. gov. cn/tjsj/ndsj/2022/indexch. htm.

乡村公共文化服务的需求调研

乡村公共文化服务是指为满足乡村区域公民的基本文化需求向其提供公共文化设施、文化产品、文化活动以及相关服务，是公共文化服务在乡村（农村）的地域化表达，与城市公共文化服务相对应。乡村公共文化服务需求的满足度不但与服务供给的数量和质量有关，还与服务供给和乡民需求的匹配度有关。推进公共文化服务供给的内容和形式与乡村地区民众的文化生活需要相匹配、相适应，是提升乡村公共文化服务效能的根本所在。本章通过问卷调查法、访谈调查法和文献调查法开展乡村公共文化服务需求调研，全方位探查乡村公共文化服务的现有供给现状与乡村地区居民的真实需求情况以及乡村公共文化服务实践。根据乡村地区居民关于文化设施、文化产品和文化活动的主观评价态度，来识别乡村居民文化需求、扫描服务工作环节偏差、支撑服务供给决策。最终以需求为导向，完善乡村公共文化服务供给体系；以文化为内核，促进乡村地区文化振兴和乡村全面振兴；以乡村为重点，推进城乡公共文化服务均等化。

4.1 乡村公共文化服务需求调研概述

为了保证调研结果的全面性和有效性，采用问卷调查法和访谈调查法等方式开展相关调研的资料收集工作，然后用统计分析软件对收集到的数据进行相关的定量和定性分析，探查和识别乡村公共文化服务对象的公共文化服务新需求以及诊断在乡村公共文化服务工作中需求识别、需求反馈、需求满足等方面所存在的问题和不足。

4.1.1　调查基本设计

（1）问卷调查表设计

要想问卷调查结果能够最大程度地反映调研主题的真实情况，调查对象的选取、问卷调查表的结构和内容设计极为重要。问卷调查表的结构主要包括标题、封面信、指导语、调研问题及答案选项、编码等。标题主要陈述研究主题，使调查对象判断是否接受调查和了解调查的大概内容；封面信的主要作用在于降低被调查者的防备心理，以便他们如实填写问卷内容；指导语用来指导被调查者正确填写问卷的各种解释，或说明或提示调查者该如何正确完成调研的各种解释说明；调研问题及答案选项是调查问卷的主体内容，直接体现调查者想要获取的相关资料信息；编码是为了方便后续研究分析工作的开展，将问卷的问题及答案编码转化成数字，导入计算机进行定量处理和分析。

基于文献调研并借鉴乡村公共文化服务需求调研相关研究范式和研究思路❶，我们设计了乡村公共文化服务需求调查表，见附录 A。问卷表的调查内容设计包括五个部分：基本信息情况、乡村公共文化服务设施需求情况、乡村公共文化服务产品需求情况、乡村公共文化服务活动需求情况和乡村公共文化服务需求的相关评价。

在基本信息情况方面，主要从被调查者的居住地、性别、年龄、学历、职业等基本信息方面进行统计，以了解乡村公共文化服务的服务群体构成，并通过"居住地"题项对问卷进行初步识别和筛选，保证后续研究结果分析的准确性和可靠性。

在乡村公共文化设施方面，主要设置乡村公共文化设施的提供类型、公共文化设施的选址分布、偏好和不足之处等题项，以此探查乡村公共文化服务对象对文化服务设施的需求情况。

在乡村公共文化产品方面，主要是识别乡村地区现有的公共文化产品类型、服务对象的偏好及其原因、文化产品类型需求改善等，收集乡村地区公共文化服务对象的文化产品需求情况。

在乡村公共文化活动方面，针对调查对象所在区域内举办的公共文化活动种类、服务对象参与情况及其参与原因、公共文化活动需求改善等方面开展调查，据此了解服务对象对当地举办的公共文化活动的感受和服务对象的

---

❶ 王雪姣. 我国西南地区乡村公共文化设施服务效果研究 [D]. 成都：电子科技大学，2022.

文化活动需求情况。

在乡村公共文化服务需求的相关评价方面，题项设计主要从乡村公共文化服务的服务需求供给、服务需求反馈和服务需求满足度等三个角度，从整体上了解服务对象在乡村公共文化服务需求供给、反馈和满足方面的主观感受和满意程度。为方便后续调查结果的数据分析，利用 Likert 量表对满意度进行赋值。将服务对象的主观感受分为"完全不同意""不同意""不确定""同意""完全同意"五个层级，并分别赋值 1~5，以供问卷数据分析使用。

为了更加准确和形象地显示各个维度的调研对象评价情况，便于清晰明了地进行相关研究数据的分析与解读，现将相关维度的题项进行编码。将服务供给维度的题项依据问卷顺序编码为 A1~A9，服务需求反馈维度编码为 B1~B7，服务需求满足维度编码为 C1~C7，编码结果如表 4-1 所示。

表 4-1　样本乡村公共文化服务评价题项编码表

序号	编码	题　　项
19	A1	您所在区域的公共文化设施数量和种类非常丰富
20	A2	您所在区域的公共文化设施环境非常优美、安静
21	A3	您所在区域的公共文化设施的基础设施配备非常完善
22	A4	您所在区域去到公共文化设施非常方便、快捷
23	A5	您所居住地现有的公共文化设施开放时间非常合理
24	A6	您所在区域提供的公共文化产品数量和种类非常丰富
25	A7	您所在区域提供的公共文化产品很容易获取和利用
26	A8	您所在区域的公共文化活动形式多样、内容具有吸引力
27	A9	您所在区域的公共文化活动的相关信息发布很及时
28	B1	您能娴熟地利用相关需求反馈渠道和方式表达自己的文化需求
29	B2	您能清晰明了、具体详细地表达您个性化的公共文化需求
30	B3	您所在区域的公共文化服务部门提供的需求反馈渠道和方式非常丰富且畅通
31	B4	您所在区域的公共文化服务部门非常重视您的文化需求反馈
32	B5	您所在区域的公共文化服务部门以各种形式积极开展文化需求的识别与收集工作
33	B6	您所在区域的公共文化服务部门积极主动地进行文化需求分析工作
34	B7	您所在区域的公共文化服务部门能及时回应您所提交的文化需求
35	C1	您所在区域的公共文化设施能满足您基本的文化需求

序号	编码	题　项
36	C2	您所在区域的公共文化设施能满足您个性化的文化需求
37	C3	您所在区域的公共文化产品能充分满足您基本的文化需求
38	C4	您所在区域的公共文化产品能充分满足您个性化的文化需求
39	C5	您所在区域的公共文化活动能够满足您基本的文化需求
40	C6	您所在区域的公共文化活动能够满足您个性化的文化需求
41	C7	您基础性的和个性化的文化需求的整体满足感非常高

（2）访谈提纲设计

访谈不同于一般性交谈，是一种有目的、有准备的谈话。访谈过程围绕调查主题展开，谈话内容针对性较强，而访谈提纲在开展访谈调研工作中起到明确访谈目的和提示访谈内容的作用，有助于访谈调研工作的顺利开展。访谈提纲是对所需了解的问题以一定的逻辑性和结构性进行归类汇总，以便正式访谈时不会因为个人原因而影响访谈过程的连续性和完整性，从而影响访谈结果数据的准确性和可靠性。一个完整的访谈提纲主要包括访谈目的、访谈方式、访谈对象、访谈内容以及访谈过程中应急情况的应对措施和需要提前准备的相关物品等。此处主要介绍访谈提纲内容设计和访谈对象选取，具体访谈提纲见附录 B。

本次调研主题为乡村公共文化服务的需求调研，因此其访谈的主要内容围绕着乡村公共文化服务这一主题展开，问题设置主要侧重于乡村公共文化服务的需求。乡村公共文化服务是公共文化服务在乡村地域的具体实践表达，包括公共文化设施、公共文化产品、公共文化活动等主要组成部分。因此，乡村公共文化服务需求访谈提纲的问题设计以乡村公共文化服务供给与需求维度、服务需求反馈维度、服务需求满足维度为主线，围绕文化设施、文化产品、文化活动等组成部分展开。具体内容包括：公共文化设施、产品和活动在乡村地区的供给与需求现状，乡村地区服务对象的需求变化、需求反馈渠道和方式、需求满足情况等。通过与被访者进行深入的交流与探讨，以此获取与调查主题相关的资料信息，便于后期的研究分析。

4.1.2　调查对象的确定与问卷发放

本次调查分别选取了 X 市 Y 区和 Z 区的一些农村社区（村）作为调研地

点，以村民、村文化服务负责人及工作人员作为调查对象，从乡村公共文化服务的需求方和供给方开展多维全面的调研工作。这些区域是 X 市内经济发展水平较好的区域，其公共文化服务发展水平也相对较高，具有一定的代表性和显著性。比如 Y 区和 Z 区内有的村荣获"全国文明村镇""湖南省民主法治示范村""省级卫生村""全国文明城市建设工作先进单位"；有的村荣获"湖南省美丽乡村建设示范村""市级同心美丽乡村""最美社区（村）""全省无邪教创建示范村"；有的村荣获"和谐文明社区""两型示范社区""民主法治示范社区"等。因此本次调研所选取的村庄能很好地代表 X 市乡村公共文化服务的实践情况，且调研团队对这些地区相对熟悉，容易开展调研工作。

为了全面了解乡村公共文化服务的真实情况，针对不同调查对象以不同调研方式进行调研，不仅能提高调研工作效率，更重要的是能够获取较为真实可靠的数据。村民作为乡村公共文化服务的需求方，以匿名客观的问卷方式降低村民的心理负担和压力，能够真实地反映出他们的文化需求；村委文化服务负责人和工作人员作为乡村公共文化服务的供给方，在日常工作实践中所感知到的问题无法通过结构化问卷表的方式进行探查，因此，采用访谈调查的方式获取相关数据更为合适。

问卷的发放以线上问卷星和线下纸质问卷相结合的方式。调研人员提前准备好电子问卷二维码和纸质问卷，在与村委工作人员访谈交流之后，在他们的帮助下或以自行串门的方式接触乡村居民，进行调查问卷现场发放和回收。考虑到乡村地区常住人口主要为老年人和青少年儿童，老年人居多，因此问卷以纸质问卷为主。本次发放问卷共 300 份，通过"居住地"这一背景问题对回收问卷进行有效性判定，得到有效问卷 242 份，有效回收率为 80.7%。

4.1.3 问卷的信度和效度分析

为了保证问卷调查结果的真实性和准确性，需对问卷整体的信度和效度进行检验。通过对 242 份有效问卷进行信度和效度检验，以测量其信度和效度水平，客观地呈现出问卷测量结果是否具有一致性以及反映出测量工具是否正确、全面地表征测量对象的真实特征和情况，为保证后续调查结果分析的准确性和科学性把关。问卷信度和效度检验结果如下所示：

（1）信度检验

信度即可靠性，指测验结果的一致性程度或可靠性程度。信度高，说明该测量工具可靠、稳定。问卷信度水平通常采用克隆巴赫信度系数（Cronbach's Alpha）来检验，一般来讲，克隆巴赫系数越高，说明问卷信度越高，其问卷测验结果的一致性或可靠性程度就越高。学术研究中，一般认为该系数达到 0.7 以上为可接受，超过 0.8 说明问卷具有较好的信度。❶ 本次主要运用 SPSS26.0 来计算问卷测验结果的信度系数，其信度统计量结果如表4-2 所示。

表4-2　信度统计量

可靠性统计	
克隆巴赫 Alpha	项数
0.954	23

由表4-2 可知，问卷整体克隆巴赫系数为 0.954，在 0.8 以上，说明问卷具有较高的可靠性和一致性，可以进行后续相关分析。

（2）效度检验

效度即有效性，指测量结果反映想要考察内容的程度。效度越高，说明测量结果越能反映测量对象的真实特征和现实情况，与想要考察的内容就愈加相符。由于事先假设了问卷维度，因此采用验证性因子分析（CFA）来验证基于理论知识将多个潜变量形成的因子是否为有效的，通过聚敛效度和区分效度进行量表的效度检验。通过 SPSS26.0 对问卷量表中所有题项进行 KMO 检验和巴特利特球形检验，KMO 越接近于 1，则意味着变量之间的相关性越强，适合做因子分析。由表4-3 可知，问卷总体 KMO 值为 0.925，同时巴特利特的球形度检验中显著值小于 0.01，说明问卷整体效度较好，可进行下一步分析。

表4-3　KMO 和巴特利特球形检验表

KMO 和巴特利特检验		
KMO 取样适切性量数		0.925
巴特利特球形检验	近似卡方	4554.172
	自由度	253
	显著性	0.000

---

❶ 武松，潘发明. SPSS 统计分析大全 [M]. 北京：清华大学出版社，2018：385.

将收集到的问卷量表数据进行标准化处理后，利用 SPSSPRO 在线数据分析平台进行验证性因子分析，得到因子基本汇总表、因子载荷系数表、模型评价（聚合效度分析）、Pearson 相关与 AVE 平方根值、模型拟合指标、因子协方差表等检验结果。此处效度检验主要进行聚敛效度和区分效度分析，因此查看因子载荷系数表、模型评价（聚合效度分析）和 Pearson 相关与 AVE 平方根值等检验结果。

聚敛效度主要观察以下指标：因子载荷、平均方差萃取 AVE 值和组合信度 CR 值。因子载荷系数表展示因子与测量项之间的关联关系，测量关系时第一项会被作为参照项，因此不会呈现 P 值等统计量。一般来说，测量变量通过显著性检验（P<0.05），且标准化载荷系数值大于 0.6，可表明测量变量符合因子要求。由因子载荷系数表（表 4-4）可知：因子（服务需求供给维度）与变量 A1 之间的标准化载荷系数为 0.575，大于 0.6；因子（服务需求反馈维度）与 B3 之间的标准化载荷系数为 0.511，小于 0.6，说明 A1 和 B3 与其所对应因子的关系较弱。从整体上看，各个测量项显著性水平 P 均小于 0.05，而且标准载荷系数均大于 0.6（除 A1 和 B3），说明因子与测量项之间有着良好的对应关系。

表 4-4　因子载荷系数表

因子	变量	非标准载荷系数	标准化载荷系数	z	S.E.	P
	A1	1	0.575	—	—	—
	A2	1.306	0.611	7.722	0.169	0.000***
	A3	1.553	0.668	8.214	0.189	0.000***
	A4	1.378	0.643	8.001	0.172	0.000***
服务需求供给维度	A5	1.634	0.666	8.193	0.199	0.000***
	A6	1.874	0.762	8.943	0.21	0.000***
	A7	1.835	0.709	8.549	0.215	0.000***
	A8	1.503	0.684	8.343	0.18	0.000***
	A9	1.688	0.826	9.382	0.18	0.000***

因子	变量	非标准 载荷系数	标准化 载荷系数	z	S. E.	P
服务需求反馈维度	B1	1	0.734	—	—	—
	B2	0.938	0.696	10.863	0.086	0.000***
	B3	0.642	0.511	7.861	0.082	0.000***
	B4	1.136	0.836	13.235	0.086	0.000***
	B5	1.291	0.91	14.491	0.089	0.000***
	B6	1.167	0.858	13.61	0.086	0.000***
	B7	0.986	0.806	12.718	0.077	0.000***
服务需求满足维度	C1	1	0.724	—	—	—
	C2	1.336	0.701	10.625	0.126	0.000***
	C3	1.413	0.698	10.58	0.134	0.000***
	C4	1.574	0.74	11.227	0.14	0.000***
	C5	1.131	0.707	10.723	0.105	0.000***
	C6	1.446	0.76	11.545	0.125	0.000***
	C7	1.208	0.815	12.409	0.097	0.000***

注：***代表 10% 的显著性水平。

平均公因子方差抽取量（AVE）与组合信度（CR）结果可以用于表示因子内对变量的聚合效度。一般来说，AVE 高于 0.5 或 CR 高于 0.7 表明聚合效度较高，模型 AVE 和 CR 的检验结果（表 4-5）显示：

基于服务需求供给维度，平均方差抽取量（AVE）的值为 0.502，大于 0.5，组合信度 CR 值为 0.874，大于 0.7，说明因子内的测量指标提取度优秀。

基于服务需求反馈维度，平均方差抽取量（AVE）的值为 0.663，大于 0.5，组合信度 CR 值为 0.921，大于 0.7，说明因子内的测量指标提取度优秀。

基于服务需求满足维度，平均方差抽取量（AVE）的值为 0.537，大于 0.5，组合信度 CR 值为 0.888，大于 0.7，说明因子内的测量指标提取度优秀。

综上，可见各维度的平均方差抽取量 AVE 值大于 0.5，组合信度 CR 值大于 0.7，因此可认为每个维度（因子）对变量具有优秀的聚合效度。

表 4-5　模型评价（聚合效度分析）

Factor	平均方差萃取 AVE 值	组合信度 CR 值
服务需求供给维度	0.502	0.874
服务需求反馈维度	0.663	0.921
服务需求满足维度	0.537	0.888

区分效度的检验主要观察因子间的 Pearson 相关分析与 AVE 平方根值的结果。由表 4-6 可知，服务需求供给维度因子的 AVE 平方根值 0.794，大于它与另外 2 个因子之间的相关系数（0.709，0.689），因而说明其自身的"聚合性"强于它与其他因子的"关联性"，这说明服务需求供给维度因子具有良好的区分效度。同理，服务需求反馈维度因子和服务需求满足维度因子也具有良好的区分效度。因此，三个因子均具有良好的区分效度水平。

表 4-6　Pearson 相关与 AVE 平方根值

区分效度：Pearson 相关与 AVE 根值			
	服务需求供给维度	服务需求反馈维度	服务需求满足维度
服务需求供给维度	0.794		
服务需求反馈维度	0.709	0.814	
服务需求满足维度	0.689	0.733	0.801

注：斜对角线数字为该因子 AVE 的根号值。

综合上述信度和效度检验结果显示，该问卷设计具有良好的信度和效度水平，可进行下一步的数据分析工作。

4.1.4　样本情况的描述性统计

（1）问卷调查对象基本情况

统计分析调研对象的性别、年龄、学历和职业等基本情况（表 4-7），可侧面了解 X 市乡村地区的人口组成特征。从样本分布的总体情况来看，此次所抽取的样本中，女性人数略多于男性，男性人数为 118 人，女性人数为 124 人，分别占样本总数的 48.8% 和 51.2%，男女人数和占比的差异并不大，在一定程度上能够降低性别差异对后续调查结果分析的影响。从调研对象年龄分布上看，51～65 岁、19～35 岁和 36～50 岁的人数较多，分别为 92 人、55 人、50 人，分别占比为 38.0%、22.7% 和 20.7%；65 岁以上人数最少，仅有 8 人，占比 3.3%。从学历层次来看，由于调查地区为乡村地区，其对象多为农村居民，所以调查对象的整体学历偏低，绝大多数的学历层次在高中或中专以下，初中及以下共有 101 人，占比 41.8%；高中或中专有 65 人，占比 26.9%；大学专科或本科有 61 人，占比 25.2%；研究生有 15 人，占比 6.2%。从农村地区人口职业群体构成来看，以农民、学生和退休人员为主，人数分别为 91 人、62 人和 40 人，占比分布为 37.6%、25.6% 和 16.5%；其次公职人员和自由职业者为 19 人和 17 人，占比为 7.9% 和 7.0%，最少的是企业职工为 13 人，占比 5.4%。

表 4-7　样本基本信息情况表

名称	选项	频数	百分比
性别	男	118	48.8%
	女	124	51.2%
年龄	18 岁及以下	37	15.3%
	19～35 岁	55	22.7%
	36～50 岁	50	20.7%
	51～65 岁	92	38.0%
	65 岁以上	8	3.3%
学历	小学及以下	14	5.8%
	初中	87	36.0%
	高中/中专	65	26.9%
	大学专科/本科	61	25.2%
	研究生	15	6.2%
职业	公职人员	19	7.9%
	企业职工	13	5.4%
	农民	91	37.6%
	学生	62	25.6%
	退休人员	40	16.5%
	自由职业者	17	7.0%

（2）访谈对象基本情况

乡村公共文化服务访谈对象主要是村文化负责人和村委工作人员，该类人员因有着长期公共文化服务工作实践经历，对乡村公共文化服务实际开展情况有着比乡村居民更为深刻和清晰的认知。在调研的村庄中，村委会的工作人员大多6~7人，且负责的工作模块划分较为模糊，多以综合服务设立服务窗口，大多数的村庄没有设置专门针对文化服务的工作人员。访谈对象的具体情况见表4-8。

表4-8　访谈对象基本情况表

地点		访谈编号	访谈时间	人员类别
Y 区	A 村	20230317A	2023.03.17	村文化负责人
	B 村	20230317B	2023.03.17	村委工作人员
	C 村	20230318A	2023.03.19	村委工作人员
	D 村	20230318B	2023.03.19	村委工作人员
	E 社区	20230320A	2023.03.20	社区工作人员
Z 区	F 村	20230320B	2023.03.20	村文化负责人
	G 村	20230321A	2023.03.21	村委工作人员
	H 村	20230321B	2023.03.21	村委工作人员
	I 村	20230324A	2023.03.24	村文化负责人
	J 村	20230324B	2023.03.24	村委工作人员

4.2　乡村公共文化服务需求偏好

在乡村公共文化服务供给中，各类乡村公共文化服务设施的使用次数、产品的喜欢类别、活动的参与情况在一定程度上反映了乡村居民的乡村公共文化服务偏好类型和需求方向。因此从需求偏好入手，识别乡村居民的真实文化需求，以此作为服务供给决策的依据和参考，提高乡村公共文化服务供给的精准性和针对性。

4.2.1 文化设施需求偏好

(1) 问卷调查结果

乡村公共文化服务设施的使用频率高，说明该类设施很受当地人民群众的欢迎和喜爱，反映当地人民群众的服务设施以及相关文化服务项目的需求。从图 4-1 中可以看出，图书阅览类和文化广场类服务设施的使用最为频繁，分别有 192 人和 172 人选择，样本占比达 79.3% 和 71.1%（总样本 242 份）。这不仅反映出乡村地区民众对图书阅览类和文化广场类服务设施有着强烈的使用意愿和需求，同时也反映出对该类设施所提供的公共文化产品和活动的喜好和偏爱，诸如信息类和文娱类产品、文化类活动和体育类活动等。因样本对象中使用人数均超过 100 人，文化展示类和群众文艺类服务设施也是乡村地区民众使用较多的文化服务设施。除其他类别外，农技培训类文化服务设施的使用人数最少，样本中仅有 9 人选择。

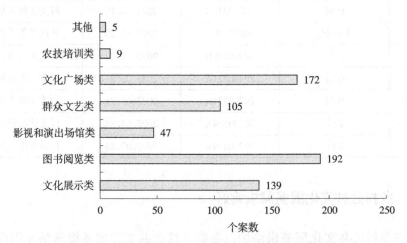

图 4-1　样本乡村公共文化服务设施频繁使用统计图

据频繁使用的乡村公共文化设施来看，以图书阅览类和文化广场类服务设施为主，其原因有二：①供给引导需求。国家在加快城乡公共文化服务均等化的进程中，将该类设施作为"排头兵"布局乡村公共文化服务站点，基本实现了村村覆盖，以满足乡村居民的基本文化需要，而文化展示类、群众文艺类和农技培训类服务设施并未实现有效覆盖，因此乡村居民唯有选择这两类文化服务设施来满足自身的文化需要。②相关主题活动开展。党史党建学习活动、全面阅读推广活动、全民健身等主题活动的开展，需要与之配套的活动场所和基础设施支持。而农技培训类服务设施使用人数最少，其主要原因是农技培训类服务设施在乡村地区的数量本来较少，另外乡村居民在长期农事实践中总结出的农事经验已经较好地满足了农事活动的需要，并通常以代际相传的方式进行农事经验传授和分享，不需要使用相关设施。

（2）访谈调查结果

据多数受访人员反映，由于大部分青壮年忙于工作或农事，乡村公共文化服务的服务对象主要集中于老人（特别是退休人员）和青少年儿童。在"健康中国"战略和全民阅读推广活动的影响下，在乡村社区提供的相关文化设施中，首先是文化广场使用的比较多，村民自行组织广场舞、羽毛球、健身等活动非常热闹；其次就是图书室看书的比较多，大多数是大人带着小孩来看书。由此可以看出乡村地区居民的乡村公共文化服务设施的偏好类型主要是文化广场类和图书阅览类服务设施。通过与村委文化负责人（或工作人员）深入交流中发现，文化展示类、农技培训类、影视和演出场馆类等文化服务设施在乡村公共文化服务中的服务缺位和无效情况显著，多数村庄并未设置这几类的文化服务设施抑或是"空有其表"而无相关的服务提供，在一定程度上限制了乡村居民文化消费选择权利。

4.2.2　文化产品需求偏好

（1）问卷调查结果

通过统计乡村公共文化服务产品偏好数据，可以探查乡村地区民众的文化产品需求方向，为公共文化服务产品供给提供较为准确的依据。由图4-2可知，选择文娱类产品（体育器材、乐器、娱乐用品等）的个案数为196人，样本占比81%，文娱类产品是最受民众欢迎和喜爱的一类乡村公共文化服务产品。其次是信息类产品（藏书报纸、出版物、数据库等），个案数123人，样本占比50.8%，超过一半的调研人员喜欢该类产品。可以看出，乡村地区民众的公共文化产品需求主要集中在文娱类和信息类。

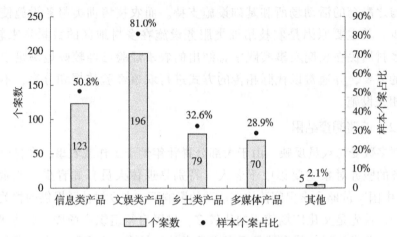

图4-2 样本乡村公共文化服务产品偏好统计图

通过统计乡村地区民众喜爱某类或几类公共文化服务产品的原因，发现大部分的调研对象在消费相关公共文化产品时，其原因主要集中在锻炼身体，提高自身身体素质（23.2%）、自己的兴趣爱好（18.3%）、消遣娱乐（16.7%）、获取自己所需要的信息（15.2%）等方面，如图4-3所示。文娱类产品包括体育器材、乐器、娱乐用品等，可满足乡村居民锻炼身体，提高身体素质和消遣娱乐的需求；信息类产品包括藏书报纸、出版物、数据库等，是乡民获取自己所需信息的重要来源，也是乡民消遣娱乐、陶冶情操等的有效载体。

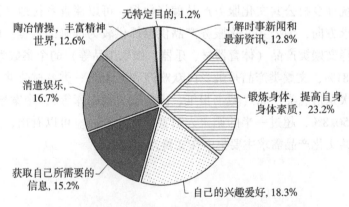

图4-3 样本乡村公共文化服务产品偏爱原因饼状图

（2）访谈调查结果

乡村居民偏爱的文化产品类型以文娱类和信息类产品为主。通过走访发现，在文娱类产品方面，X 市内的乡村地区居民对于麻将室的使用在文娱类产品中较为显著，可以说是座无虚席，在一定程度上反映出乡村居民在消费文化产品时以消遣娱乐为主要目的。乡村公共文化服务部门提供的体育器材，如篮球场、乒乓球台的使用也较为频繁，不仅乡村居民会使用，而且基层的公共文化服务人员在工作之余也会使用。在信息类产品方面，样本调研地区的乡村基础设施完善程度比不上城市，其数据库、网络平台并没有相应的配置，主要的产品为藏书报纸，其主要消费人群为退休老人、青少年和儿童。老年人偏爱于国家政策、时事动态、党史党建等方面图书与报纸的阅读，如习近平新时代中国特色社会主义思想著作、新发的乡村优惠政策等。青少年的阅读需求是一些国内外青少年推荐读物，如《钢铁是怎样炼成的》《海底两万里》《西游记》《三国演义》等。儿童在父母的陪伴下，阅读一些学龄前儿童读物，有利于培养阅读兴趣和习惯。

4.2.3 文化活动需求偏好

（1）问卷调查结果

通过统计乡村公共文化服务活动中乡村居民参与各活动的人数，从整体上可以了解乡村民众的公共文化服务活动参与情况和类型偏好，以此作为分析和满足当地民众的公共文化服务活动需求的依据。由样本参与乡村公共文化服务活动统计图（图4-4）可看出，体育类、文化类、文化下乡类和娱乐类活动的填写人数均达到100人以上，其中体育类活动参与人数最多，为178人，样本占比达到73.6%；其次是文化类活动、文化下乡类活动和娱乐类活动的样本占比分别为52.1%、49.2%和44.6%。这说明乡村地区民众对于体育类、文化类、文化下乡类、娱乐类活动的参与积极性较高，同时也反映出乡村地区民众的显性需求集中于这几类活动。除其他类活动外，竞技类活动的样本参与占比较少，仅为5.8%。

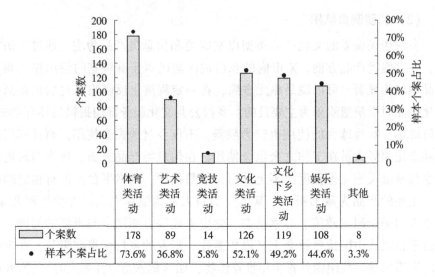

	体育类活动	艺术类活动	竞技类活动	文化类活动	文化下乡类活动	娱乐类活动	其他
个案数	178	89	14	126	119	108	8
样本个案占比	73.6%	36.8%	5.8%	52.1%	49.2%	44.6%	3.3%

图4-4 样本参与乡村公共文化服务活动统计图

　　基于乡村地区民众参与乡村公共文化服务活动的原因统计结果（图4-5），发现乡村地区民众参与原因集中于锻炼身体，提升自身身体素质（24.2%），自己的兴趣爱好（23%），消遣娱乐（18.5%），了解时事新闻和最新资讯（15.1%）等方面。同时也存在有关部门强制要求的情况，但比较少，仅占0.7%。

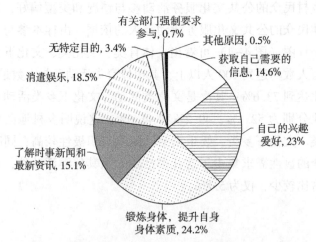

图4-5 样本乡村公共文化服务活动的参与原因饼图

（2）访谈调查结果

乡村公共文化活动方面，乡村居民参与体育类和文化下乡类活动的热情比较高。通过走访发现，每个村庄都会有自己的广场舞队伍在本村庄的文化广场或宽敞的场地带领当地村民进行广场舞运动，参与人数也比较多。特别是 B 村每年都会举办趣味运动会，实现了全民参与，已打造为 B 村的一大特色品牌。"我们村体育类活动以农民趣味运动会最为出色，基本上做到了全民参与，参与积极性较高，已经成为我们区的一个特色品牌活动"。（访谈对象20230317B）文化下乡类活动也是乡村地区居民比较喜爱的，每年都会有"送电影下乡""送艺术汇演下乡"等活动丰富乡村居民的文化生活。近年来，老年人受骗的事情屡见不鲜，使得一些普法宣传、知识讲座等"送知识下乡"等活动更是受到乡村居民的热捧。如 A 村开展的反诈骗知识讲座、"防范非法集资"宣传活动等。此外，针对青少年儿童的一些交通安全知识宣讲、"暑假防溺水宣讲"等文化下乡活动也受到乡村地区居民的关注。因此，乡村公共文化服务活动类型的供给需关注到乡村地区居民的切实需要，才能吸引乡村地区居民的关注，才能发挥乡村公共文化服务的应有效果。

从乡村公共文化服务偏好需求的整体来看，乡村公共文化服务设施、产品和活动偏好存在一致性倾向，简而言之，乡村公共文化产品和活动的偏好与现有服务设施布局存在较大关联。图书阅览类和文化广场类服务设施的村村覆盖及其他文化服务设施的缺位和无效服务，使得乡村居民的文化产品需求偏好主要为文娱类和信息类文化产品，文化活动的偏好需求集中在体育类、文化类、文化下乡类和娱乐类活动。因此，为了满足乡村居民现有的显性需求偏好和识别隐性文化需求，应从完善服务设施布局、打造特色文化产品、创新文化活动形式与内容等方面入手，更好地服务于乡村居民。

文化设施方面，以乡村居民的服务设施需求偏好为导向，通过对现有设施空间的功能划分、环境美化、设备配备等为乡村居民营造良好的服务体验空间，满足乡村居民对乡村公共文化设施的显性偏好需要。同时探索乡村公共文化服务设施建设新途径、新渠道，积极引入社会资本参与文化服务设施及其相关平台建设，弥补乡村公共文化服务设施缺位，完善乡村公共文化服务设施布局和构成。文化产品方面，针对乡村居民的产品偏好需求，丰富产品类型和提高产品质量，及时更新产品内容；同时立足于当地乡村特色，在积极挖掘当地历史名人、传统手工艺、传说故事等基础上培育特色文化品牌，丰富现有的乡村公共文化产品的供给，为乡村居民提供更多的文化产品选择。

文化活动方面，首先，做好年度文化活动整体规划，按照乡村居民的内生性文化需求和服务部门的文化活动供给相结合的原则进行年度文化活动主题规划和组织；其次，创新文化活动形式和内容，以新颖的活动形式和符合乡村居民的文化需求的内容开展相关的公共文化活动，不仅能吸引当地居民的积极参与，还可以培育出特色文化活动品牌，带动当地经济社会的发展。

4.3 乡村公共文化服务需求改善

以乡村居民的乡村公共文化服务亲身实践体验出发，识别现有乡村公共文化设施、产品和活动等存在的问题与不足，以达到改善优化乡村公共文化服务供给的目的，最终满足乡村居民的公共文化需求。

4.3.1 文化设施需求改善

（1）问卷调查结果

通过分析乡村公共文化服务设施改善类型统计数据，可以了解乡村地区服务设施建设中存在的短板，为完善乡村地区公共文化服务设施的整体布局和优化现有公共文化设施提供有益参考。从图4-6的数据呈现来看，农技培训类服务设施在乡村地区民众的诉求呼声最高，有57.9%的调研对象认为需要改善。乡村地区的生产活动是以第一产业为主，农作物种植技术、家禽养殖技术、动植物病虫害防治等都是影响农产品产出的关键所在，因此农技培训类设施的改善需求较为强烈；同时农技培训类服务设施占比最少，也是导致乡村居民对乡村公共文化服务设施改善需求强烈的原因之一。其次，文化广场类和图书阅览类分别占比为50.8%和48.8%，虽然该两类服务设施在数量上达到了要求，但近半数的调研对象存在服务设施改善需求，说明这两类服务设施在实际服务过程中仍无法充分满足乡村地区居民的文化需求。

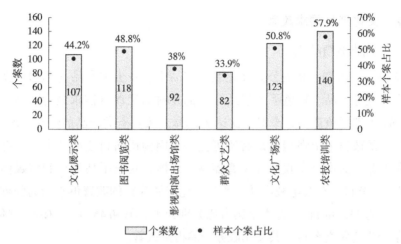

图 4-6　样本乡村公共文化服务设施改善类型需求统计图

（2）访谈调查结果

通过实地走访发现，除 B 村建设有农耕博物馆和护苗工作站并定期开展农技培训外，其余调研村庄并未设置农技培训类服务设施。目前，乡村居民的物质生活得到满足，农产品增收与促销成为乡村居民新的需求，通过农技培训培养新型职业农民是实现农产品增收促销的重要途径。因此，农技培训类设施在乡村地区的改善需求最强烈。大多数受访者表示，该类服务设施的打造除需要场地、资金等外部资源的支持外，还需要人才的支持，这是农技培训设施在乡村地区服务设施构成中分布较少的主要原因。在其他室内外服务设施方面，大多数受访者反映室内文化设施的场地较小、数字化水平较低（就算配备相关的电子设备，其使用情况也不容乐观）。调研的大多数村庄的图书室内很多书籍存放在柜子里，没有多余的空间摆放；图书的借阅登记为手工录入，电子设备配置不足且利用频率低下。村民的电脑设备使用需求通常向村委服务大厅的工作人员直接反馈，由工作人员帮忙查询村民所需信息或资料。因此，室内文化设施场地的扩建和数字化水平的提升也是村民需求改善的重要诉求。调研村庄之间的室外文化设施改善需求存在较大差异，如 Z 区的 F 村、H 村和 I 村的需求改善情况。"目前，我们正在计划为我们村的文化广场加盖雨棚，便于极端天气相关活动的举办。"（访谈对象 20230320B）"我们急需改善的公共文化服务设施是健身场地的完善，因为我们村的健身场地地面还没有硬化。"（访谈对象 20230321B）"据村民反映，希望在居住区域新建体育场和体育设施，以满足他们相关的文化需求。"（访谈对象 20230324A）

4.3.2 文化产品需求改善

（1）问卷调查结果

从图4-7可知，相关公共文化服务产品中，乡土类产品（非物质文化遗产、文化创意产品、特色手工艺品等）的乡村居民改善需求最为强烈，样本中有191人选择该选项，个案占比达78.9%。从乡土类产品的供给情况来看，该类产品的改善需求强烈也是有迹可循的，因为调研村庄中基本上没有乡土类文化产品。其次是文娱类（体育器材、乐器、娱乐用品等）和多媒体产品（影视广播节目、有线电视广播、数字文化产品等）的改善诉求较为强烈，个案数分别为112和111，样本个案占比分别为46.3%和45.9%，接近50%的调研对象希望这两类乡村公共文化服务产品得到改善。

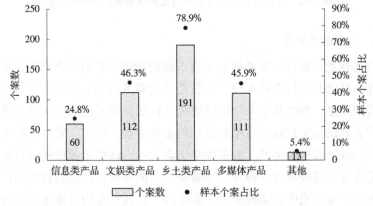

图4-7　样本乡村公共文化服务产品改善类型需求统计图

（2）访谈调查结果

在乡村公共文化服务产品改善类型方面，通过实地走访发现，信息类产品、文娱类产品基本实现了村村覆盖，但乡土类产品和多媒体产品的供给现状却不尽如人意，与问卷调研结果显示的当地居民对乡土类文化产品和多媒体产品的改善需求最强烈基本一致。在文旅融合和乡村旅游发展中，一个独具特色的乡村文化品牌对促进当地经济的发展和丰富当地居民的文化生活有着至关重要的作用，但在走访的10个村庄中，并未发现较为有名的乡土类文化产品。I村文化负责人表示"乡土文化产品的产生需要对本村历史进行深入挖掘和开发，如本村历史上的名人、传说等，但这需要相关领域的专家帮助和资金支持才行。"（访谈对象20230324A）因此，在满足乡村居民的公共文化服务产品需求时，不能仅仅考虑到该类需求产品的用户需要，同时也要考虑到实现该类文化产品供给的成本和可能性。在多媒体文化产品方面，改善需求较为强烈的原因在于相关基础设施设备的缺失或相关设施设备老旧无法支持相关文化产品的供给，从而直接影响到乡村居民的文化产品消费。

4.3.3 文化活动需求改善

（1）问卷调查结果

从样本乡村公共文化服务活动的改善需求来看（图4-8所示），竞技类（劳动技能比赛、创意设计比赛等）和文化下乡类活动（电影放映、科教讲座、普法宣传、农技培训等）的调研对象改善需求最强烈，个案数分别为157和146，其个案占比分别为64.9%和60.3%。其次就是文化类活动（陈列展览、图书阅览、讲故事、艺术普及等）和艺术类活动（文艺创作、民间艺术表演、文艺演出、歌唱比赛等）占比分别为49.6%和41.7%。除其他类别外，娱乐类活动（扑克牌、麻将等）的改善需求占比较少为16.5%，说明娱乐类活动的供给能够很好地满足当地民众的文化服务需求。

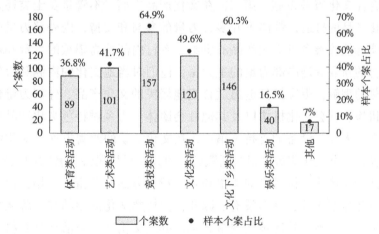

图4-8　样本乡村公共文化服务活动改善类型需求统计图

（2）访谈调查结果

多数受访者表示因为新冠病毒感染疫情的原因，活动举办较少，现在疫情放开之后，群众希望多举办体育类、艺术类、文化下乡类活动，如趣味运动会、文艺汇演、电影放映等，以此增加村民之间的交流和感情，促进乡村和谐、邻里互爱。通过与多位乡村公共文化服务部门工作人员的交流，乡村公共文化活动的举办基本上是由村委工作人员依据上级政府和文化组织的要求开展文化活动，其中开展较多的是文化下乡类活动。电影放映虽然实现了每年都有提供，但播放电影的类型比较老旧，已经无法引起乡村地区居民的观影兴趣和满足其文化需要。多数受访者表示"每次电影放映都会收到一个电影放映名单，让我们自行选择观看哪一部电影，但是每年的电影名单都差不多，电影年代也比较久远。我们也希望能播放类似《长津湖》《水门桥》这样的电影，但无法得到满足"。"订单式""菜单式"的服务供给模式是满足公共文化服务需求的有效途径，但需要不断丰富其订单或菜单选项才能更好地满足人民日益增长的美好生活需要。

从乡村公共文化服务需求改善调研情况来看，农技培训类文化设施、乡土类和多媒体类文化产品、竞技类和文化下乡类文化活动等改善需求最强烈。第一，在文化设施方面，农技培训类文化设施的改善可通过村与村之间设施共享或者村内文化设施共用的方式实现农技培训类文化设施的建设和运营，节约建设投入成本，将重点落在乡村农业人才培养上。如将距离相近或农产品相同的村庄建设同一个农技培训类文化设施，或者整合村内文化设施资源打造综合性文化服务设施。第二，在文化产品方面，不管是乡土类还是多媒体类文化产品的打造，都离不开多方力量的参与和支持，内外部力量的共同发力才能有效改善乡村文化产品的供给。乡村内部德高望重的乡贤和新时代心系农村的新乡贤是内部力量的主力军，他们对当地文化的内涵和价值有着更为深刻的理解，更容易打造出适合当地居民的文化产品。外部力量包括政府文化机构、社会文化机构以及其他社会团体，为乡村特色文化产品的打造提供资金、人才、设备的支持。第三，在文化活动的改善方面，文化活动可以说是乡村公共文化服务中最为活跃的，也是乡村居民最为喜欢的服务类型。竞技类活动在培养乡村居民的竞争和合作精神方面有着重要作用，但其实际活动供给却寥寥无几，甚至没有。因此，竞技类文化活动的改善应从相关活动的基本供给开始，并逐步实现常态化举办。文化下乡类活动是乡村公共文化活动中举办较多的活动，其服务效果也较为明显。结合社会时事与乡村居民特点，提高文化下乡类活动内容质量，打造乡村精品文化活动是重要进路。如积极引进不同类型、不同语种的经典电影，降低同一类型电影给乡村居民带来的观影疲惫；在了解当地乡村经济发展情况的基础上，针对性开展农技培训；结合社会时事案例，开展普法宣传、科教讲座等。

4.4 乡村公共文化服务需求反馈

整体来说，关于乡村公共文化服务需求反馈维度，其主要需求表现在反馈渠道和方式适民化、乡村居民需求表达能力和积极性提升、公共文化服务部门重视和关注度等方面，评价结果如图4-9所示。

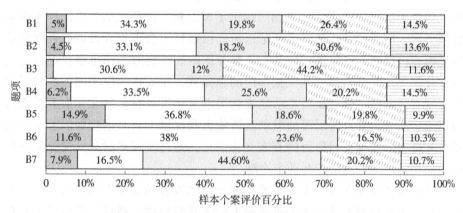

图4-9　样本乡村公共文化服务需求反馈维度评价百分比统计图

4.4.1 服务对象需求反馈能力

（1）问卷调查结果

从图4-9中所呈现的调查数据结果来看，在调研对象的需求反馈能力的自评方面（B1、B2），近40%的调研对象（34.3%选择不同意，5%选择完全不同意）对B1题项持消极态度，不认同自己能娴熟地利用相关渠道和方式表达自己的文化需求，有19.8%的人持中立态度，同时也有40.9%（26.4%和14.5%）的调研对象表示自己能够娴熟地利用相关渠道和方式表达自己的文化需求。44.2%（30.6%和13.6%）的调研对象表示自己可以清晰明了地表达个性化文化需求，同时有37.6%（33.1%和4.5%）的调研对象持相反意见，18.2%持不确定态度。从整体上看，不管是相关渠道和方式的利用能力还是自身需求的表达能力，样本调研对象的评价呈现相对均等分布，说明样本村庄所运用的需求反馈渠道和方式可能不太适用于相当一部分乡村地区居民的交流习惯，同时结合基本信息分析中的学历层次和职业类别可以发现，相当一部分乡村居民的需求表达能力和主动积极性还有待加强。

（2）访谈调查结果

乡村公共文化服务对象的需求反馈能力表现为文化服务需求反馈渠道和方式的利用能力以及自身个性化文化需求的表达能力。通过实地走访调研发现，乡村地区的人口构成主要是老年人和青少年儿童，其职业背景、学历层次和交流习惯使得乡村公共文化服务部门提供的文化需求反馈渠道和方式的适用性并不强，同时积极主动进行需求反馈的数量也并不多。乡村地区的常住人口并不多，虽然文化服务部门提供了留言板、服务电话、微信群等需求反馈方式，但村民有什么需求还是选择直接跟村委会工作人员讲或者在微信群里面直接反映。要想乡村公共文化服务供给能够更好地满足乡村地区居民的文化需要，并非当地公共文化部门的独角戏，需要作为需求侧的乡村居民发挥主观能动性，通过积极主动地表达需求来促进乡村公共文化服务精准有效供给。只有提升乡村居民的需求反馈能力和提供丰富且适应的需求反馈渠道，才能有效获得乡村居民的真实文化需求，最终实现乡村公共文化服务供给与居民需求的精准适配和动态均衡。

从服务对象需求反馈能力来看，由问卷调查和访谈调查结果可知，大多数乡村居民的反馈方式习惯于直接向工作人员反映或者通过微信群的方式提交自己的文化需求，同时乡村居民的需求表达能力和积极性还有待提升。因此，需对乡村居民文化需求的反馈渠道和方式进行适民化设计，同时提升乡村居民需求表达能力和需求表达的积极性。在需求反馈渠道和方式适民化设计方面，应基于乡村居民的交流习惯，进行反馈渠道和方式的本地化、本土化设计，提供适合该地乡村居民能够轻易掌握和娴熟利用的需求反馈渠道和方式。同时将乡村行政区域划分为多个子区域，每个子区域安排一位村委工作人员负责收集该区域乡村居民的文化需求，方便乡村居民的文化需求反馈。在乡村居民需求表达能力提升方面，可通过科教讲座、宣传教育以及实践模拟等方式提高乡村居民对于需求反馈渠道和方式的利用能力以及如何清晰明了表达自身个性化需求的能力。在需求表达的积极性激发方面，可向乡村居民阐明自身文化需求积极反馈对于乡村文化建设和乡村文化振兴的重要性和急迫性，并通过一定的奖励方式激发乡村居民需求表达的积极性。

4.4.2 服务部门需求反馈工作

（1）问卷调查结果

从图 4-9 可知，所在区域的公共文化部门需求反馈工作评价方面

（B3-B7），就提供的需求反馈渠道和方式（B3）而言，超过半数（44.2%选择同意，11.6%选择完全同意）调研对象对 B3 持认同态度，依旧有 30.6% 对 B3 表示不同意，这表明样本村庄的需求反馈渠道和方式的丰富程度和畅通程度有待进一步改善。就用户需求反馈重视度（B4）而言，39.7%（33.5% 和 6.2%）的调研对象认为当地的公共文化部门对自己的文化需求反馈不甚重视，同时 34.7%（20.2% 和 14.5%）的调研对象对 B4 题项表示认同，即自己的文化需求反馈得到公共文化部门的重视，此外还有 25.6% 的调研对象表示不确定。可以看出，多数调研对象认为公共文化部门对其文化需求反馈不够重视。在对公共文化部门文化需求的识别、收集和分析等工作（B5、B6）的评价中，大部分调研对象选择不同意、完全不同意和不确定。36.8% 和 14.9% 的调研对象对 B5 持不同意和完全不同意的态度，38% 和 11.6% 的调研对象对 B6 选择不同意和完全不同意，不到 1/3 的调研对象对 B5（19.8% 和 9.9%）、B6（16.5% 和 10.3%）表示认同，这说明样本村庄中的公共文化服务部门对乡村地区民众文化需求的识别、收集和分析等工作的重要性认识还不够。就 B7 而言，仅 30.9%（20.2% 和 10.7%）的调研对象对 B7 表示认同，即公共文化部门及时回应其提交的文化需求，这说明当地公共文化部门针对乡村地区居民提交文化需求反馈的及时回应率不高，从侧面表现出公共文化服务部门对乡村地区民众文化需求的重视度和关注度还不够。

（2）访谈调查结果

就需求反馈渠道和方式来讲，由于乡村地区属于"熟人社会"，且人口数量并不像城市区域那么多，加上乡村地区的群体主要以老年人和青少年儿童为主，导致其需求反馈方式基本上以口头、微信群等方式进行需求表达，而且进行需求反馈的人数也比较少，因此反馈渠道和方式的多元与畅通对于乡村公共文化服务需求反馈效果的影响程度并不大。就需求识别、分析和挖掘工作而言，该类业务活动的开展是一个较为庞大的系统工程，不仅在人员素质方面要求较高，而且需要耗费大量的时间和精力，因此调研样本村庄中并未开展相关的需求识别、分析和挖掘工作。多数受访人员表示由于乡村地区的人基本上都认识，他们有什么需求就会直接跟他们讲，因此就没有开展专门的需求识别和收集工作，但是这也是目前大多数村庄村委工作人员正在思考的问题。针对村民反馈的文化需求，如相关文化设施建设、文化活动举办等，虽然需求反馈数量比较少，但各地的公共文化服务部门积极向上级部门进行申报反馈。虽然没有开展专门的需求识别、分析和挖掘工作，但针对乡村居民的需求反馈积极向上级主管部门申报和呈送，在一定程度上反映出村委工作人员对乡村居民的公共文化服务文化需求的重视和关注。

就目前乡村地区公共文化服务部门的实际工作开展情况来看，还需进一步加大对乡村居民文化需求的重视和关注。第一，需求反馈渠道和方式的多元化供给。根据各个村庄的人口特征提供合适的需求反馈渠道和方式，同时对相关渠道和方式的使用情况进行监测，不断优化，以便于乡村居民文化需求畅通传递和有效接收。第二，积极开展需求识别、分析和挖掘工作。乡村公共文化服务部门应定期或不定期通过上门走访或电话回访等方式收集乡村居民的文化需求，以弥补乡村居民需求反馈积极性不够或反馈数量较少的需求识别现状。设置乡村公共文化服务需求分析和挖掘小组，针对收集到的乡村居民文化需求反馈开展需求分析，预测乡村居民文化需求的新方向，以此引导乡村公共文化服务的针对性、有效性供给。第三，乡村居民文化需求反馈的及时回应。针对乡村居民提交的文化需求反馈，乡村文化部门应通过微信、电话等线上和公告栏、人际沟通等线下的方式向提交文化需求反馈的村民及时告知是否收到其文化需求反馈、是否向上级主管部门提交该文化需求以及该文化需求是否得到了有效供给等。这不仅能让村民感受到自身文化需求得到了重视，提高村民文化需求反馈的积极性，还能促使公共文化服务部门工作进度的清晰化、标准化、程序化。

4.5 乡村公共文化服务需求满足度

想要准确地测量乡村地区民众的公共文化服务需求满足程度，需从乡村公共文化服务供给入手，了解现有的公共文化设施、公共文化产品和公共文化活动的实际供给情况，并结合乡村公共文化服务评价量表进行分析。只有这样，才能较为全面且准确地了解乡村公共文化服务供给方面的不足和挖掘乡村地区居民的新型文化需求。

整体来看，乡村居民需求满足度在文化设施环境、基础设施、服务范围，文化产品数量和种类、便利获取和利用，文化活动信息发布方面有待进一步的改善和提升，如图4-10所示。

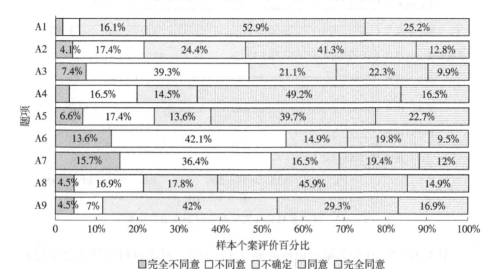

图4-10 样本乡村公共文化服务供给维度评价百分比统计图

4.5.1 文化设施满足度

(1) 问卷调查结果

作为乡村公共文化产品展示平台和乡村公共文化活动举办场所的乡村公共文化服务设施，为相关服务项目的顺利实施提供基础设施支持和保障。不同功能的服务设施服务于不同类别的服务项目，因此基础设施配备存在着差异。按照服务设施的不同功能可将乡村公共文化服务设施分为文化展示类、图书阅览类、影视和演出场馆类、群众文艺类、文化广场类、农机培训类和其他。从图4-11可知，超过60%的调研对象居住地配置有文化展示类、图书阅览类、群众文艺类和文化广场类公共文化服务设施，其中图书阅览类比例最高，这说明图书阅览类（农家书屋、图书室、报刊室等）文化服务设施在乡村地区的建设覆盖率较高。除其他外，农技培训类文化服务设施所占比例最少，表明该地区的农技培训类服务设施供给情况不容乐观。

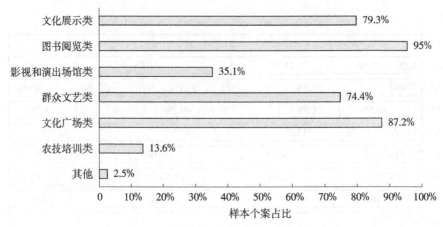

图 4-11　样本乡村公共文化服务设施供给类型图

图 4-10 中，在公共服务设施方面（A1-A5），对于乡村公共文化设施的数量和种类来说（A1），有 78.1% 的调研对象表示认同，其中 25.2% 的调研对象表示完全同意，这说明样本村庄的乡村公共文化服务设施的数量和类别能够满足大部分乡村居民的需求。对于 A2 来说，虽然有 41.3% 和 12.8% 的调研对象表示同意和完全同意，超过半数的调研对象，但依旧有 17.4% 和 24.4% 的调研对象持反对意见和不确定的态度，这说明样本村庄的乡村公共文化设施环境优美度和安静度还有待于提高。对于 A3 而言，有 39.3% 的乡村居民不同意、7.4% 的乡村居民表示完全不同意，同时完全同意的个案数仅占 9.9%，这说明乡村公共文化设施的基础设施建设和完善还不够。对于公共文化设施选址来看（A4），有 65.7% 认同从自己所在区域到公共文化设施所在地非常方便、快捷，但依旧有近 20% 的乡村居民持反对意见，这说明样本村庄的乡村公共文化选址使得其服务范围能够覆盖大多数乡村地区，其服务半径有待延伸。就公共文化设施开放时间合理的题项（A5）而言，超 60%（39.7% 选择同意，22.7% 选择完全同意）的调研对象对其开放时间非常合理表示认同，表明样本村庄中大多数村庄的公共文化设施开放时间比较合理。

从表 4-9 中可知，乡村地区居民到公共文化设施所在地所花费的时间大多数集中在 11~15 分钟，并且在 15 分钟以内的调研对象占比达到 86.8%，符合"15 分钟文化圈"的打造要求。这说明乡村公共文化设施的规划建设充分考虑了本村庄的人口分布、交通布局以及管理服务等方面的实际情况，以最大限度地满足全体乡村居民的公共文化设施需要。

关于当前乡村公共文化设施存在的不足之处，据调研对象的问卷表反映，其不足之处主要集中在：空间太小、光线不好（162，26.5%）；座椅等基础设施破旧或不足（127，20.8%）；场所周边环境嘈杂（120，19.6%）；利用率低下或不允许使用（119，19.5%）等方面。除其他外，卫生环境不好占比较少，仅2.9%，如表4-10所示。

表4-9　乡村居民到乡村公共文化设施的时间统计表

时间	频率	百分比	有效百分比	累积百分比
5分钟以内	25	10.3	10.3	10.3
5~10分钟	70	28.9	28.9	39.3
11~15分钟	115	47.5	47.5	86.8
15分钟以上	32	13.2	13.2	100
总计	242	100	100	

表4-10　乡村公共文化服务设施不足之处统计表

设施不足之处	个案数	百分比	个案百分比
卫生环境不好	18	2.9	7.4
座椅等基础设施破旧或不足	127	20.8	52.5
空间太小、光线不好	162	26.5	66.9
场所周边环境嘈杂	120	19.6	49.6
存在安全隐患	29	4.7	12
利用率低下或不允许使用	119	19.5	49.2
其他	36	5.9	14.9
合计	611	100	

（2）访谈调查结果

在文化设施方面，大多数的农村社区（村）室内都设有图书阅览室、农家书屋、活动中心，室外设有文化广场、健身场地等基础文化设施。通过走访发现，X市的乡村地区的室内活动设施一般设置在农村村委会，包括图书室、活动中心、健身室等；室外文化活动设施根据乡村地域范围合理选择场外设施建设，如在人口较多的地方建设文体广场、健身设施，其配置基本覆盖全村群众。因此在文化设施配置和服务范围方面基本上满足了乡村居民的文化需求。F村工作人员表示其村委会位于靠近交通主干道位置，最远的村民到这也就十几分钟，同时室外的健身场地有三个，分布也比较分散，能够满足各个区域的村民健身需要。从室内文化设施的日常运营情况来看，除周六周日外，其余时间基本上没什么人，同时有些农家书屋或图书室周末不开放，如J村。这就使得服务时间与乡村地区服务对象的文化消费时间存在着错位现象，无法发挥应有的文化服务实效。另外，村民希望增加室外健身运动场地和健身器材以及改善健身运动场地环境，这说明文化广场类设施及其周边环境还需进一步改善以便满足乡村居民的服务设施需求。

从文化设施满足度来看，调查结果显示，虽然样本村庄的乡村文化设施供给数量和类别、地理位置选址、开放时间等方面满足了乡村地区绝大多数村民的文化服务设施需求，但还有待进一步完善，特别是乡村公共文化服务设施的内外部环境、基础设施配备、数字化水平等。首先，文化服务设施数量和类别需补劣强优。补全农技培训类服务设施的缺位情况，以流动服务方式满足距离村委会较远的乡村居民，同时不断完善现有公共文化服务设施。其次，文化设施开放时间需合理化安排。乡村公共文化服务设施利用率低下或不允许使用的重要原因之一就是其服务设施开放时间的不合理。乡村地区居民白天要忙于农事生产，其空余时间主要集中在中午、晚上以及周末（青少年儿童周末放假）。因此，想要最大程度地满足乡村居民的文化需求，应结合乡村居民的生活特点合理调整现有的乡村公共文化服务设施开放时间，如乡村文化设施在保持原有开放时间标准的同时提供午间开放，并延长夜间开放时间，特别是周末要开放。最后，文化设施内外部环境需完善优化。文化设施的安静度、优美度、便利度直接影响到乡村文化设施的服务效果。因此，完善优化内外部文化设施，营造环境优美、光线充足、大小适宜、设施完备的内部环境和交通便利、环境安静的外部环境，为乡村居民提供一个良好的文化服务场所和空间。此外，乡村文化设施的数字化水平需提升。随着数字乡村试点、社会技术发展和村民服务实践的推进，提高乡村文化服务设施的数字化水平成为提升乡村公共文化服务水平的突破口之一。通过配备齐全的数字化设备、培养文化服务数字化人才、供给数字化文化资源等提升乡村公共文化服务设施的数字化水平，以此为乡村居民提供更好的公共文化服务。

4.5.2 文化产品满足度

（1）问卷调查结果

从X市乡村地区的公共文化服务产品供给情况来看（见图4-12），村庄的信息类产品和文娱类产品的供给情况表现不错，93.8%和86%的调研对象知晓其居住地有信息类产品（藏书报纸、出版物、数据库等）和文娱类产品（体育器材、乐器、娱乐产品等）。多媒体产品（影视广播节目、有线电视广播、数字文化产品等）供给方面，虽然其样本知晓数达到样本总数的62.4%，但实际走访发现，多媒体产品的供给情况并非数据反映的那样亮眼。乡土类产品（非物质文化遗产、文化创意产品、特色手工艺品等）因其独特性和乡土性不同于信息类和文娱类产品的供给，无法由政府部门和公共文化管理部门直接供给，因此该类型的产品供给数量较少。

图4-10中，在公共文化产品供给方面（A6、A7），就A6而言，超半数调研对象（42.1%选择不同意，13.6%表示完全不同意）对乡村公共文化产品供给数量和种类表示不满意，持认同态度的有29.3%（19.8%选择同意，仅9.5%选择完全同意），未超过1/3的调研对象，这表明样本村庄民众的乡村公共文化产品的文化需求在供给数量和种类上都尚未得到很好的满足，亟待丰富乡村公共文化产品的数量和种类。就A7来讲，也是超50%的调研对象对乡村公共文化产品很容易获取和利用持否定态度，只有1/3左右的乡村民众对A7表示赞同，说明在乡村公共文化产品流通和利用等方面的工作实践水平还有待提升。

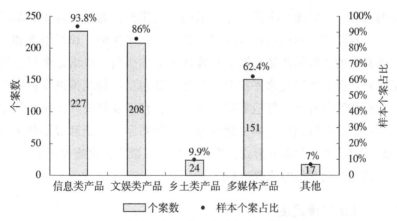

图4-12　样本乡村公共文化服务产品供给类型图

（2）访谈调查结果

信息类产品、文娱类产品供给基本实现了全覆盖，但乡土类产品和多媒体产品供给却比较少。在谈到乡土文化产品时，受访者们均面露难色，表示没有独具特色的乡土文化产品。因此，在文化产品种类方面还未充分满足其服务对象的文化需求。在村民的文化产品使用情况上，文娱类产品使用较为频繁，特别是体育器材。因图书、报纸、出版物等文化产品的存储方式上不同于体育器材存放于室外，其时间和空间上的利用限制在一定程度上影响到了农村居民对于此类文化产品的消费和利用，加上乡村地区文化服务产品数字化管理水平不高，导致这类产品在流通借阅方面并不如城市地区那般方便快捷。因此，作为文化产品存储地的相关文化设施在时间开放上要考虑农村地区居民的生活特性，同时考虑如何使乡村文化产品更容易被获取和利用，如此才能满足乡村服务对象的文化产品需要。

从文化产品满足度来看，乡村居民对于信息类和文娱类产品的满足度较高，但乡村公共文化服务产品的数量和类别未能很好地满足乡村居民的文化需求，特别是乡土类和多媒体类文化产品。乡土类和多媒体类文化产品满足度较低的原因在于当地村庄缺乏乡土类和多媒体类文化产品的供给，同时乡村地区文化服务的数字化水平较低，直接影响到了乡村居民对于乡村文化产品的获取和使用。因此，应从增加相关文化产品的供给和提升数字化水平等两个方面来满足乡村居民的文化产品需求，从而实现乡村文化产品的供需均衡。具体而言，可通过立足于乡村特点，深入发掘当地独特文化的内涵和价值形成特色文化产品，同时加强同一地域范围内村庄之间乡土类产品的定期或不定期流通，以增加乡土类文化产品的有效供给；通过完善相关基础设施设备，为多媒体产品的展示和传递提供物质和技术保障，积极引进和开发乡村居民所喜爱的多媒体产品来增加多媒体产品的供给，以满足乡村居民的文化产品需要。至于数字化水平提升，具体措施包括：持续推进乡村基础设施数字化建设和改造升级，打造数字乡村平台，打破乡村公共文化产品服务的时空限制；增强乡村地区公共文化服务人员的数字化意识和数字化能力，优化和创新乡村公共文化服务形式；提高乡村居民数字化设施设备的利用能力，促进乡村公共文化产品的消费和利用。

4.5.3 文化活动满足度

（1）问卷调查结果

从图4-13样本乡村公共文化服务活动供给类型图来看，其活动类型多样，包括体育类、艺术类、竞技类、文化类、文化下乡类、娱乐类和其他。其中，体育类活动（广场舞、篮球、乒乓球等）调研对象的选择比例达89.3%，说明体育类活动在乡村地区较为活跃和频繁。文化下乡类、文化类和艺术类活动比例超过70%，这几类活动在乡村地区的开展情况也比较好，主要是科学知识普及、电影放映、文艺演出等；除其他外，竞技类活动供给比例较少，仅有 10.7% 的调研对象表示在其居住地开展过此类活动。

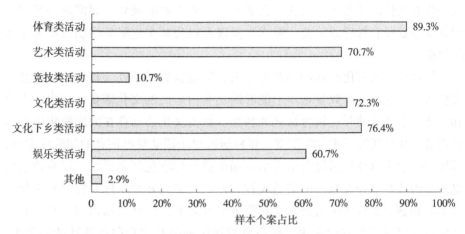

图4-13　样本乡村公共文化服务活动供给类型图

图4-10 中，在公共文化活动供给方面（A8、A9），从乡村公共文化活动供给的内容和形式来看，有 45.9% 的调研对象对 A8 表示同意，14.9% 的表示完全同意，同时也有 20% 的调研对象表示不同意（16.9% 选择不同意，4.5% 选择完全不同意），表明样本村庄的乡村公共文化活动的形式和内容基本上能满足其乡村地区多数民众文化需求。就活动信息发布和参与门槛（A9）来讲，42% 的调研对象表示不确定其活动信息发布是否及时，但持认同态度的调研对象占比为 46.2%（29.3% 选择同意，16.9% 选择完全同意）。其数据比例说明相当一部分乡村地区民众不太关注和重视乡村公共文化活动的信息发布。

（2）访谈调查结果

在文化活动类型方面，以体育类活动、文化下乡类活动、艺术类活动、特殊节日类活动为主。调研村庄的文化下乡类活动较多，主要涉及理论政策宣传、知识普及讲座、志愿者培训、电影放映等。通过走访发现，乡村公共文化服务活动的满足程度远高于乡村公共文化服务设施和产品，主要是由于乡村公共文化服务活动的种类较多、举办频次较高，同时相较文化设施和文化产品更易实施和开展。每个村委会作为当地乡村地区的新时代文明实践站，每年都会拟定并公示当年的活动计划表，基本上都以每月的特殊节日为主题开展相关的文化活动，受访者多表示一个月有 8 次文明实践活动。就乡村公共文化活动内容的匹配度而言，文化活动的供给仅仅契合和满足了老年人群体的文化需求，而对于其他年龄段的服务群体吸引力不够，无法满足较为年轻一代的文化活动需要。因此，在活动主题和内容的规划方面需进一步照顾到其他年龄段农村群体的文化需求，实现乡村公共文化服务活动供给和需求的均衡。

从乡村公共文化活动的满足度来看，除竞技类活动外，其他的乡村公共文化服务活动的开展数量基本上能够满足乡村居民的文化需要，其中体育类和文化下乡类活动开展较为活跃和频繁。目前文化活动存在的问题集中在活动内容与乡村居民需求的匹配度、乡村居民对于活动举办信息的知晓度方面，其原因在于未以乡村居民需求为引导而是进行标准化活动供给，以及活动信息发布的及时性和发布渠道的适民性欠佳。为了更好地发挥乡村公共文化活动实效和满足乡村居民的公共文化服务活动需要，应从活动内容匹配度和活动信息知晓度两个方面入手，提高乡村居民的公共文化服务活动的满足度。在活动内容匹配度方面：第一，根据乡村居民的活动需求，进行相关的活动主题和内容的规划和安排，同时以"订单"的方式收集乡村居民的文化活动需求或以"菜单"的方式供乡村居民选择；第二，针对不同年龄的乡村居民，进行乡村公共文化活动内容和形式的多元化供给，以满足不同年龄段的文化活动需求；第三，补全竞技类活动这一短板，丰富乡村公共文化活动的类型。在活动信息知晓度方面：第一，公共文化服务部门进行乡村公共文化服务活动的年度、月度规划，提前及时告知乡村居民将要开展的文化活动的主题、形式、地点和时间；第二，丰富乡村信息公布和传递渠道，充分利用公告栏、广播、微信群、村民互相告知等现有的线上和线下方式及时传递活动信息，同时创新乡村文化活动告知方式，以提高乡村居民对乡村文化活动信息的知晓度。

4.5.4 整体服务满足度

（1）问卷调查结果

整体上看，基本性文化需求的满足感高于个性化需求。基本性文化需求中，乡村公共文化服务活动和设施的满足感较高，产品满足感有待改善；个性化文化需求中，文化需求满足感排名为活动、设施、产品，但整体文化需求满足感较低。具体评价结果数据见图4-14。

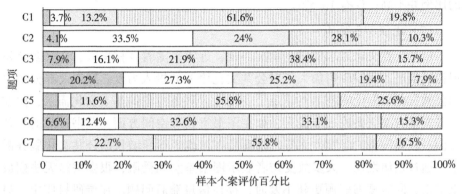

图4-14　样本乡村公共文化服务需求满足维度评价统计图

从基本文化需求的满足（C1、C3、C5）来看，乡村公共文化服务设施和活动的满足度较高，81.4%（61.6%和19.8%）的调研对象表示当地的公共文化设施能够很好地满足自身基本的文化需求；同时有81.4%（55.8%和25.6%）的调研对象对C5表示认同，即所在区域的公共文化活动能够满足自身的基本文化需求。虽然认同乡村公共文化产品基本文化需求满足的调研对象超过50%，但相对于乡村公共文化设施和活动的基本文化需求满足还存在一定差距。在乡村公共文化服务设施、产品和活动评价中，调研对象持完全同意比例最高的是乡村公共文化活动（25.6%），这表明乡村公共文化活动供给与乡村地区民众的基本文化需求之间的适配性高于服务设施和产品。

从个性化文化需求的满足（C2、C4、C6）来看，在乡村公共文化服务设施、产品和活动中，样本调研对象认为乡村公共文化服务活动的个性化文化需求满足感较高。48.4%（33.1%和15.3%）的调研对象对C6表示认同，其中持完全同意的调研对象比例也高于服务设施和服务产品，但依旧存在32.6%的调研对象对乡村公共文化活动的个性化需求的满足持不确定态度。47.5%（27.3%和20.2%）的调研对象对乡村公共文化产品的个性化需求满足持反对意见，其中20.2%的调研对象完全不同意乡村公共文化产品能够满足其个性化需求，其比例远远高于乡村公共文化设施（4.1%）和活动（6.6%）。由此可知，乡村地区民众的个性化文化需求满足感由强到弱排名依次是活动、服务设施、产品。

从整体的文化需求满足（C7）来看，72.3%（55.8%和16.5%）的调研对象表示其基础性和个性化文化需求的整体满足感非常高，但表示完全同意的比例并不高，仅有 16.5%。

（2）访谈调查结果

就基础性文化需求的满足情况而言，近年来随着乡村振兴、文旅融合发展持续推进，我国政府加大了对公共文化服务的投入力度。X 市大部分乡村的公共文化服务设施基本上满足了乡村地区服务对象的基本文化需求，但在服务质量方面需要进一步提升，如在图书室物理空间方面、藏书资源的更新方面、设施设备的配置方面等，以满足乡村地区不断增长的公共文化服务需求。通过走访发现，大多数受访者表示图书室空间受限，很多书籍无法摆放至书架，同时藏书资源更新不及时，存在信息滞后问题。在调研村庄中，只有 A 村有较为正式的电子阅览室，配备 3 台电脑设备供村民使用，而其他大多数村庄只有 1 台电脑或者没有电脑设备配置。在文化产品方面，信息类产品和文娱类产品居多，而村民在文化产品偏好方面也以这两类为主，在一定程度上满足了大多数乡村居民的文化产品需要。在乡村公共文化活动方面，新时代文化站的建设增加了诸如文明创建活动、志愿服务活动和移风易俗活动，不断丰富着乡村公共文化活动的内容与形式。

就个性化需求的满足情况而言，通过走访发现，每个乡村社区（村）的公共文化服务供给存在趋同性和一致性，个性化供给并不明显。原有乡村公共文化服务的目标是满足乡村地区居民的基本文化需要，但随着乡村居民精神生活水平和追求的逐步提升，乡村地区居民对于个性化文化服务的需求增加。虽然国家和政府部门加大了公共文化的投入，并强调资源向基层、乡村地区倾斜，以促进乡村地区的发展，但其乡村公共文化服务供给模式的统一化、标准化使得其服务供给出现同质化。调研村庄都以文明实践站为建设样板，其提供的主要服务项目都是围绕相关节日庆典这一主轴展开。

从乡村公共文化服务整体的服务满意度来看，乡村地区的基本性文化需求满足度高于个性化需求满足度，同时不管是在基本性还是个性化的文化需求满足度上，乡村公共文化活动均高于文化设施和文化产品。因此，想要乡村居民获得更高的文化需求满足度，文化设施和文化产品的改善和提升是当务之急，同时需要加强个性化服务。如通过优化文化设施的物理空间、完善文化设施的设备配置来改善文化设施，通过及时更新时效性较强的文化产品、打造具有乡土特征和时代内涵的新型文化产品来丰富乡村居民的文化产品选择，以个性化文化需求为导向增加个性化服务项目来满足乡村地区居民的个性化文化需要等。

乡村公共文化服务的典型案例调研

　　党和政府发布的一系列重要文件确立了"构建农村公共文化服务体系""推动农村文化建设的法制化、规范化、制度化"等发展目标。为推动各地区缓解公共文化服务体系建设面临的突出矛盾和主要问题，深化公共文化服务改革创新，更好地满足人民群众的精神文化需求，文化和旅游部、财政部于2011年开始共同组织实施了创建"国家公共文化服务体系示范区（项目）"的重大文化惠民工程，至今共创建了四个批次的"国家公共文化服务体系示范区（项目）"。另外，为深入贯彻"加强农村公共服务"重要指示精神，落实2019年中央1号文件"加快补齐农村人居环境和公共服务短板"要求❶，农业农村部和发展改革委于2019年6月启动"全国农村公共服务典型案例"征集活动，至今累计推出四批次84个典型案例。2021年《政府工作报告》强调"要准确把握新发展阶段，深入贯彻新发展理念，加快构建发展格局，推动高质量发展"❷，紧接着，文化和旅游部等三部门联合发布《关于推动公共文化服务高质量发展的意见》❸，标志着公共文化服务进入高质量发展阶

---

　　❶　农业农村部社会事业促进司. 做实农民最需要的"里子工程"——首批全国农村公共服务典型案例推介活动综述［J］. 农村工作通讯，2020（3）：52-53.

　　❷　李克强. 政府工作报告——2021年3月5日在第十三届全国人民代表大会第四次会议上［J］. 智慧中国，2021（Z1）：12-22.

　　❸　中华人民共和国中央人民政府. 文化和旅游部　国家发展改革委　财政部关于推动公共文化服务高质量发展的意见［EB/OL］.［2023-02-15］. http://www.gov.cn/zhengce/zhengceku/2021-03/23/content_5595153.htm.

段❶。2021年9月，文化和旅游部等部门联合启动了"基层公共文化服务高质量发展典型案例"遴选工作，2023年2月，51个"基层公共文化服务高质量发展典型案例"正式公布。❷本章将以这些典型案例作为样本，深入调查和剖析近年来农村地区公共文化服务的实践进展和创新成果，以期为乡村公共文化服务高质量发展的主要态势和实现路径提供基本依据。

5.1 乡村公共文化服务示范项目建设案例

5.1.1 公共文化服务示范项目建设概况

为推动各地各区域化解现代公共文化服务体系建设中的痛点和难点，深化服务改革，创新工作机制，更好地满足人民的精神文化需求，2011年1月，文化部联合财政部正式下发《关于开展国家公共文化服务体系示范区（项目）创建工作的通知》。经过12年的大力建设，我国先后共创建了四个批次的"国家公共文化服务体系示范区（项目）"，涵盖120个示范区、203个示范项目，如表5-1所示。

表5-1　国家公共文化服务体系示范区（项目）创建情况表

批次	公示时间	公布时间	示范区名单（个）	示范项目名单（个）
第一批	2011年04月	2013年10月	31	45
第二批	2013年10月	2016年10月	32	57
第三批	2015年06月	2019年02月	30	54
第四批	2018年03月	2021年07月	27	47

一般而言，示范区的申报条件相对比较高，要求所在区域的公共文化服务基础设施比较完善、文化底蕴比较深厚。在创建过程中，各示范区创新工作机制，构建党委政府牵头、各部门广泛参与的公共文化服务体系建设格局，

---

❶ 柯平，潘雨亭，张海梅. 机遇与挑战：第七次公共图书馆评估的环境与意义 [J]. 图书馆杂志，2023，42（3）：9-15.

❷ 中华人民共和国文化与旅游部. 中央宣传部办公厅　文化和旅游部办公厅　国家发展改革委办公厅关于公布基层公共文化服务高质量发展典型案例的通知 [EB/OL]. [2023-03-03]. https://zwgk. mct. gov. cn/zfxxgkml/ggfw/202302/t20230210_939030. html.

并把公共文化服务纳入各级党委政府绩效评估之中❶，进一步明确和加强了公共文化服务的政府责任。各示范区利用创建之契机，针对现代公共文化服务体系的科学构建，大力发展区域公共文化事业，在多个方面进行了卓有成效的探索，取得了非常宝贵且丰富的建设经验，形成了一批效果明显、应用价值大、操作性强的实践成果，为其他区域的公共文化服务建设树立了榜样，为推进公共文化服务体系化建设、公共文化服务效能提高提供了宝贵支撑。

示范项目创建相对示范区创建要求要低，关键是要具有区别于其他地区的、有较大社会影响的、当地独特文化或社会特色活动。因此对于经济比较落后的乡村来说，更直接的主要是示范项目的创建。从四个批次的 203 个示范项目中筛选出名称中有"乡""农""村"或"镇"等最贴近乡村的示范项目共有 44 个，占示范项目总数的 21.7%。当然有些示范项目名称中虽然没有"乡""农""村"或"镇"等这些字词，但也可能是乡村类的项目，所以实际比例要略高。44 个示范项目中第一批有 12 个，第二批 14 个，第三批 11 个，第四批 7 个，如表 5-2 所示。

表 5-2　乡村类国家公共文化服务体系示范项目列表

批次	省份	示范项目名称
第一批（12）	河北省	邯郸市"千村万户"文化家园工程
	吉林省	松原市积极探索"种"文化模式　推动农民自办文化健康发展
	浙江省	嘉兴市城乡一体化公共图书馆服务体系建设
	浙江省	温州市苍南农村文化中心建设创新模式
	福建省	福州市等村级文化协管员队伍建设
	江西省	宜春市"一乡一色""一村一品"特色文化建设
	山东省	威海市农村文化大院规范化建设与服务
	广东省	中山市农村文化室全覆盖工程
	广西壮族自治区	河池市罗城仫佬族自治县乡镇文化站规范管理
	四川省	攀枝花市大地书香新农村家园工程
	四川省	泸州市泸县农民演艺网
	云南省	楚雄彝族自治州：农民素质教育网络培训学校建设

❶　杜梦红. 公共文化服务体系示范区建设中的政府职能研究 [D]. 长春：长春工业大学，2017.

续表

批次	省份	示范项目名称
第二批（14）	北京市	延庆区村级群众文化组织员建设工程
	河北省	张家口市张北县城乡文艺演出服务体系项目
	吉林省	白城市"歌舞鹤乡　放飞梦想"群众文化系列活动
	上海市	松江区万部图书、千场电影、百场文艺下农村、进社区、到工地、入军营
	浙江省	杭州市余杭区乡镇综合文化站服务效能提升工程
	安徽省	宣城市村级文化广场建设
	江西省	吉安市农村文化"星火"工程
	河南省	信阳市"关爱留守儿童：信阳市平桥区农村公共图书馆一体化建设"
	湖南省	株洲市"乡村大舞台"文化服务点项目
	海南省	琼中黎族苗族自治县乡村大舞台项目
	广西壮族自治区	桂林市临桂五通农民画引领文化致富模式
	四川省	达州市全国新农村文化艺术展演平台建设项目
	贵州省	黔南布依族苗族自治州"幸福进万家——文化精品乡村行"
	云南省	红河哈尼族彝族自治州"开远自然村四位一体阵地建设工程"
第三批（11）	辽宁省	辽阳市灯塔市燕州乡村大舞台
	浙江省	丽水市乡村春晚
	湖北省	荆门市京山市建设农村文化广场　拓展群众公共活动空间
	广东省	梅州市建设"三多三促"模式农村文化俱乐部
	四川省	宜宾市珙县农民文化理事会机制建设
	贵州省	黔东南苗族侗族自治州"千村百节"活跃民族地区群众文化生活
	贵州省	铜仁市农村文化"种子工程"
	西藏自治区	那曲市班戈县"乡音乡情"牧区流动文化服务机制
	甘肃省	陇南市康县"乡村舞台"建设
	宁夏回族自治区	固原市公共文化服务进移民新村
	新疆维吾尔自治区	哈密市村级公共文化服务"九位一体"建设项目

续表

批次	省份	示范项目名称
第四批 （7）	河北省	邯郸市文化队伍城乡联动建设项目
	山西省	吕梁市贫困村综合文化服务中心建设项目
	上海市	金山区城市化背景下的乡村文脉传承项目
	江西省	吉安市安福县"激情泸潇·最美樟乡"广场文化活动项目
	西藏自治区	林芝市边境县、乡（镇）、村公共文化建设项目
	西藏自治区	那曲地区嘉黎县乡（镇）文艺队标准化建设项目
	甘肃省	武威市农村（社区）"一站式"阅览服务项目

各地利用国家公共文化服务体系示范项目创建之机，积极努力探索乡村公共文化服务涉及的方方面面，包括乡村文化阵地建设、乡村文化阵地管理、乡村文化人才培养、乡村特色文化打造等，努力解决现代公共文化服务体系构建中的基本问题。

5.1.2 乡村文化阵地建设典型案例

在乡村示范项目的创建中，各地都非常重视乡村基础设施的建设，因为没有文化设施，就不可能有文化阵地，若缺乏有效载体文化的服务效能就不可能提升。如安徽宣城市的"村级文化广场建设"示范项目就大力修建村级文化广场、村文化活动室和乡镇综合文化站；加大公共文化场所免费开放力度；举办民俗文化展示活动，建设非遗生产基地；新建和修缮文物保护点，建设文物保护国家样板工程等。邯郸市涉县利用"邯郸市文化队伍城乡联动建设项目"创建契机，自2018年以来，共建立各类文化辅导基地200多个，其中文化站类基地18个，农村文化基地117个，企业文化基地5个，学校非遗传习基地40个，艺术培训中心基地16个，机关文化基地6个，极大地促进了城乡公共文化服务的均等化。❶湖南省衡阳市依托国家首批"公共文化服务进社区活动"示范项目，2020年底，电视人口覆盖率99.89%，广播电台8个，综合人口覆盖率99.91%；全市2752个行政村（社区），全部建有合格文化服务中心；153个行政村新建了农民体育健身工程。❷广东省积极推进农村

---

❶ 邯郸市人民政府. 第四批国家公共文化服务体系示范项目公布　邯郸市榜上有名［EB/OL］.［2023-03-14］. https://www.hd.gov.cn/hdyw/bmdt/bm/lfw/202108/t20210823_1478666.html.

❷ 衡阳市人民政府. 教育卫生事业蓬勃发展　文化体育事业持续繁荣［EB/OL］.［2023-03-03］. http://www.hengyang.gov.cn/xxgk/bmxxgkml/szfjg/stjsj/tjfx/20210727/i2441748.html.

文化室全覆盖建设，截至 2015 年底，全省已建有村（社区）文化室 27383 个，覆盖率达到 99.99%。2016 年，积极推进基层综合性文化服务中心示范点建设，公布了《广东省行政村（社区）综合性文化服务中心建设标准》，2017 年启动包括 2277 个省定贫困村在内的村级综合性文化服务中心全覆盖建设工程，2016 年以来，在粤东西北地区建设了 2143 个村级综合性文化服务中心示范点；截至 2018 年，全省共建成村级综合性文化服务中心 16323 个，覆盖率为 63.22%。❶ 海南省琼中黎族苗族自治县乡村大舞台项目入选第二批示范项目，2012 年以来，琼中投入 5000 万元开展乡村大舞台项目建设，"十二五"期间，全县建成 116 座乡村大舞台、108 间村级组织文化室、30 间村小组（文化示范村）文化室、10 间乡镇文化站、108 个农家书屋。❷ 村级综合性文化服务中心等基层文化设施的不断完善，既丰富了乡村公共文化服务的供给，也方便了乡村公共文化活动的开展。这些有效举措大大促进了基层文化的建设和传统文化的传承，为其他乡村的公共文化服务实践积累了经验、树立了榜样。

各地利用示范区（项目）创建契机，大力加强基层网络设施建设，实施相关文化惠民项目，人民群众享受到了文化惠民成果，其精神文化需求得到了一定的满足❸。如安徽省从 2002 年开始建设和升级公共文化服务网络，全面推进全省公共文化服务体系建设，新建和升级了一大批图书馆、文化站和文化服务中心等城乡公共文化设施❹，到 2016 年 8 月基本建成省、市（区）、县、乡、村五级公共文化服务网络。❺ 河南焦作市"百姓文化超市项目"将市级网络、移动平台向上对接"国家公共文化云""河南省文化豫约"，向下延伸至县区级分平台和乡村级服务点，构建了国家—省—市—县—乡—村六级互为开放、互为沟通的文化惠民大网，实现了资源大整合、大服务。安徽

❶ 广东省文化和旅游厅. 关于政协第十二届广东省委员会第一次会议第 20180295 号提案答复的函 [EB/OL]. [2023-03-14]. http://whly.gd.gov.cn/open_newzxta/content/post_2797189.html.

❷ 琼中黎族苗族自治县人民政府. 乡村大舞台成国家公共文化服务项目 [EB/OL]. [2023-03-14]. http://qiongzhong.hainan.gov.cn/ywdt_51715/jrqz/201603/t20160301_1435151.html.

❸ 朱立. 城市书房可持续发展驱动力探析: 以温州与扬州城市书房为例 [C] //中国图书馆学会. 中国图书馆学会年会论文集（2017 年卷）. 中国图书馆学会年会论文集（2017 年卷），2018：547-555.

❹ 严贝妮，刘婉. 安徽省内国家公共文化服务体系示范区（项目）建设: 成效、经验、优化路径研究 [J]. 图书馆研究，2022，52（4）：23-31.

❺ 汪敏，张银侠. 创新发展公共文化服务体系探析: 以安徽省为例 [J]. 信阳农林学院学报，2017，27（3）：17-19.

省铜陵市入选首批示范项目城市，入选第三批示范区城市，公共文化服务示范区创建当年，公共图书馆总藏量为 749.515 千册，次年达 1089.94 千册；创建当年文化馆职工数为 110 人，次年为 220 人，整整翻了一倍。❶ 广东省中山市非常重视乡村基层的文化设施建设，截至 2020 年底，全市所有镇街文化站都达到了省特级文化站建设标准，镇街图书馆全都进行了升级改造，建成各类自助图书馆 93 家，综合性文化服务中心实现 270 个行政村（社区）全覆盖。❷ 各地区在示范项目创建过程中采用项目制机制，加强公共文化基础设施建设和文化资源建设，提高乡村公共文化服务满意度，继承和发扬本土传统文化，打造当地特色文化品牌，提升地区文化影响力❸，真正实现文化惠民、文化利民，更好地服务基层群众，不断完善区域公共文化服务体系。

5.1.3 乡村文化阵地管理典型案例

为了破解当前基层文化单位特别是乡镇（街道）文化站普遍存在的"管理体制不顺，缺乏活力；地位低下，队伍不稳定；功能弱化，作用发挥不好"等问题，广西"河池市罗城仫佬族自治县乡镇文化站规范管理"被列入首批创建国家公共文化服务体系示范项目后，积极探索文化站管理经验。首先，创造性地实施"县文体局—乡镇文化站"的"总站—分站"管理模式❹。总站负责招聘文化管理员，统一培训、调配给分站，总站对分站工作进行考核。创建后，罗城 11 个乡镇均建有 400 平方米以上综合文化站，书报阅览、电子阅览、文化娱乐、培训讲座、体育健身等功能齐全。每个文化站都"有阵地、有队伍、有经费、有书报、有设备、有制度、有活动、有培训、有档案、有特色"❺。其次，创造性地建立村级文化协管员制度。141 个村（社区）都由一名热爱文化、热衷公益的群众担任文化协管员，文化协管员再带动建立文化志愿者队伍，壮大了基层文化服务队伍。此外，为解决经费紧缺、文化活动开展少的问题，罗城把文化站工作经费列入县级财政预算，公共文化建设专项资金不再经过乡镇，由总站统一管理，分站直接向总站申请报账，做到

---

❶ 严贝妮，刘婉. 安徽省内国家公共文化服务体系示范区（项目）建设：成效、经验、优化路径研究 [J]. 图书馆研究，2022，52（4）：23-31.

❷ 广东省人民政府. 中山：借"云"下基层 文化更惠民 [EB/OL]. [2023-03-03]. http://www.gd.gov.cn/zwgk/zdlyxxgkzl/gyxhd/content/post_3670549.html.

❸ 严贝妮，刘婉. 安徽省内国家公共文化服务体系示范区（项目）建设：成效、经验、优化路径研究 [J]. 图书馆研究，2022，52（4）：23-31.

❹ 陈雪梅. 镇街综合文化站公共文化服务的绩效评估指标体系研究 [D]. 杭州：浙江大学，2015.

❺ 陈雪梅. 镇街综合文化站公共文化服务的绩效评估指标体系研究 [D]. 杭州：浙江大学，2015.

专款专用，避免了乡镇财政挤占文化经费现象的发生。经过两年的创建，全县农村业余文艺队从40支发展到82支，业余体育队增加了50多支；年举办文体活动600多场次，6万多人次参与，观众30多万人次。❶

四川省宜宾市珙县率先建立农民文化理事会制度，来破解乡镇（街道）文化站的管理缺人才、服务不经常、设施少利用、群众主体地位不突出等问题。"宜宾市珙县农民文化理事会机制建设"入选第三批示范项目，2015—2018年，宜宾市政府着力从人员编制、业务、资金等方面积极支持珙县开展示范项目工作。在宜宾全市185个乡镇（街道）文化站中，已经建成农民文化理事会182个，县（区）公共"文图"两馆建成文化理事会11个❷。农民文化理事会机制突出群众参与文化决策、管理、活动和监督过程，可充分调动农村基层群众的主动性和积极性，激活农村公共文化发展的活力；通过吸引社会力量广泛参与公共文化服务，促进基层文化多元共治体系不断完善，推进农村公共文化阵地建设管理、文化活动开展、乡土文化人才培养，真正实现文化成果共建共享。在农民文化理事会的组织下，宜宾市开展了丰富多彩的群众性文化活动，全市基层每年举办各类大型群众性文化活动均在2500场以上，反响良好。❸ 这些举措有效解决了乡村公共文化服务"没人、没地方、没钱"的问题，充分发挥了文化阵地和人才的功能和作用，提升了乡村公共文化服务能力，繁荣了乡村文化，丰富和满足了人民群众的基本文化需求。

江苏张家港市是首批全国文化先进县（市），也是首批国家公共文化服务示范区。2011年底，张家港市坚持服务农民、服务基层"双服务"理念，率先在全国提出"网格化公共文化服务"模式并推进实施。该市基于现有市、镇（区）、村（社区）三级公共文化服务体系，把最底层的村（社区）按照一定的标准再分割成更细化的网格，平均每个网格1000人左右，每个网格配备1名网格文化员❹。2012年1月7日，该市首批通过培训的500余名网格文化员正式上岗。网格文化员承担向网格内群众传递文化信息、引导其参加文

❶ 广西新闻网. 罗城乡镇文化站规范管理成全国示范 [EB/OL]. [2023-03-10]. http://sub. gxnews. com. cn/staticpages/20131211/newgx52a79627-9188196. shtml.

❷ 王雪娟，付远书. 现代公共文化服务的"四川经验" [N]. 中国文化报，2018-08-16 (008).

❸ 宜宾市人民政府. 探索"宜宾经验"助推全市农民文化理事会机制建设 [EB/OL]. [2023-03-10]. http://web. yibin. gov. cn/zfxxgk/zdxxgk/xczx/201808/t20180803_56807. html.

❹ 杜洁芳. 原来围着锅台转 现在围着文化干 [N]. 中国文化报，2016-03-04 (007).

化活动以及收集其文化需求并反馈给相关部门的责任。网格是政府公共文化服务的基本单元，目前，张家港已完成了 895 个网格的划分。❶ 该模式打破了文化服务在行政意义上的城乡二元格局，将城乡所有群众全部纳入公共文化服务网络体系，使城乡群众更平等、更充分地享有文化的选择权、参与权、创造权和监督权，从而进一步保障了广大基层群众的文化权益，特别是农民群众的文化权益。国家公共文化服务体系建设专家委员会副秘书长戴珩认为，"这一创新举措，可以激发广大群众参与文化建设的热情，有效提高公共文化设施、资源的利用，推进城乡公共文化服务的均等化"。❷ "网格化公共文化服务"模式，真正实现了"由送文化向种文化的转变，由单向供给向双向互动的转变，由一般服务向精细服务的转变"❸，使公共文化服务更个性化和多元化，让基层群众不只是文化的享受者，更是文化的建设者。

5.1.4 乡村文化人才培养典型案例

为解决多层级公共文化服务体系中最基层的村级文化人才问题，北京延庆区创新性地制订村级文化组织员制度，为每个行政村配备 1 名群众文化组织员。文化组织员全都是土生土长的本地农民，非常接地气。他们负责文体设施的维护、数字电影的放映、益民书屋的管理等多种专业职能工作，搭建起村级文化建设人才的支点，连接起公共文化服务体系的最后一公里。❹ 为提高"文化组织员"的专业化水平，延庆区政府组织他们参加为期三年的中等专业学历教育，主要学习文化基础知识、现代文化艺术、传统文化艺术、乡土特色艺术、专业拓展等五个模块的内容。为保证群众文化组织员队伍持续稳定，区财政按照 700 元/月/人的标准对 376 个行政村的群众文化组织员给予补贴。❺

福建省福州市的村级文化协管员队伍建设也入选第一批国家公共文化服务示范项目。福建省早在 2006 年就为辖区内的 14630 个行政村聘用了 15000

❶ 中国新闻网. 张家港开创"网格化"公共文化服务新模式 [EB/OL]. [2023-03-03]. https://www.chinanews.com/df/2012/01-07/3588015.shtml? utm _ source = bshare& utm _ campaign = bshare& utm_medium=sinaminiblog.

❷ 中国新闻网. 张家港开创"网格化"公共文化服务新模式 [EB/OL]. [2023-03-03]. https://www.chinanews.com/df/2012/01-07/3588015.shtml? utm _ source = bshare& utm _ campaign = bshare& utm_medium=sinaminiblog.

❸ 李佳霖. 江苏张家港首推"网格化公共文化服务" [N]. 经济日报, 2012-01-10 (010).

❹ 龙旺. 农村公共文化服务的人才保障建设研究 [D]. 湘潭: 湘潭大学, 2018.

❺ 张亮, 翟健. 文化组织员: 农村文化新"管家" [J]. 时事报告, 2015 (11): 46-47.

多人组成的村级文化协管员队伍❶。村级文化协管员是从当地的农民群众中选聘产生，由省、市、县三级负责轮训。通过多媒体教学、实物鉴别、案例分析、图片展示、座谈、到示范村实地参观学习、问卷调查、测试等多种方式培训❷，让村级文化协管员学习和了解农村文化建设的现状、农村非物质文化遗产的保护、农村文化市场的监管、农村群众文化活动的组织和开展、农村文化信息共享工程建设等内容，提升他们的文化服务水平。2009 年实施村级文化协管员第一轮轮训工作，共举办县级以上培训班 618 期，培训 42064 人次。❸ 2010 年实施第二轮轮训工作，共举办 10 期培训班，参加人员 1100 多人。❹ 福建村级文化协管员制度改善了广大农民的文化生活，助推了社会主义新农村文化建设和基层公共文化服务体系建设，其显著成效受到了广大农民和各方面的肯定和赞誉。❺ 类似的还有罗城仫佬族自治县村级文化协管员制度，这些项目有效探索了村级文化服务专业人员短缺的解决方式，为基层文化队伍建设提供了宝贵经验。

一些示范区（项目）在创建过程中努力转变政府职能、充分整合各类资源、大胆创新工作机制，积极探索公共文化的社会化参与方式，激发广大群众创造活力，引导群众自我表现、自我教育、自我服务❻，使群众深刻体会到自己既是服务的需求者也是服务的供给者。张家港市通过举办主持人选拔大赛、文艺招贤赛等方式，选拔出优秀文艺人才❼，以补充全市特别是乡镇文化人才队伍力量；每年开办戏剧、舞蹈、主持人、摄影等公益性培训辅导班，培养社会文化人才队伍；逐步完善评价激励机制，通过开展示范文化网格、优秀网格文化员、星级群众文艺团队等评比活动❽，进一步激发群众热情，广大群众由文化的旁观者变成了文化的参与者、创造者，由文化服务的接受者变成了文化服务的提供者；在全国首创实施民间阅读推广人队伍资格认证和建设管理制度，率先开展文化志愿者资格认证，成立文化志愿者孵化基地，

❶ 陈丰. 论福建省村级文化协管员的社会地位和作用 [J]. 群文天地，2012 (4)：48-51.

❷ 陈丰. 论福建省村级文化协管员的社会地位和作用 [J]. 群文天地，2012 (4)：48-51.

❸ 陈丰. 论福建省村级文化协管员的社会地位和作用 [J]. 群文天地，2012 (4)：48-51.

❹ 文明风. 为农村基层栽种文化常青树：我省设立村级文化协管员的主要做法 [EB/OL]. [2023-03-04]. http://wmf.fjsen.com/2011-07/19/content_5235938_5.htm.

❺ 陈丰. 论福建省村级文化协管员的社会地位和作用 [J]. 群文天地，2012 (04)：48-51.

❻ 人民政协网. 激发人民创造活力提升文化获得感 [EB/OL]. [2023-03-03]. http://www.rmzxb.com.cn/c/2017-05-12/1534007.shtml.

❼ 陈世海. 城乡文化普惠均等的张家港实践 [J]. 群众，2016 (8)：57-58.

❽ 陈世海. 城乡文化普惠均等的张家港实践 [J]. 群众，2016 (8)：57-58.

出台文化志愿服务工作意见、保障激励办法、文化志愿者管理办法等，定期召开文化志愿服务团座谈会，进行工作交流、活动策划、措施研讨，强化服务意识和品牌意识，进一步推动文化志愿服务工作的社会化、品牌化、长效化发展。❶

5.1.5 乡村特色文化打造典型案例

江西宜春市把创业文化、道德文化、法治文化建设融入新农村建设试点中，大力实施"一村一品"文化建设。2008 年以来，该市共注入资金上千万元，用于农村文化阵地建设，建立"一村一品"基地 532 个。❷ 2011 年，宜春市上高县"一乡一色""一村一品"特色文化建设项目入选第一批国家公共文化服务体系示范项目。通过两年的创建，上高县打造了一条"百里文化走廊"，全面完成 16 个特色文化示范乡建设，完成率 100%，建成一批"一村一品"特色文化示范村，初步实现了"乡乡有特色，村村有品牌"的创建目标，并在全市、全省产生积极的示范效应。❸

广西桂林市临桂县五通镇农民提起锄头可以挖地，拿起画笔可以作画，他们白天在田间地头干农活，晚上则在桌上写字作画。因五通农民画基本上是通过父传子、师传徒或朋友互传来传承和发展，大部分农民画从业人员都没有经过专业或专门的绘画训练，绘画技能整体不高。❹ 为提升农民画的质量和品位，五通镇政府通过五通农民书画艺人协会，定期邀请社会各界书画高手前来开展技术培训，邀请高校专业老师来给五通镇农民书画艺人上课。❺ 这些举措使五通农民画更具有技术含量、地区优势和市场竞争力，使五通农民画的品牌变得更加响亮，激发了农民参与文化活动和创造文化产品的激情和热情，既传承了当地优秀传统文化，也发展了当地文化产业，为五通镇的农民开创了一条致富路。

---

❶ 陈世海. 城乡文化普惠均等的张家港实践 [J]. 群众，2016（8）：57-58.

❷ 中华人民共和国中央人民政府. 江西宜春：实施"一村一品"文化建设 [EB/OL].[2023-03-04]. http://www.gov.cn/jrzg/2008-06/19/content_1021306.htm.

❸ 江西省人民政府. 上高县"一乡一色""一村一品"国家公共文化服务体系示范项目顺利通过文化部评审验收 [EB/OL]. [2023-03-04]. http://www.jiangxi.gov.cn/art/2013/6/14/art_399_185595.html.

❹ 黄红韩. 当代农民画文创与数字化传播的可行性：以临桂五通农民画为例 [J]. 大观，2022（7）：107-109.

❺ 中国文艺网. 广西桂林：五通农民画出致富路 [EB/OL]. [2023-03-14]. http://www.cflac.org.cn/ys/mjqy/mjqyzx/201307/t20130711_203584.html.

各地区在示范项目创建过程中通过开展各种项目活动，继承和发扬自身优秀传统文化，积极创建文化特色品牌，扩大其文化传播力和影响力。湖南常德市鼎城区周家店镇、尧天坪镇、草坪镇被文化部分别命名吹打乐之乡、龙狮之乡和民间歌舞之乡，形成"草坪歌舞""尧天坪龙狮""周家店吹打乐""海燕歌舞"等文化品牌。❶ 中山市打造了"中山合唱季""书香中山"等 90 多个基层特色公共文化品牌，建成多个国家级和省级"民间文化艺术之乡"。❷ 四川省泸州市"泸县农民演艺网"在 2011 年获得示范项目创建资格，通过两年努力，2013 年泸县已形成了"县有农民演艺中心，镇有农民演艺服务站，村有农民演艺服务点"的演艺网络全覆盖格局，演艺队伍壮大到 97 支，从业人员由 1000 余人增至 3000 余人，总投入 1.2 亿元，年演出 1.6 万场次，受众 2000 余万人次，打造出了"醉美泸州·百姓舞台""激情广场大家乐""农民演艺大舞台"等文化品牌，演出遍及云、贵、川、渝等地，实现了"农民演艺网，惠及千万家"的创建目标。❸

5.2 乡村基层公共文化服务高质量发展典型案例

5.2.1 基层公共文化服务高质量发展典型案例概况

受新发展理念指引，城乡公共文化服务体系建设取得了长足进展，但建设过程中仍有诸多问题亟待解决，在此背景下，2021 年 9 月，中宣部、国家发改委、文旅部联合启动了"基层公共文化服务高质量发展典型案例"遴选工作。各地文旅部门、党委宣传部门、发展改革部门等通过广泛发动、大力宣传、积极申报，根据"重在基层、分类推进"的原则，共推荐了 196 个案例❶。经专家评审等流程，共遴选出 51 个"基层公共文化服务高质量发展典

❶ 常德市文化旅游广电体育局. 鼎城区积极开展惠民演出示范创建成效明显 [EB/OL].[2023-03-03]. https://cdswlgtj. changde. gov. cn/zhdt/zxdt/content_101163.

❷ 中山市人民政府. 中山市人民政府办公室关于印发中山市国家公共文化服务体系示范区创新发展规划（2022—2025 年）的通知 [2023-03-03]. http://www.zs. gov. cn/zwgk/gzdt/tzgg/content/post_2211418. html.

❸ 泸州市文化广播电视和旅游局. 我市"泸县农民演艺网"成功创建全国公共文化服务体系建设示范项目 [EB/OL]. [2023-03-12]. http://wtgj. luzhou. gov. cn/fdzdgknr202006191533/71dept20/subject01271dept20/subject19471dept20/content_104344.

❶ 王彬. 基层公共文化服务高质量发展典型案例公布 [N]. 中国文化报，2023-02-13（001）.

型案例"，并于 2023 年 2 月正式公布。❶ 这些案例充分展示了公共文化服务高质量发展的生动实践和创新成果，涉及领域相当广泛，既有公共文化服务的制度建设、空间打造方面的创新案例，也有全民艺术普及、全民阅读方面的实践成果，还有乡村文化建设、数字化与社会化方向等方面的积极探索，为各地因地制宜探索新时代公共文化服务高质量发展路径提供了经验借鉴。❷

基层是最底层的意思，也就是各个组织中最靠下的一层。经调查，51 个"基层公共文化服务高质量发展典型案例"中城市基层的案例为数并不少。当然城市基层案例虽是立足城市特征的公共文化服务实践，里面也有值得乡村基层借鉴之处，但这里我们重点调研乡村基层公共文化服务高质量发展案例实践成效。从 51 个典型案例中筛选得到 23 个乡村基层高质量发展典型案例，乡村案例数接近总案例数的一半，其中浙江、山东、湖南、广东、陕西五省均有两个案例入选，说明一些省份一些乡村的公共文化服务通过大胆创新，取得了不错的成绩，达到了全国领先水平。

各乡村类案例都是基于当地政治、经济和文化实际，不断深化改革、锐意创新，深入挖掘地方特色，打造特色文化品牌，不断丰富和满足当地居民文化生活需要的具体生动实践。这些个案在实践过程中积累了许多宝贵经验，为其他具有相似特征的农村地区公共文化服务发展树立了典范。相关部门要高度重视，按照党的二十大强调的"健全现代公共文化服务体系"的要求，不但要加强对典型案例的经验总结、服务提升和宣传推广，还要结合当地实际，围绕制度保障、品质提升、管理创新等重要环节，创新服务运行机制，培育更多乡村基层实践案例，引领其他地区的公共文化服务实践，保障乡村公共文化服务实现高质量发展，让农村居民的精神文化生活更加充实、丰富。❸

经过调查分析，可以把 23 个乡村公共文化服务高质量发展典型案例分成乡村文化服务机制创新、全民阅读服务、全民艺术普及、乡村文化助力乡村振兴、优秀文化传承、文化空间打造等六类主题，各主题对应的案例数如图

---

❶ 中华人民共和国文化和旅游部. 中央宣传部办公厅 文化和旅游部办公厅 国家发展改革委办公厅关于公布基层公共文化服务高质量发展典型案例的通知［EB/OL］.［2023-03-03］. https：//zwgk. mct. gov. cn/zfxxgkml/ggfw/202302/t20230210_939030. html.

❷ 王彬. 基层公共文化服务高质量发展典型案例公布［N］. 中国文化报，2023-02-13（001）.

❸ 中华人民共和国文化和旅游部. 中央宣传部办公厅 文化和旅游部办公厅 国家发展改革委办公厅关于公布基层公共文化服务高质量发展典型案例的通知［EB/OL］.［2023-03-03］. https：//zwgk. mct. gov. cn/zfxxgkml/ggfw/202302/t20230210_939030. html.

5-1 所示。

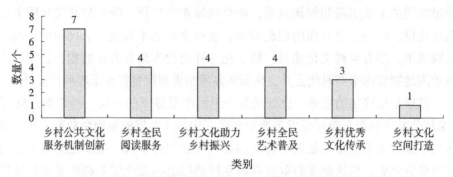

图 5-1　乡村类基层公共文化服务高质量发展典型案例分布图

5.2.2　乡村文化服务机制创新典型案例

文化和旅游部印发的《"十四五"公共文化服务体系建设规划》● 指出，要以深化供给侧结构性改革为主线，探索体制机制改革路径，打破体制界限，整合社会资源，提高配置效率，形成开放多元的公共文化服务供给体系。为落实该规划，各地进行了积极努力探索，涌现出一批典型实践创新案例，如表 5-3 所示。

表 5-3　乡村文化服务机制创新典型案例

类别	案例名称	典型机制创新
乡村公共文化服务机制（7个）	"三百联盟"体系：助力基层公共文化服务高质量发展	搭建了"三百联盟"运作新体系，探索了基层文化阵地建设、管理、利用和培育新模式
	"文化公益创投"：探索多元共治的乡村公共文化服务供给侧改革路径	在公共文化服务领域引入"公益创投"机制，开辟一条乡村公共文化服务社会化的新路径
	"派出制"＋"驻站制"，探索总分馆人员建设新路径	采取"以钱养事"驻站制、"市聘乡用"派出制的方式，从体制改革、机制创新、制度设计三个维度，创造了"双制十员一册三标准"的人才保障模式

　　● 中华人民共和国中央人民政府. 文化和旅游部关于印发《"十四五"公共文化服务体系建设规划》的通知 [EB/OL]. [2023-03-03]. http://www.gov.cn/zhengce/zhengceku/2021-06/23/content_5620456.htm.

类别	案例名称	典型机制创新
乡村公共文化服务机制（7个）	"云上·五悦"全域智慧数字文化服务网创新实践	建立公共文化数字化服务平台，利用数字技术传承保护地方特色文化和拓宽公共文化传播渠道
	建设"门前十小"　弘扬文明乡风　打造幸福屋场	建设小书屋、小讲堂、小型数字文化服务设备等"门前十小"，打造"幸福屋场"，把服务送到村民"门口"，把文化种到村民"门前"
	传家训　融资源善治理　优服务——汉阴"四链一体"公共文化新探索	梯次构建传家训、融资源、善治理、优服务"四链一体"的公共文化服务发展新模式
	"盘州春韵"品牌文化活动：推动公共文化服务实现全民共建共享	以"盘州春韵"为品牌，举办非遗活动、各类文化专场等系列活动，营造欢乐、祥和、喜庆、团结、向上的文化气氛，展示健康积极向上的精神风貌

由图 5-1 可知，在乡村公共文化服务高质量发展典型案例中，创新探索公共文化服务机制的案例最多，有 7 个，各案例的创新点如表 5-3 所示。近年来，浙江龙游县高度重视公共文化服务建设，以"文化龙游"建设为引领，着力优化顶层设计，探索出一条"花钱少、方法巧、效能高、服务广"的工作路径，构建了基层文化阵地建、管、用、育新模式。即以社会化为支撑，搭建"百个站堂共建联盟"，让农村文化礼堂"活"起来，实现基层公共文化服务大提升；以精品化为准则，龙游构建"百村（社）赛事联盟"，让基层文化活动"闹"起来，实现基层公共文化品质大提升；以多样化为核心，组建"百师千场培训联盟"，让基层文化队伍"亮"起来，实现基层公共文化供给大提升；以数字化为抓手，搭建智慧化管理平台，让基层文化服务"便"起来，实现数字文化赋能大提升。另外，龙游县积极探索农村公共文化服务社会化管理模式，创新实行"文化村主任"制。"文化村主任"负责实施"三百联盟"日常服务，协助开展"百村（社）赛事"活动，对接"百师千场"和"体育送下乡"公益培训等工作。

山东威海市环翠区创新性地在公共文化服务领域引入"公益创投"机制，

开辟了一条乡村公共文化服务社会化的新路径❶，为乡村文化振兴的社会化提供了引领样板。公共文化服务公益创投，是指在公共文化服务领域引入"风险投资"理念，采取"政府扶持+社会主导+第三方支撑"方式，引导社会力量立足村居历史文化资源禀赋，围绕文化传播、文化保护、传承创新等主题，通过需求和资源调研、品牌化定制、项目化服务、专业化支持、第三方评估等为基层提供专业化、精准化公共文化服务。环翠区公共文化服务公益创投突出"问"的导向，精准回应群众需求；秉持"专"的态度，专业开展公共服务；遵循"严"的标准，优质供给服务内容；坚持"绩"的导向，高效使用财政资金。2019—2021年，环翠区利用财政资金，开展服务项目20余个，包括交通、人员、设备等每场文化活动费用低于400元，服务数量达2万人次，引入20余个社会组织，培育文化志愿团队30余支，培训文艺骨干100余名，助力乡村基层公共文化发展。❷环翠区公共文化服务公益创投的实施，广泛调动了社会力量参与的积极性，有效整合了多方服务资源，创新了乡村公共文化供给方式，激发了乡村文化创造活力，以小资金杠杆作用撬动了大效益，降低了服务供给成本，提升了服务效能，政府、社会组织、乡村居民实现了合作共赢。

目前，乡镇综合文化站等基层阵地人才缺失、服务效能低下等问题严重。为深入贯彻《关于推进县级文化馆图书馆总分馆制建设的指导意见》，赤壁市委、市政府以问题为导向，改革总分馆人才管理体制：公开招聘"以钱养事"公益性岗位，以驻站制的方式分配到各文化站；公开招聘"市聘乡用"工作人员，以"派出制"方式安排到群艺馆分馆工作，创新总分馆工作人员的"双制"方式。以需求为导向，创新"十员"培养机制：通过多种方式途径把总分馆人员培养为场馆阵地的管理员、活动组织的协调员、理论学习的宣讲员、基层文化的辅导员、群众文艺的创作员、公共文化的服务员、文化下乡的工作员、社区村晚的好演员、馆内馆外的治安员、环境卫生的保洁员的复合型"十员"人才，更好地满足新时代群众文化需求。以发展为导向，建立"一册三标准"制度：为适应新时代公共文化"三大服务"的发展，设计制作了《赤壁市群艺馆总分馆公共文化服务手册》和驻站制人员《五个一服

❶ 王伟杰. 社会化：创新社会力量参与公共文化服务建设模式 [N]. 中国文化报, 2023-02-21 (006).

❷ 威海市环翠区人民政府. 公共文化服务公益创投助力乡村文化振兴 [EB/OL]. [2023-03-03]. http://www.huancui.gov.cn/art/2022/6/20/art_81023_2874209.html.

务标准》、派出制人员《八个一服务标准》、《赤壁市群艺馆总分馆公共文化服务人员年度考核标准》等"一册三标准"。❶ 这些标准明确了"双制"人员的服务规范，既有效促进了乡村文化人才的成长，也提高了乡村文化服务的满意度。

近年来，长沙县坚持"数字赋能、公益惠民"的工作导向，积极探索创新利用数字化技术传承保护地方特色文化和拓宽公共文化传播渠道的途径，以此打通公共文化服务"最后一公里"。自 2018 年以来，长沙县先后建成 4 个公共文化数字化服务平台。❷ 其中，"悦生活·星沙文旅云"平台设置了"悦读""悦艺""悦动""悦耀""悦游"五大板块，以"五悦星沙"为主题，有效整合县、镇、村各级公共文化资源，满足用户资讯服务需求。❸ 目前，平台注册用户多达 32.59 万人，约占全县总人口数的 1/4。❹ 考虑到基层优质文艺师资缺乏，为补齐短板解决此问题，长沙县建立了"云视讯"线上公益培训平台，该平台实行总馆与分馆联动同步教学，开展相关文艺培训，目前参与培训的学员达 20 余万人次❺。图书馆、文化馆总分馆管理系统平台建立了"总馆—分馆—基层服务点"三级网络化管理体系，对覆盖全县镇、村两级的 280 个图书馆总分馆网点和 140 个文化馆总分馆网点及其数字资源进行系统管理。智慧文旅产业运行监测管理平台对县域范围内图书馆总分馆、文化馆总分馆、文博场馆等的实时数据进行采集、加工与录入，并形成专题数据库。长沙县立足自身特色整合优化各类文化资源，建设数字文化数据库，群众通过数字公共文化服务平台，即使足不出户也能倾听各种文化讲座、参加各种艺术培训，既提高了群众参与度，也提升了活动影响力。❻

2016 年以来，湖南攸县从"门口小广场"建设起步，全面推进"小广场、小书屋、小讲堂""门前三小"建设，不断丰富群众的文化生活。近年

---

❶ 咸宁市文化和旅游局. 我市"派出制+驻站制"探索总分馆人员建设新路径案例入选国家基层公共文化服务高质量发展典型案例 [EB/OL]. [2023-03-03]. http://wlj. xianning. gov. cn/zwdt/gzdt/202302/t20230213_2960278. shtml.

❷ 张玲. 公共文化服务绘就"最美潇湘" [N]. 中国文化报, 2023-02-17 (002).

❸ 张咪, 张坚煜, 谢昱婷. 我省长沙县、攸县两项目上榜 [N]. 湖南日报, 2023-02-14 (003).

❹ 长沙市文化旅游广电局. 长沙入选! 51 个基层公共文化服务高质量发展典型案例公布 [EB/OL]. [2023-03-03]. http://wlgd. changsha. gov. cn/zwgk/gzdt/wlgdzc/rdxw/202302/t20230214_10992714. html.

❺ 张玲. 公共文化服务绘就"最美潇湘" [N]. 中国文化报, 2023-02-17 (002).

❻ 张玲. 公共文化服务绘就"最美潇湘" [N]. 中国文化报, 2023-02-17 (002).

来，攸县县委、县政府认真贯彻落实《乡村建设行动实施方案》，在"门前三小"基础上增加"小戏台、小法制宣传栏、小体育健身设施、小型数字文化服务设备、乡风文明理事小组、小业余文艺队伍、小文旅志愿服务队伍"等，建成"门前十小"，逐步升级设施和服务，打造"幸福屋场"，把服务送到村民"门口"，把文化种到村民"门前"。❶截至 2022 年底，该县共建成"门前十小"800 个，各地还结合地方特色，将"门前十小"与村史馆、名人馆、农耕馆、非遗馆同步建设，部分"门前十小"建在景区景点、乡村旅游点、旅游民宿内，实现乡村文化与旅游融合发展，并被省文旅厅在全省推广。❷"门前十小"通过市、县、乡、村、组五级公共文化网络，大大增强了群众参与和创造文化的积极性，推动了城乡公共文化一体发展。

陕西汉阴县早在 2014 年就开始挖掘、出版和推广当地具有代表性的家训家规，通过传家训、融资源、善治理、优服务，梯次构建了"四链一体"的公共文化服务发展新模式，全面弘扬乡村文明风尚。❸盘州市坚持公益性、多样性、广泛性原则❹，推动公共文化服务实现全民共建共享，"盘州春韵"就是其重要的公共文化服务品牌文化活动。为丰富人民群众精神文化生活，盘县以"盘州春韵"为品牌，举办"送春联·走基层·暖民心"、非遗图片展、非遗游园趣味活动、社区文化专场、儿童文化专场、流行文化专场、舞龙表演、山歌大赛、地企共建联欢音乐晚会、"秀美盘县·音乐之旅"音乐歌会、舞龙比赛、激情大舞台演出、"欢乐文化在农村"文艺汇演等"盘州春韵"系列活动，营造了欢乐、祥和、喜庆、团结、向上的文化气氛，展示了全县各族人民追求美好生活、健康积极向上的精神风貌。同时，以节日为载体，积极开展各类文艺汇演，营造良好的节日氛围，弘扬主旋律，释放正能量，促进经济社会和谐发展。"盘州春韵"依托县、乡、村三级公共文化服务网络体系，整合全县文化资源，创造文化产品，打造文化品牌，推动公共文化服务体系建设与文化产业有机结合、协调发展，进而推动县域公共文化服务实现全民共建共享。

❶ 张咪，张坚煜，谢昱婷. 我省长沙县、攸县两项目上榜 [N]. 湖南日报，2023-02-14 (003).

❷ 张咪，张坚煜，谢昱婷. 我省长沙县、攸县两项目上榜 [N]. 湖南日报，2023-02-14 (003).

❸ 柏桦. 我省 2 案例入选基层公共文化服务高质量发展典型案例 [N]. 陕西日报，2023-02-20 (011).

❹ 赵相康. "盘州春韵"入选全国基层公共文化服务高质量发展典型案例 [N]. 贵州日报，2023-02-21 (011).

5.2.3 乡村文化助力乡村振兴典型案例

乡村振兴，文化先行。乡村文化建设以满足人民更高层次的需求为着眼点、立足点、出发点，充分发掘和利用乡村文化资源，不断充实公共文化服务内容和创新服务形式，推动公共文化服务提质增效，发挥其在美丽乡村建设、文旅融合发展、乡村振兴以及城乡居民生活共同富裕等方面的积极效用，典型案例如5-4所示。

表5-4　乡村文化助力乡村振兴典型案例

类别	案例名称	典型创新
乡村文化助力乡村振兴（4个）	"公共文化+" 绽放江宁乡村振兴 "五个美"	突出 "公共文化+乡土、乡愁、乡贤、乡风、乡音"，催生了一个 "聚宝盆"、一座 "百花园"、一场 "群英会"、一条 "善治链"、一台 "精品戏" 的 "五个美" 特色成果
	艺术乡村建设：文化赋能乡村振兴的桐庐实践	按照 "一村一策" 思路差异化定位和特色化打造艺术乡村建设，从发掘和利用好乡村文化艺术资源入手，提升当地百姓的村庄认同感，为乡村振兴注入新活力
	乡村文化合作社：因地制宜　聚焦特色　推动文化事业和文化产业融合发展	基于当地文化资源和各村优势产业，形成 "一村一品" 发展格局，建设汝瓷分社等地方特色显著的乡村文化合作社，助推当地文化产业发展
	以非遗工坊建设为抓手　助推乡村振兴	依托当地丰富的非遗资源建设非遗工坊，推进非遗传承发展和文旅深度融合，激发非遗工坊的内生发展活力

南京市江宁区在推进区域高质量发展中，坚持 "四个结合" 原则，探索了公共文化助力乡村振兴的有效路径。一是坚持乡村文化发展与经济社会发展相结合。坚持文化发展与经济转型同步、乡风建设与社会发展并进，创新乡村文化发展提质机制，建立起乡村文化立体化发展的新格局。二是坚持公共文化服务与乡村治理创新相结合。以公共文化为源头活水，统筹推进乡村产业振兴、人才振兴、文化振兴、生态振兴，注重多方参与。三是坚持现代文化发展与历史文脉传承相结合。突出把历史人文底蕴作为乡村文化发展的

特色资源，注重把文化创意作为提升乡风品质的重要途径，通过对乡村传统文化和现代文化资源的利用，整体提升乡村品位、丰富乡村文态。四是坚持乡村文化建设与生态旅游发展相结合。以乡村文化推动乡村旅游代际升级，形成"乡村景观、乡村生活、乡村遗存+旅游"等新业态，以及"乡村文化+体育、民宿、康养、教育"等新模式。[1] 突出"公共文化+乡土、乡愁、乡贤、乡风、乡音"，催生了一个"聚宝盆"、一座"百花园"、一场"群英会"、一条"善治链"、一台"精品戏"的"五个美"特色成果，彰显了公共文化助推乡村高质量发展的蓬勃生机和显著成效。[2]

自 2020 年启动艺术乡村建设以来，桐庐县按照"一村一策"思路进行差异化定位和特色化打造了 11 个艺术试点乡村。各艺术乡村凭借各自的资源、文化、定位拔节生长，散发独特韵味。梅蓉村定位艺术雕塑村，首届山水艺术季举办之时，国庆假期 7 天共接待游客 8.7 万人次，实现乡村旅游收入 1351.5 万元[3]，让群众在家门口享受到了高质量的文化大餐，还获得了实实在在的经济收入。凤川街道翙岗村突出现代潮流艺术，打造时尚文化交流艺术村，在村里建立了主题动漫艺术馆，打造沉浸式游戏场景，举办动漫艺术节和"洗街"非遗文化节。横村镇白云村定位音乐艺术村，新建了钢琴步道、网红音乐桥、音乐盒子等音乐艺术景观。芦茨青龙坞艺术谷则依托高端民宿聚集，常态化开展脱口秀、诵读之夜、国际音乐会等特色活动。桐庐的艺术乡村打造一方面用艺术的手段让乡村变得更加美丽、更富艺术气息，另一方面通过艺术乡村吸引社会资本和专业人才的目光来振兴乡村，既可提升当地百姓对村庄的认同感，也可为乡村振兴发展注入新活力。

河南平顶山宝丰县 2020 年 9 月起开始创建乡村文化合作社。在创建过程中，宝丰县注重整体规划、统筹推进，采用"抓试点，创新做法；抓培训，稳妥推进；抓亮点，各具特色"的思路，实施"试点+推广"路径，全面推动乡村文化合作社建设。[4] 各村依托自身优势产业，分别建设了非遗分社、汝瓷分社、唢呐分社、魔术分社、曲艺分社等地方特色显著的文化合作社，形

   ❶ 江苏省文化和旅游厅　南京市江宁区文化和旅游局. 南京市江宁区："公共文化+"绽放江宁乡村振兴"五个美" [N]. 中国文化报，2023-06-30（A01）.

   ❷ 南京市江宁区人民政府. 我区入选"全国基层公共文化服务高质量发展"典型案例 [EB/OL]. [2023-03-03]. http://www.jiangning.gov.cn/xwzx/gzdt/202302/t20230215_3826871.html.

   ❸ 桐庐新闻网. 桐庐艺术乡村建设入选国家级公共文化服务高质量发展典型案例 [EB/OL]. [2023-03-03]. http://www.tlnews.com.cn/xwpd/tlxw/content/2023/02/20/content_9511675.htm.

   ❹ 田秀忠. 政府主导　社会参与 [N]. 平顶山日报，2023-02-24（008）.

成了"一村一品"发展格局。❶ 目前平顶山市共建有 138 个乡村文化合作社和 86 个特色分社❷。乡村文化合作社承担聚民心、育新人、展形象等光荣使命，在促进旅游业、文化事业和文化产业融合发展，以及培育乡村公共文化自主发展新动能方面发挥着重要作用。❸ 从 2018 年 9 月到现在，清凉寺村汝窑企业和作坊发展到了 97 家，从业人数达 500 多人，年产汝瓷 45 万件（套），产值超亿元。❹ 如今乡村文化合作社建设成了平顶山市乡村振兴的"固本之策"，有温度、接地气、显特色的"文化大叔"志愿服务团队已成为平顶山市乡村文化的新名片❺，他们让乡村文化活了起来，让乡村民众富了起来。

海南省五指山市是少数民族聚居地，拥有独特的民族村寨和浓郁的民俗文化。近年来，五指山市依托丰富的非遗资源，大力建设非遗工坊，助推非遗传承发展和文化旅游深度融合。❻ 截至目前，五指山市共建立了 7 家各具特色的非遗工坊，各工坊从雨林生态、民族文化、乡村振兴等方面来推进非遗工坊与旅游融合发展，如通过选派非遗工坊入驻省民族博物馆、景区景点及酒店，设立非遗工坊分点等，来展销非遗文创产品，将非遗工坊与美丽乡村游紧密结合起来。❼ 非遗工坊创作的非遗文创产品在设计上大胆创新，巧妙地融合现代元素，非遗时装、背包、晴雨伞等时尚单品及生活用品等，深受省内外游客喜爱，为群众增收。为加强非遗工坊队伍建设，通过完善人才培养和引进机制、举办文创培训班、组织创新创业大赛等方式，促进手工艺人及非遗工坊深度交流，培育扶持学得好、留得住、干得强的非遗工坊带头人。目前，非遗工坊逐渐由原来输血式的外力推动建设转变为造血式的内力驱动发展，其运转效能不断提升，成了五指山市经济发展和乡村振兴的重要抓手之一。❽

---

❶ 陈关超，张莹莹. 河南：公共文化服务高质量发展的生动实践 [N]. 中国文化报，2023-05-15（001）.

❷ 河南省文化和旅游厅. 平顶山：积极探索公共文化服务高质量发展新路子 [EB/OL]. [2023-03-03]. https://hct. henan. gov. cn/2023/02-24/2695831. html.

❸ 田秀忠. 政府主导 社会参与 [N]. 平顶山日报，2023-02-24（008）.

❹ 河南省文化和旅游厅. 平顶山：积极探索公共文化服务高质量发展新路子 [EB/OL]. [2023-03-03]. https://hct. henan. gov. cn/2023/02-24/2695831. html.

❺ 田秀忠. 政府主导 社会参与 [N]. 平顶山日报，2023-02-24（008）.

❻ 陈关超. 非遗薪火相传 织就锦绣未来 [N]. 中国文化报，2022-12-29（002）.

❼ 陈关超. 非遗薪火相传 织就锦绣未来 [N]. 中国文化报，2022-12-29（002）.

❽ 光明网. 海南省五指山市——非遗薪火相传 织就锦绣未来 [EB/OL]. [2023-03-03]. https://m. gmw. cn/baijia/2022-12/29/36264875. html.

5.2.4 乡村全民阅读服务典型案例

文化是一个民族的灵魂，阅读可以提高全民文化素养。开展全民阅读活动是我国构建公共文化服务体系的一项重要部署，对培育和践行社会主义核心价值观、建设社会主义文化强国等意义重大。2017 年《全民阅读促进条例》的颁布与实施为全民阅读提供了法律保障。目前全民阅读已经由原先的纯民间自愿行为上升为国家发展战略。为推广全民阅读，促进书香社会形成，各地进行了有效探索，典型案例如表 5-5 所示。

表 5-5 乡村全民阅读服务典型案例

类别	案例名称	典型创新
乡村全民阅读（4个）	构建文教联动阅读体系 提升城乡青少年精神素养	将以公共图书馆为主，文化馆、博物馆、新时代文明实践中心、乡村复兴少年宫为辅的公共文化场馆主动融入乡村教育，与中小学校图书馆建立长期合作，打造城乡一体阅读品牌"馆校合作"项目
	"流动书包"志愿服务：小小书包走四方，志愿服务伴书香	"流动书包"志愿服务坚持"订单式""一对一"的送书服务，让农家书屋的图书由"死书"变成了"活书"，由"眠书"变成了"醒书"，让群众随时随地都能补充精神食粮，实现了供给和需求的无缝对接
	全要素打造服务清单 全方位建设"书香贺兰"	通过提供少儿阅读、盲人阅读、上网、数字书画体验、培训等免费开放项目，加大图书馆分馆、阅读驿站、图书流通站等阅读空间建设，充分利用多媒体技术等打造适合全县广大人民群众的"书香贺兰"全民阅读品牌活动
	"悦"读"阅"享共筑梦石榴花开书香浓——以民族团结为主题打造石榴籽书屋	巩留县"石榴籽书屋"由张家港对口援建，现已实现一个村（社区）一间书屋。书屋内设有沙龙活动区、休闲阅读区、免费听书区、儿童阅读区等，有利于营造人人爱读书的浓厚氛围，是巩留县文化建设的亮丽名片，更是促进各民族交流交往交融、铸牢中华民族共同体意识的重要窗口

广州市以从化图书馆经验为主，结合区文化馆、博物馆、新时代文明实践中心、乡村复兴少年宫等活动特色，集中展示了近年来推动公共文化服务高质量发展的生动实践和创新成果。针对从化区农村学生人口较多、城乡青

少年阅读资源分布不均衡等特征，引导以公共图书馆为主的公共文化场馆主动融入乡村教育，与中小学校图书馆建立长期合作，打造城乡一体阅读品牌"馆校合作"项目，活化了学校图书资源，加强了学生阅读内容供给，公共图书馆与中小学图书馆的合作模式由原来的"输血式"变为"造血式"。以"馆、校、村+社会慈善机构"共建机制，创新学校图书馆面向村（社区）开放模式，建设村图书馆，村委与学校分时管理，实现文教联动；聚焦乡村文化需求，建立全面、系统、合理的需求清单，形成集图书流通、业务培训、文艺普及、党史学习教育、走读研学等于一体的文化服务项目库，满足学校的个性化需求；深化文教部门战略合作，充分联动公共图书馆体系和中小学校图书馆体系，实现城乡一体阅读服务全覆盖；图书馆、文化馆、博物馆三馆同步开展主题活动、流动书车进校园活动等，让青少年在阅读中学习和传承中华民族传统美德，建立文化自信。❶

农家书屋工程是为解决"三难"问题而实施的一项文化惠民工程，然而多地农家书屋建好后出现了图书利用率低下的尴尬局面。为解决此问题，从2011年起，云南安宁市青龙街道开展"流动书包"志愿服务的有益探索。为实现图书的精准发放，青龙街道新时代文明实践站工作人员和志愿者会把图书需求表发到村民家中，再由村小组党员志愿者每周进行需求统计。之后，每周由志愿者背上群众需要的图书，到村小组进行登记发放，并收回上一轮阅读完的图书和登记好的需求表。❷为更好地服务当地群众，青龙街道在假期给学生送课外读物，根据群众需求更新购买群众喜爱的农业种植养殖、卫生健康、教育科普等类型的书籍。❸"流动书包"志愿服务让农家书屋的图书由"死书"变成了"活书"，由"眠书"变成了"醒书"，送书对象实现辖区村（居）民及流动人口全覆盖，真正打通了公共文化服务的"最后一公里"。❹毫无疑问，"订单式""一对一"的送书服务实现了供给和需求的无缝对接，是盘活农村图书资源、精准服务群众的有效手段。❺

近年来，宁夏贺兰县图书馆以"书香贺兰"为载体，构建服务清单，着

---

❶ 广州市从化区人民政府. 我区全民阅读案例入选全国基层公共文化服务高质量发展典型案例［EB/OL］.［2023-03-03］. http://www.conghua.gov.cn/zwgk/chyw/content/mpost_8838891.html.

❷ 赵书勇. 携一缕书香 助乡村振兴［N］. 昆明日报，2023-02-14（A05）.

❸ 赵书勇. 携一缕书香 助乡村振兴［N］. 昆明日报，2023-02-14（A05）.

❹ 昆明市文化和旅游局. 安宁市"流动书包"志愿服务项目入选基层公共文化服务高质量发展典型案例 携一缕书香 助乡村振兴［EB/OL］.［2023-03-03］. https://whhlyj.km.gov.cn/c/2023-02-14/4675415.shtml.

❺ 赵书勇. 携一缕书香 助乡村振兴［N］. 昆明日报，2023-02-14（A05）.

力打造适合全县广大人民群众的全民阅读品牌活动，推进公共文化服务体系实现高质量发展。一方面，提供少儿阅读、盲人阅读、书画体验、免费上网、数字书画体验、免费培训等免费开放项目，同时，创造性地开展了数字媒体展、博看朗读亭、新书推荐上架等活动，为读者提供更好的阅读环境；另一方面，实施图书馆总分馆建设，先后建设完成了居安社区、欣荣村、天鹅湖社区、居安社区等 4 个图书馆分馆，同步加大阅读驿站、图书流通站等 30 个阅读空间建设，促进优质资源向基层倾斜和延伸。结合读者阅读需求，贺兰县图书馆还推出智能阅读为"书香贺兰"增色。该馆充分利用多媒体技术，将原来的纸质展览图片或数字资源，通过数字化方式加工整理，变成随时可滚动播放的 PPT 文件、视频文件。在手机数字图书馆上，读者通过"移动图书馆"手机客户端，就可观看海量视频资源，也可将电子图书下载到自己的智能手机中，实现 24 小时移动阅读服务。❶

巩留县"石榴籽书屋"由张家港对口援建。截至 2022 年底，巩留县已建成石榴籽书屋 102 个，其中 100 个位于全县 78 个村（社区）及 22 个县直机关❷，做到了一个村（社区）一间书屋，实现了县、乡、村全覆盖。石榴籽书屋全天免费开放，广大干部群众可以免费借阅。根据村民的需求，不断完善书籍的种类，增加各类图书，营造人人爱读书的浓厚氛围，使石榴籽书屋成为村民的"充电站"，让文化惠民工程深入基层群众心中。巩留县阿尕尔森镇达尔特村积极推动石榴籽书屋与新时代文明实践相融合，探索"石榴籽书屋+新时代文明实践"模式，充分发挥书屋聚民心、育新人、兴文化的阵地作用，使石榴籽书屋真正成为宣传党的方针政策、传播科学文化知识、移风易俗的新阵地。巩留县所有石榴籽书屋都实现文献资源统一采购、编目和配送，读者可以随地借或还书，极大地方便了乡村农牧民的阅读。❸ 随着各项文化设施的不断完善，石榴籽书屋可以让不同知识层次、不同年龄结构、不同兴趣爱好的农牧民群众找到自己喜欢的书籍。巩留县 102 座石榴籽书屋相继举办经典诵读会、读书分享会、故事会等活动，成了阅读推广活动的主阵地；设置民族团结、乡村振兴等主题宣讲，为社区居民和乡村农牧民提供了交流互动平台。❹ 如今，不断增加的

❶ 蔡生福. 对县级图书馆公共文化服务效能的启示与思考——以宁夏贺兰县图书馆为例 [J]. 图书馆理论与实践，2014（11）：71-73.

❷ 新华网. 新疆巩留县：石榴籽书屋成为群众学习党的二十大精神"加油站" [EB/OL]. [2023-03-03]. http://www. xj. xinhuanet. com/zt/2022-12/07/c_1129189844. htm.

❸ 银璐. 巩留的这些"石榴籽"为啥成了全国典型 [N]. 新疆日报，2023-02-19（A03）.

❹ 银璐. 巩留的这些"石榴籽"为啥成了全国典型 [N]. 新疆日报，2023-02-19（A03）.

藏书和温馨雅致的空间不仅使"石榴籽书屋"成为巩留县文化建设的亮丽名片，更成为促进各民族交流交往交融、铸牢中华民族共同体意识的重要窗口。

5.2.5 乡村全民艺术普及典型案例

2015年印发的《关于加快构建现代公共文化服务体系的意见》明确提出积极开展"全民艺术普及"。2017年"艺术普及"被写入《公共文化服务保障法》。2021年文化和旅游部等三部委联合印发《关于推动公共文化服务高质量发展的意见》，进一步提出要做大做强"全民艺术普及"品牌。由此可知，不断创新全民艺术普及内容、工作方式和活动载体，弘扬中华优秀传统文化，提高市民素质和社会文明程度，保障人民群众的基本文化权益，是各级人民政府的主体责任。因多方原因，乡村地区群众的艺术素养普遍不高。近年来，为提升农村居民的艺术素养，丰富其文化生活，满足其基本文化需求，诸多地区开展了一些有益探索，涌现出一批高质量发展典型案例，如表5-6所示。

表5-6 乡村全民艺术普及典型案例

类别	案例名称	典型创新
乡村全民艺术普及（4个））	村歌唱响新时代："一村一歌"激活乡村文化活力	创新实施"一村一歌"乡村文化建设工程。基于当地民族文化和传统民俗艺术，以村歌为载体，传乡风、记乡愁、颂党恩，不断推动农村新风建设
	天籁声声传古韵 侗乡处处是歌堂——柳州三江侗族大歌全民艺术普及创新实践	侗家人以侗族大歌为载体，以歌叙事、以歌传情、以歌养心、以歌教化，歌唱自然、劳动、爱情以及友谊，浸润着新时代精神的传统文化气息
	推进村级文艺演出队全覆盖 打造雪域高原文艺轻骑兵	村级文艺演出队是西藏群众参与文化建设和享受文化成果的重要途径，队员用群众听得懂的语言、喜闻乐见的方式，把党对西藏的关心关怀，把党的理论和路线方针政策，植根于各族群众心灵深处
	关中忙罢艺术节 用艺术唤醒乡愁——西安市鄠邑区拓展城乡文化相互成就新路径	创新性地构建"艺术+教育+社会"的公共文化服务建设多元化合作模式

为满足人民群众日益增长的精神文化需求，广东省惠州市博罗县创新实施村歌唱响新时代"一村一歌"乡村文化建设工程，全县以村歌为载体，传乡风、记乡愁、颂党恩，不断推动农村新风建设。博罗县将本县机关单位文艺人才、音乐家协会等社会团体专家统筹起来组成"一村一歌"工程文艺志愿服务队。志愿服务队深入每个村进行沉浸式采风，挖掘各村的风土人情和历史底蕴，努力实现村歌与村景融合、村歌与乡情交汇，让村歌更贴近生活和乡村。❶ 村歌或展现乡村近年来翻天覆地的变化，或以文化之根培育美丽乡村建设之魂，或彰显民族、民俗、民风特色。村歌创演最大限度地保留了民族文化和传统民俗艺术，让人一听就能记住乡愁留住乡情，为乡村振兴发展提供了强大的精神动力和智力支撑。据统计，博罗县已有 100 多首村歌在酷狗音乐、QQ 音乐平台推广，158 个村的村歌创作已完成，60 个村的村歌创作已完成初稿，其余 100 多个乡村社区的村歌创作也已全面铺开。❷ 博罗的村歌因其浓浓的"泥土味"而深受村民欢迎，既丰富了人民群众的精神文化生活，也推动了乡村公共文化服务的繁荣发展。❸

三江侗族自治县是一个侗族民俗文化的绝佳体验地，拥有震撼人心的侗族大歌。侗族大歌来源于侗族群众的生活，是一种无指挥、无伴奏的多声部合唱，是人与自然、人与人之间的和谐之声，主要内容是歌唱自然、劳动、爱情以及友谊。❹ 2016 年起，三江侗族地区持续开展侗族大歌全民艺术普及，逐渐形成了年长者教歌、年轻者唱歌、年幼者学歌的薪火相传的传承氛围。上百支侗族大歌如雨后春笋般成长起来。民族文化是我们千百年来的精神家园，承载了祖辈传承的民俗民风、历史文化，是对山川田畴、自然环境的口述和传诵。侗家人以歌叙事、以歌传情、以歌养心、以歌教化，他们把侗族大歌从开始的一门爱好逐渐发展为一项职业技能，在旅游景区、特色旅游村寨等地进行民族文化展示表演，进而实现了脱贫致富，坚定了其传承本民族文化的信心。侗族大歌，作为寄托乡愁的载体，浸润着新时代精神的传统文化气息，是优秀的民族文化代表；作为一张亮丽的文化名片，可以在文旅交

❶ 龚妍. 村歌唱响新时代："一村一歌"激活乡村文化活力 ［N］. 惠州日报，2023-02-14（A03）.

❷ 惠州市人民政府. 村歌唱响新时代："一村一歌"激活乡村文化活力 ［EB/OL］. ［2023-03-03］. http://www.huizhou.gov.cn/zwgk/hzsz/zwyw/content/post_4903948.html.

❸ 龚妍. 村歌唱响新时代："一村一歌"激活乡村文化活力 ［N］. 惠州日报，2023-02-14（A03）.

❹ 廖献红. 侗族大歌 天籁声声传古韵 ［N］. 广西日报，2023-02-21（011）.

融中进一步实现创造性转化、创新性发展，以更现代化的方式为当地文旅高质量发展奏出动听、响亮的传世之音，让侗族大歌飞扬四面八方，让更多人们感受到侗族文化的魅力。

党中央、国务院历来高度重视西藏文化建设，自治区党委、政府始终把建立健全村级文艺演出队伍作为建强基层宣传文化阵地、解决基层群众文化需求、铸牢中华民族共同体意识的重要抓手，每年进行资金投入，不断推进村级文艺演出队实现"八有标准"，使之成为群众参与文化建设、享受文化成果的重要途径。2020 年 5 月，西藏自治区在全国率先实现行政村文艺演出队全覆盖，共有农牧民兼职演员 91556 人。2022 年，行政村文艺演出队惠民演出突破 4 万场次，惠及群众 1000 多万人次。❶ 近三年来，演出队始终活跃在农牧区一线，用群众听得懂的语言、喜闻乐见的方式，把习近平总书记对西藏的关心关怀，把党的理论和路线方针政策植根于各族群众心灵深处，让群众明白惠从何来、惠在何处。演出队成为满足各族群众日益增长的美好文化生活需要的骨干队伍，成为建设具有强大凝聚力和引领力的社会主义意识形态的重要力量，成为铸牢中华民族共同体意识、夯实党在西藏执政基础的重要抓手，是贯彻落实新时代党的治藏方略的创新之举，对发挥文化"管脑子"作用具有重大现实意义和长远历史意义。

"关中忙罢艺术节"是陕西省西安市鄠邑区石井街道与西安美术学院于 2018 年共同策划的艺术普及创新项目。"关中忙罢艺术节"项目吸引了众多艺术家和企业参与乡村文艺建设，打造了"艺术+教育+社会"建设新模式。❷ 目前，石井街道已建成一批公共文化设施，包括文化艺术中心、美术馆、艺术村长之家、红军过境纪念馆等❸。蔡家坡村、栗峪口村等 4 个村落艺术气息浓厚、宜居宜游，已经成为鄠邑区最具特色、最具影响力的文化旅游 IP。这些艺术乡村对企业的吸引力较大，有利于开展多元化合作。

5.2.6　乡村优秀文化传承典型案例

国家"十四五"规划和 2035 年远景目标纲要明确"深入实施中华优秀传

---

❶　中华人民共和国文化和旅游部. 西藏"推进村级文艺演出队全覆盖，打造雪域高原文艺轻骑兵"入选国家层公共文化 ［EB/OL］.　［2023-03-28］. https://www.mct.gov.cn/whzx/qgwhxxlb/xz/202303/t20230322_940832.htm.

❷　柏桦. 我省 2 案例入选基层公共文化服务高质量发展典型案例 ［N］. 陕西日报，2023-02-20 (011).

❸　同上。

统文化传承发展工程，强化重要文化和自然遗产、非物质文化遗产系统性保护"，"十四五"文化发展规划要求"树牢保护历史文化遗产责任重大的观念，增强对历史文物的敬畏之心"，2022 年全国文物工作会议提出"保护第一、加强管理、挖掘价值、有效利用、让文物活起来"的新时代文物工作方针，这些政策方针为文化遗产保护与发展指明了方向。中华传统文化源于乡村，乡村是孕育和传承中华文化的沃土。作为乡村文化的重要载体，乡村文化遗产在传承优秀文化、推动乡村文明等方面发挥着至关重要的作用。在乡村振兴的大背景下，保护好、发展好和利用好乡村文化遗产，促进乡村文化的传承与发扬，既是文化自信的重要体现，也是持续促进乡村文化振兴、深入实施乡村振兴战略的重要方式。一些地区有效探索了乡村优秀文化挖掘传承的举措和做法，如表 5-7 所示。

表 5-7　乡村优秀文化传承典型案例

类别	案例名称	典型创新
乡村优秀文化传承（3 个）	实施乡村文化记忆工程　传承乡村文脉	阳城县采取政府主导、集体管理、民间参与的方式，深挖特色文化资源、梳理乡村历史脉络、赋彩文化烙印、激发乡村活力，建设传统文化记忆展馆、乡村文化记忆馆、村史馆等一批特色文化展馆，打造乡村文化记忆工程
	挖掘传承乡村优秀文化　助推公共文化服务融入城乡发展全局	挖掘传承优秀传统文化、民族特色文化，打造民俗博物馆、剪纸基地、剪纸手工坊等非遗展馆和传承基地，促进非遗传承；打造高品质特色文化乡村，推动乡村文化与旅游产业深度融合；坚持传承文化、公益惠民原则，不断挖掘提升乡村公共文化服务的人文价值，提升乡村审美品位
	沉浸式情景小剧：讲好红色故事的沂南实践	尊重原有生态环境条件，利用村民和革命前辈当年居住的古院落，还原当时场景，打造沉浸式小院。沉浸式实景小院演出，坚持以伟大建党精神为统领，在当地人文历史资源中加入演艺元素，使红色文化和旅游有机结合，既讲好了红色故事、传了沂蒙精神，也丰富了景区文化内涵、推动了文旅融合

山西阳城县是黄河文明的重要发祥地之一，生态环境优美、人文资源丰富。为深挖特色文化资源、梳理乡村历史脉络、赋彩文化烙印、激发乡村活力、助力乡村振兴，阳城县围绕农耕文化、红色文化、地域文化等扎实推进"乡村文化记忆工程"的试点工作，积极建设乡村文化记忆馆，打造乡村历史文化记忆工程，构筑独具特色的乡村历史文化记忆坐标。❶ 为有效激活乡村文化记忆的内生动能、推动公共文化服务与旅游高质量融合发展，阳城县采取政府主导、集体管理、民间参与的方式，优选"太行一号"国家风景道沿线、古堡周边、景区周边、县城近郊等区位好、人文自然条件好、底子好、品牌好、空间足的村打造乡村文化记忆馆，先后建立阳城县乡村文化记忆馆、北留郭峪村传统文化记忆展馆、白桑乡通义村"义"文化展馆等一批农耕文化展馆。❷ 目前全县各乡镇共建立各类乡村文化记忆馆 53 个，且仍在不断完善和提档升级。❸ 阳城县政协组织力量，挖掘整理出版《村里那些事儿》系列丛书。阳城县紧紧围绕全域旅游战略，充分挖掘乡村文化资源，扎实推进乡村文化记忆工程，激发乡村文化认同，发展特色文化产业，其"以物载文、文旅融合、振兴乡村"的经验做法，值得广泛宣传推广。

新宾满族自治县围绕乡村振兴战略，深入挖掘乡村优秀传统文化和民族特色文化，开展民俗节庆活动，促进乡村文化与旅游产业有机结合，积极推动乡村文化高质量发展。❹ 首先，促进非遗传承，打造高频次文化活动体系。在活动中传承非遗技艺，让非遗活在当下、火在民间。为更好地传承非遗项目，打造了赫图阿拉城民俗博物馆、满族小学剪纸基地、新宾满族剪纸手工坊等非遗展馆、传承基地，多次举办广场舞大赛、秧歌比赛，开展非物质文化遗产进乡村、进校园活动，跳广场舞、扭地秧歌已成为村民生活习惯，非遗项目不断回归村民现代生活。其次，深化文旅融合，打造高品质特色文化乡村。永陵镇充分利用民族文化资源，促进非遗技艺的传承和活化利用，深化文旅融合，培育乡村振兴发展新动能。利用乡村现有民居、庭院改造农家乐，打造乡村旅游重点镇、重点村，发展满族风情乡村游。最后，坚持以文

❶ 山西省人民政府. 阳城"乡村文化记忆工程"为我省唯一入选案例［EB/OL］.［2023-03-03］. http://www.shanxi.gov.cn/ywdt/sxyw/202302/t20230220_8011946.shtml.

❷ 崔振海，白军社，李卫彬. 阳城"乡村文化记忆工程"为我省唯一入选案例［N］. 山西经济日报，2023-02-20（001）.

❸ 阳城县人民政府. 我县一项目入选全国基层公共文化服务高质量发展典型案例［EB/OL］.［2023-03-03］. http://www.yczf.gov.cn/xwdt/ycxw/202302/t20230215_1747157.shtml.

❹ 魏宁. 新宾案例入围基层公共文化服务高质量发展典型案例［N］. 抚顺日报，2023-02-17（002）.

化人，打造高规格文化服务体系。新宾满族自治县坚持传承文化、公益惠民原则，不断挖掘提升乡村公共文化服务的人文价值，增强乡村审美品位，坚持因村制宜、突出文化特色，让乡村记得住乡愁、留得住乡情。❶

常山庄村是山东省青代会会址所在地，沂南县文化和旅游局以此为依托，充分尊重常山庄的原有生态环境条件，还原 20 世纪 40 年代初的场景，利用古院落打造沉浸式小院。❷ 小院的沉浸式演出保留了乡村固有文化特色，将真实的生活场景变成了难得的表演舞台，增强互动感和体验感。山东红嫂家乡旅游区当好红色文化、红色基因的传承者，积极打造沉浸式演出小院，创排《沂蒙四季·红嫂》文献史诗情景剧，推出《跟着共产党走》《妇救会》《战地医院》《识字班》《民兵连》《永远的新娘》等短剧，用情景表演、讲述和媒体影像结合的方式，全景展现沂蒙人民当年艰苦卓绝岁月和拥军支援前线的无私奉献精神，彰显了水乳交融、生死与共的沂蒙精神。常山庄村已经身兼红色影视基地、红色旅游胜地等多重身份，成为沂蒙著名的红色之乡。沉浸式实景小院演出，坚持以伟大建党精神为统领，在当地人文历史资源基础上加入演艺元素，使红色文化和旅游产业有机结合，体现生态和人文之美，既讲好了红色故事、传承了沂蒙精神，也丰富了景区文化内涵、推动了文旅融合。❸ 沂南县坚持把红色旅游与爱国主义、革命传统教育等相结合，构建红色教育和文化旅游融合发展的体制机制，打造全国红色文旅产业高地。❹

5.3 全国农村公共文化服务典型案例

5.3.1 全国农村公共服务典型案例概况

为深入学习贯彻党中央关于加强农村公共服务重要指示精神，落实 2019 年中央 1 号文件中"加快补齐农村人居环境和公共服务短板"的要求，农业农村部和发展改革委于 2019 年 6 月启动"全国农村公共服务典型案例"征集活动，经专家评审和实地调研，18 个案例从各地推荐的百余个案例中脱颖而

❶ 魏宁. 新宾案例入围基层公共文化服务高质量发展典型案例 [N]. 抚顺日报, 2023-02-17 (002).

❷ 肖寒. 守护文化根脉 [J]. 走向世界, 2022 (31)：6-9.

❸ 田新元. 赓续"红色"血脉 文旅融合促发展 [N]. 中国经济导报, 2022-12-20 (002).

❹ 齐鲁网. 临沂：传承弘扬沂蒙精神 推动红色文旅融合发展 [EB/OL]. [2023-03-03]. http://linyi.iqilu.com/lyyaowen/2022/0920/5239791.shtml.

出，被评为首批"全国农村公共服务典型案例"。❶自2019年以来，农业农村部联合国家发展改革委、国家乡村振兴局，累计推出四批次84个典型案例，如表5-8所示。案例涵盖了农村生活的各个领域，既有体制机制创新、资源整合，也有信息共享等方面，形式不一、内容多元。案例生动反映了各地直面农民群众急难愁盼问题，不断加强农村公共服务体系建设的有效实践，系统反映了新时代农村公共服务建设的重要规律，取得了统筹推动农村公共服务发展的宝贵经验。

表5-8　全国农村公共服务典型案例情况分布表

批次	发布时间	案例总数	文化类案例数
第一批	2019. 12	18	2
第二批	2020. 12	23	3
第三批	2021. 12	21	1
第四批	2022. 12	22	3

　　发展农村公共服务是建设宜居宜业和美乡村的应有之义，是加快建设农业强国的重要内容。在农业农村部、国家发改委等部门的号召和支持下，我国各地逐渐增加对农村基本公共服务的投入，推进基础设施建设，坚持农民参与、农民共享，注重发挥农民主体作用；在完善农村公共服务体系建设、提高农村公共服务能力和效率等领域，大胆创新、勇于实践，获得了许多针对性较强、操作性较好的宝贵经验，为全国各地化解难题提供了应对策略和方法。相关部门一方面要加大改革探索力度，坚持城乡一体、农村优先，围绕城乡公共服务均等化等热点难点问题，试点先行，创新方式、创造条件，积累经验；另一方面要加大制度建设力度，把各地探索的制度经验成果及时转化为政策文件，加快建立健全城乡公共服务均等化体制机制；此外，要加大典型推广力度，因地制宜、科学规划，不断丰富典型经验运用形式，充分发挥典型引领、示范带动作用，不断提升群众的获得感、幸福感和安全感。

　　农村公共服务水平，是农村经济社会发展水平的重要体现。农村公共服务水平的高低直接关系到乡村振兴战略目标的实现。要想实现乡村振兴必先实现文化振兴。文化振兴既是产业、人才、生态和组织振兴的重要内生性诱

---

❶　中华人民共和国农业农村部. 全国农村公共服务领域评选出首批18个典型案例［EB/OL］.［2023-03-03］. http://www.moa.gov.cn/xw/zwdt/201912/t20191210_6333039.htm.

发因素，也是产业、人才、生态和组织振兴成效的最终体现。四批次的典型案例每一批次都有文化领域典型案例，如表5-8所示。在84个案例中，共有9个文化领域案例，占比为10.7%，各案例名称如表5-9所示。我们将9个案例分为四种类型，分析案例的具体做法及取得的成效。

表5-9 文化领域全国农村公共服务典型案例

序号	案例名称
1	浙江遂昌：以共享理念推进智慧文化礼堂建设
2	河南新郑：戏曲进乡村唱出大天地
3	天津北辰双街：打造常态化服务体系 让农村文化"活"起来
4	湖南攸县："门前三小"搭建农村文化大舞台
5	广东惠阳："百姓欢乐舞台"提升农村文化服务效能
6	山东平度："行走的书箱"带"活"乡村阅读
7	湖北来凤："统建传服"推动县乡村组公共文化服务一体化
8	云南大关："背篓图书馆"打通乡村公共文化服务最后一公里
9	广东东莞塘厦：创新公共文化服务模式 精准服务农村打工者

5.3.2 乡村公共文化服务空间建设

（1）浙江遂昌：以共享理念推进智慧文化礼堂建设

为丰富农村公共文化服务的载体，浙江早在2012年就开展了农村文化礼堂试点工作，随后在日益的探索中取得了重要的成效，为各地促进农村公共文化服务的建设提供了"浙江经验"。对于地处偏僻、交通受阻的山区县来说，如何解决由空间、交通等因素引起的城乡公共文化服务发展水平不平衡、城乡文化"交流""共享"不畅通等问题，成为目前我国公共文化服务建设需要解决的一大难题。遂昌县选送的这一案例既经典又实用，为破解这一难题提供了借鉴。以"三传五践行"（传新思想、传新知识、传新风尚，践行两山理论、践行核心价值、践行主流文化、践行乡风文明、践行志愿精神）为主要内容，坚持价值引领、坚持群众主体、坚持整合资源、坚持探索创新，以共享理念为先导、信息化为手段，整合推进文化礼堂的建设，将活动、场地、资源集于同一空间，促进实时共享，解决了有活动无场地、有场地无活动、有活动无资源的问题，使得农村文化礼堂更好地深入群众的日常生活中。这些经验为新时期文化下乡、乡村文化振兴提供了新路径。

遂昌主要创新做法有三个。一是建立共享平台。遂昌县通过数字化的方法，实现了三端合一，即将电脑端、电视端、手机端连接在一起，建立一个统一的共享平台，对原有的智慧中心、县乡镇的公共文化场所和文化礼堂改造升级，加装设备，从而实现 110 多个各种类型、各种级别的文化场所互联互通❶，使得群众可以实时共享文明成果。智慧文化礼堂通过网络空间将多个功能集于一体，充分发挥各资源、技术等的作用，开发了游字发布、广播摄像、视频监控、人流统计、门禁、礼堂 WiFi 流量统计、智慧用电监控、视频会议等八项子系统，并通过各子系统的相互叠加形成形式多样的功能组合，从而形成"视播结合、遥控指挥、大数据统计"等功能。二是坚持分层推进。遂昌分三个层次推进智慧文化礼堂建设。第一层次是智慧中心建设，通过向第三方购买八大功能系统、电脑等设备，建设遂昌县新时代文明实践中心，即智慧文化礼堂指挥中心；第二层次是建设星级文化礼堂，对活动较多的五星、四星级文化礼堂配备全套设备，拥有八大功能，拥有活动视频的输出和接入等功能；第三层次是建设其他文化礼堂，通过文化礼堂已有的电视或投影仪、LED 屏等接收终端负责接收视频，安装监控。❷ 三是明确场所分工。遂昌智慧文化礼堂由智慧中心、乡镇文化站和农村文化礼堂、县城公共文化场所三个部分组成。智慧中心则是整个智慧系统的指挥中心，主要承担信息的收集与汇总、部门间的指挥与协调、平台的管理与操作等工作。乡镇文化站和农村文化礼堂则是智慧系统服务的主体，具有双向功能，既可以通过各种智能终端设备接收来自系统的活动视频，也可以向智慧中心传输活动视频。县城公共文化场所是各类活动的输出端，可实时向智慧中心传输视频。

遂昌智慧文化礼堂，创新工作机制，常态化开展各类活动。该县依托该平台，制订了全县农村文化礼堂"星期日"活动计划，由文化礼堂村分别承担活动任务，其他文化礼堂观看直播或者自行举办活动；出台活动"预报告"制度，要求县公共文化场所、每个文化礼堂提前三天向智慧中心报告即将开展的活动；利用智慧文化礼堂微信公众号，排摸"需求清单"，建立"服务清单"。遂昌通过活动共办成果共享倍增了文化礼堂的活力，通过视频会议、讲座、培训减轻了文化礼堂的压力，通过星级评定制度增加了文化礼堂的动力。

---

❶ 麻萌楠，张巧燕，傅长琪. 遂昌智慧文化礼堂入选首批全国农村公共服务典型 [N]. 丽水日报，2019-12-25（A01）.

❷ 朱海洋."云上"礼堂　家中同赏——浙江省遂昌县以共享理念推进农村智慧文化礼堂建设 [N]. 农民日报，2020-07-02（007）.

智慧文化礼堂的"大数据"功能，为该县管理文化礼堂、研究分析文化礼堂问题提供了"大数据"参考。譬如在 2018 年和 2019 年汤公音乐节期间，当地利用智慧文化礼堂向全县文化礼堂和互动点播用户直播 15 场音乐会，点击量超 8000 次，即使是距离县城 3 小时路程的西畈乡举淤口村，也可在家门口的文化礼堂实时收看县城汤显祖大剧院的音乐会盛况。❶

（2）湖南攸县："门前三小"搭建农村文化大舞台

近年来，湖南攸县始终坚持以满足群众需求为目标，根据群众的需求来规划农村公共文化服务的发展方向，注重开发和建设农村公共文化服务的实体空间，大力盘活空置民房、祠堂、旧村部等能够承载公共文化服务的各种闲置资源，在群众的家门口纷纷建立了小广场、小书屋和小讲堂。❷ 攸县"门前三小"工程坚持以群众需求为导向、以典型示范为引领、以多元活动为载体的原则，切实关心群众需求，把满足群众需要、丰富群众文化生活放在首要位置。

攸县主要创新做法有三个。一是实事求是，加强顶层设计。在建设"门前三小"过程中，攸县因地制宜，始终坚持分类实施、发展不求"齐步走"，民办公助、工作不演"独角戏"，注重实效、形式不图"高大洋"，规范管理、活动不摆"空城计"的"四不"原则❸，从宏观上规划好、设计好，定好位、把好关，将因地制宜落到实处。二是为了群众，依靠群众。推出"菜单式"服务，群众"点什么就送什么"。"门前三小"是一项复杂工程，其建设既是为了群众，也要依靠群众，除依靠政府力量外，还要广泛号召和发动群众参与、依靠基层自治的力量，如此农村公共文化服务的动力才得以激发。在此背景下，该县的群众积极投入农村的公共文化服务建设中，如无偿腾出房屋来支持改建小书屋和小讲堂、主动让出土地来修建小广场、众筹资金来支持"门前三小"工程的建设等。三是引入社会力量进行管理。充分发挥当地乡土人才的作用，鼓励和发动热爱公益文化事业的老党员、老干部、老教师等群体来担任"门前三小"的场所管理员。积极组织党员、教师、医疗工作者、大学生志愿者等各类群体来开展戏曲文艺表演、知识技能培训等

❶ 麻萌楠，张巧燕，傅长琪. 遂昌智慧文化礼堂入选首批全国农村公共服务典型［N］. 丽水日报，2019-12-25（A01）.

❷ 湖南攸县："门前三小"搭建农村文化大舞台［J］. 中国经贸导刊，2021，996（4）：44-46.

❸ 中华人民共和国国家发展和改革委员会. 湖南攸县："门前三小"搭建农村文化大舞台［EB/OL］.［2023-03-03］. https://www.ndrc.gov.cn/xwdt/ztzl/qgncggfwdxal/202101/t20210119_1265216.html.

活动，合力打造"门前三小"这一文化舞台。

攸县的"门前三小"有效破解了农村公共文化服务场所受各种主客观因素引起的建设场地有限、建设主体单一、用途和管理不规范等问题，现已成为该县乡民的精神文化乐园。截至 2019 年底，攸县建成"门前三小"工程 676 个，小广场总面积 21.9 万平方米，小书屋、小讲堂合计面积 1.72 万平方米；各类书籍共计 18.6 万册，拥有体育健身器材 8260 件，书架课桌 18.6 万件；成立歌舞队、体艺队以及文化、科技、法律演讲团队 2142 个，共组织开展各类活动 3260 余场次，真正实现把公共文化服务送到村民家门口。❶ "门前三小"文化活动内容呈现多元化的特点，其活动将趣味性和知识性结合起来，既有丰富群众业余生活的唱歌、舞蹈、健身等文体活动，也有培养和提高群众知识文化水平的阅读推广、文化讲堂等学习活动。此外，"门前三小"还开展经验交谈类活动，号召群众积极分享个人的生活经验及人生感悟。

5.3.3　乡村公共文化服务品牌塑造

（1）广东惠阳："百姓欢乐舞台"提升农村文化服务效能

在乡村振兴战略背景下，广东省惠州市惠阳区积极贯彻相关政策和精神，最大程度地调动群众的积极性和主动性，激发群众创造性，寓教于乐扬正气，群演群乐接地气，凝心聚气添活力，让群众成为舞台主角，开展多元化的文化活动，创建了以群众需求为主的"百姓欢乐大舞台"特色文化品牌活动。其主要创新做法有三个。一是健全保障体系。该"百姓欢乐大舞台"品牌活动由惠阳区文广旅体局牵头主办，通过定期开展涉及活动的各种协调会议，发掘关键信息，及时分析和解决在活动开展的过程中出现的各种问题。❷ 强化制度、经费、人才、考核等基础保障❸，筑牢舞台基础。在制度方面，惠阳区委、区政府印发了相关的、具有针对性的制度；在资金保障方面，财政部门将各级开展的"百姓欢乐大舞台"活动经费纳入区财政预算，并以资金奖励和补偿的方式推动各村的公共文化服务设施建设，为群众开展活动提供场地保障；在人才保障方面，着力挖掘各类文体人才，实现全区 130 个村（社区）均建有由 5 人以上组成的文艺团队，每个团队设 1 名团长，为活动提供

❶ 湖南攸县："门前三小"搭建农村文化大舞台 [J]. 中国经贸导刊，2021，996（4）：44-46.

❷ 广东惠阳："百姓欢乐大舞台"提升农村文化服务效能 [J]. 中国经贸导刊，2021（4）：46-48.

❸ 广东惠阳："百姓欢乐大舞台"提升农村文化服务效能 [EB/OL]. [2023-03-03]. https://www.ndrc.gov.cn/xwdt/ztzl/qgncggfwdxal/202101/t20210119_1265217.html.

强大的人才队伍支持。❶ 二是坚持群众主体。舞台活动始终坚持"群众办、群众演、群众乐"的原则，村民利用"百姓欢乐大舞台"，围绕活动主题，自编自演，以丰富多样的形式来宣传贯彻党的政策和精神，弘扬时代主旋律、传递时代正能量，"百姓欢乐大舞台"为党的意识形态工作开辟了新平台、新载体。演出的舞台没有限制，群众在家门口就可以参与文化活动，实现送文化和种文化。三是创新内容和形式。各村（社区）在开展"百姓欢乐大舞台"活动中，积极丰富活动内容和创新表现形式，如在沙田镇的"百姓欢乐大舞台"活动中，各类群众主体各司其职，村书记负责活动主持、村干部则带头演出、广大村民负责表演，并且表演团队的服装都印有活动的品牌 LOGO❷。每场演出都会增设新的互动环节，如家庭亲子游戏等，对应的奖品也会印有活动品牌的 LOGO，该举措进一步扩大了品牌效应，有效提高了"百姓欢乐大舞台"品牌的知晓度和知名度。

在这一品牌活动建设的过程中，惠阳区注重将思想建设与文化建设结合起来，将社会主义法治理念、社会主义核心价值观以及村规民约等贯彻到活动中来，在促进乡村文化振兴的同时进一步统一思想，从而加快乡村振兴的进程。"百姓欢乐大舞台"通过群众喜闻乐见的活动形式，提高了乡村居民的文化素质、提升了乡村的治理能力，推进基层文化工作朝更深更广的方向发展，走出了一条政府主导、多部门支持、群众广泛参与、创文明、塑新风的新路子。

（2）广东东莞塘厦：创新公共文化服务模式　精准服务农村打工者

近年来，塘厦镇为了满足农村打工群体的多元化文化需求，因地制宜，走出了一条独具本土特色的公共文化服务体系建设之路。其主要做法如下：第一，以服务精准化为目标，创新文化品牌。以"品牌3+N"的模式，大力打造文化精品汇演周、敬老月、创业者文化节三大文化品牌，对标不同群体的文化需求，提供精准有效的文化惠民服务。为关爱城市长者，塘厦开展了2022年"敬老爱老·孝德满城"敬老月系列活动，举办探访慰问、健康宣教、文体娱乐等40多场主题活动，"健乐寿星"慰问活动惠及长者超过3367

❶ 广东惠阳："百姓欢乐大舞台"提升农村文化服务效能［J］. 中国经贸导刊，2021（4）：46-48.

❷ 广东惠阳："百姓欢乐大舞台"提升农村文化服务效能［J］. 中国经贸导刊，2021（4）：46-48.

人次，累计发放慰问金额 230 多万元❶，评选了一批敬老模范人物、企业和社会组织。为弘扬奋斗精神，创新打造创业者文化品牌，市镇联手策划举办"奋斗有声音"东莞创业者音乐周暨塘厦创业者文化节。通过十大"感动塘厦"创业者评选、潮流音乐会、创业者主题原创歌曲征集、艺术创作培训、展览等系列活动，丰富广大创业者的业余文化生活。为多角度展现群众文化建设成果，塘厦创新举办文化精品汇演周。第二，丰富活动内容和形式，为品牌注入活力。以"惠民、便民、乐民"为宗旨，以原创音乐、舞蹈、戏曲、朗诵、摄影、书法、美术等多种形式，在社区、企业举办 20 余场活动，让广大群众在家门口享受文化大餐。近 5 年来，塘厦镇以群众的文化需求为主线，在相关部门的支持下开展了丰富多样的文化惠民活动，活动场次高达 1700 多次❷，促进了公共文化服务的基层下沉。

立足于本辖区企业数量多、打工人数多、音乐创作氛围浓厚的实际，塘厦镇在 2004 年年底成立了一个专属东莞（塘厦）的打工歌曲创作基地❸，并举办了主题丰富、类型多样的歌曲大赛，着力保障打工群体的公共文化权益，形成了具有塘厦特色的打工歌曲公共文化品牌建设模式，发挥了重要的引领和示范作用。2022 年，塘厦镇文化服务中心围绕镇委、镇政府建设文化强镇的工作部署，在继续实施文化品牌"3+N"工程的基础上，还将实施"书香满塘（堂）"文化品牌打造五年行动，让书香气息遍布塘厦每个角落；继续通过打造共享文化空间，针对高层次人才、产业工人、青少年、长者等不同人群，开展丰富多样、精准抵达的文化惠民活动；举办小型、灵活、精致、时尚的音乐活动，点亮"火柴盒"城市艺术 TIME；举办"走进艺术"市民公益培训班，推动全民文艺普及，为群众提供质量好、效率高、公平、可持续的基本公共文化服务。❹ 塘厦镇创新公共文化服务模式，精准服务农村打工者，为该地打造新的发展格局、实现高质量发展提供了重要的文化动力。

---

❶ 东莞文明网. 塘厦镇"敬老爱老·孝德满城"敬老月闭幕 [EB/OL]. [2023-03-03]. http://dg.wenming.cn/town/202211/t20221104_7856712.shtml.

❷ 东莞政法网. 塘厦镇突出打工歌曲创作与推广 打造公共文化服务强力引擎 [EB/OL]. [2023-07-01]. http://dgzf.dg.gov.cn/dgzf/tangxia/202306/f4cd7e0b190143178f1224f781b68945.shtm.

❸ 谭志红，江升华. 打工歌曲：精准服务打工者的公共文化品牌 [N]. 中国文化报，2020-10-20（003）.

❹ 东莞政法网. 塘厦镇三管齐下持续提升文化软实力 [EB/OL]. [2023-07-01]. http://dgzf.dg.gov.cn/dgzf/tangxia/202306/e91115550260418e85424e4afb7c8bf0.shtml.

5.3.4 乡村公共文化服务供给创新

（1）山东平度："行走的书箱"带"活"乡村阅读

推广乡村阅读，是培育文明乡风的重要抓手。针对广大乡村阅读基础和阅读氛围与城市差距较大的实际，山东省平度市自 2017 年以来在乡村地区开展阅读推广项目"行走的书箱"❶，该项目坚持以书箱行远促乡村为目标，通过带"活"乡村阅读来带动乡村发展。其主要创新做法体现在四个方面。第一，政府主导，社会力量实施。形成了"市政府+社会组织"的运营体系，政府为"行走的书箱"项目提供制度和资金保障，制订了该项目的可行性分析报告、实施方案等具有针对性的文件，并对项目的实施主体、内容、区域等作出明确的规定，将"行走的书箱"纳入民生实事，保证项目的顺利开展。社会组织主要是青岛快乐沙爱心帮扶中心和"微笑彩虹"阅读志愿者，这两个组织在政府的支持下开展了包含阅读类、绘本故事类等多种类型的文化服务项目。第二，以最难开展的地区为试点，为项目的实施提供借鉴。全市有298 个行政村，共有 119 万人❷，而农村人口占一半以上，农村公共文化服务均等化成为重要的问题。近年来，通过多方共同努力，所有的行政村都建立了农家书屋，但同时也出现了普遍性的问题，如书屋场地面积小、管理不规范、图书流失、开放时间不合理等，导致很多农家书屋空心化严重，不能很好地满足人们的需求。2007 年，平度市选择了情况最复杂、难度最大的旧店镇作为试点，成立多方合作的运营组织体系，推动"行走的书箱"落地生根、健康行走。平度市加大财政投资，补充和更新农家书屋的现有图书资源，图书馆的分馆遍布全市 18 个镇（街道、开发区），使"行走的书箱"拥有丰富的资源支持。第三，实地情况调查，专家团队指导，提高文化服务的专业性和精准性。志愿者服务队以问卷调研、实地走访等形式，调查旧店镇的下辖村庄和学校，掌握各地的情况，了解不同群体的文化需求，并绘制精准化的路线，为项目具体实施提供翔实的第一手资料。青岛快乐沙爱心帮扶中心聘请阅读专家成立专业团队，负责项目的科学策划和全程指导，包括项目名称确定、书箱的设计制作、书箱内图书资料的配备、书箱和图书的编号和编目等。第四，成立领读队伍，营造乡村阅读浓厚氛围。平度市在项目实施的过

---

❶ 山东平度："行走的书箱"带"活"乡村阅读 [EB/OL]. [2023-03-03]. https://www.ndrc.gov.cn/xwdt/ztzl/qgncggfwdxal/202207/t20220701_1329849.html.

❷ 苏锐. 山东平度："行走的书箱"让乡村弥漫书香 [N]. 中国文化报，2022-03-24 (002).

程中，组建了乡村领读人队伍，这些领读人都是来自本地的退休人士或热爱读书的公益人，为了提高领读人的素质，还为其提供专业性的培训，通过领读人来营造乡村良好的阅读氛围。

自 2017 年在旧店镇试点以来，目前平度市 3020 个 "行走的书箱" 相继走进 220 个村庄、30 所学校，举办 "领读人" 培训班 67 期，培训领读人 1250 人，图书累计借阅量超 50 万册。❶ 少儿图书编辑、知名儿童作家等专业人员受市政府之邀到乡村各个区域开展各种类型的阅读推广活动。"行走的书箱" 在很大程度上提高了农民的素质能力，推动了乡村文化的振兴。此外，为进一步推动 "行走的书箱" 走得更深更远、提高效益，平度市还建立了 13 个具有流动性特点的书屋、站点等。目前，该市正在积极探索一种新的运营模式，在这种模式下将会实现市图书馆、镇分馆和农家书屋三级链接，"行走的书箱" 设立在中层的镇图书馆，这样可确保农民能够及时接触最新的图书。山东平度利用 "行走的书箱" 和 "流动的图书馆" 这两个具体的抓手，带动乡村居民阅读，提高了农村图书室的使用效率，促进了乡村文化的振兴。

（2）云南大关："背篓图书馆" 打通乡村公共文化服务最后一公里

建设书香乡村，是助推乡村振兴的重要途径。云南省昭通市大关县，下辖 8 镇 1 乡、88 个村（社区）、1597 个村（居）民小组，总人口 29.02 万人，居住有汉、苗、回、彝等 22 个民族。❷ 因地处高寒边远山区、交通闭塞，群众文化活动、教育发展、科技致富等方面较为落后，特别是在不通公路的边远村落，群众的文化知识需求难以得到有效满足。在此情况下，大关县从县情出发，独创 "流动的书香——背篓图书馆"，一批又一批基层工作者、志愿者用他们或坚实或瘦弱的背脊背起背篓，穿越崇山峻岭，为大山深处的老百姓、孩子们送去宝贵的 "精神食粮"，用背篓的方式将文化送进偏远的农村，解决了公共文化服务的 "最后一公里" 问题。其主要做法有：一是坚持政府主导、统筹推进原则。成立由县政府分管领导任组长，由农业农村、文旅等 22 家部门联合组成的 "背篓图书馆" 领导小组，并出台《大关县巩固提升背篓图书馆成果、推进扶贫扶志（智）实施方案》等方针政策以及为其提供重要的财政保障。二是建设有规划，组织专业化。通过乡镇政府推荐和村民小组申报，精心选取 14 个不通公路、群众分散的自然村为建设点，并组织人员

---

❶ 苏锐. 山东平度："行走的书箱" 让乡村弥漫书香［N］. 中国文化报，2022-03-24（002）.

❷ 新浪财经. 云南大关： "背篓图书馆" 打通乡村公共文化服务最后一公里［EB/OL］.［2023-03-03］. https://baijiahao.baidu.com/s?id=1757865987029986609&wfr=spider&for=pc.

实地调研论证。在策划阶段，服务队通过入户走访的形式，对选定的村民小组及周边村落展开调研，在掌握相关情况后绘制出具有针对性的路线，并编制了培训手册，为项目具体实施提供翔实资料。组织专家团队精心制订建设内容和管理制度，经过群众需求摸底、专家考察推荐后，为每个图书馆建设点配备700册图书和一个书柜，配置的书籍分时事政治类、少儿读物类、农业科技类和杂志类四种。❶根据服务的内容组建"背篓图书馆"系列服务队伍，为项目的运行提供人才保障。三是以关键点为突破点，稳步推进项目进程。2016年"背篓图书馆"建设项目启动之初，大关县首先选择玉碗镇唯一不通公路、以苗族语言为主的村民小组何家坡作为试点，图书服务工作队背着为老百姓精心准备的图书、学习用具、便携音响等来到何家坡，带领苗族同胞阅读图书，教他们说汉语、唱红歌，得到了当地苗族同胞的高度认可和支持。在借鉴试点经验的基础上，大关县在14个自然村建立了16个流动"背篓图书馆"❷，并且根据不同的群体提供具有针对性的文化服务。四是加强"背篓图书馆"的规范化、制度化、常态化建设。每个建设点的图书室选在村民小组组长家，图书由村民小组组长统一保管，严格按照《借阅登记本》《图书使用注意事项》和《图书登记表》等规范借阅。制定《大关县"背篓图书馆"图书管理办法》《大关县"背篓图书馆"图书员管理工作职责》《大关县"背篓图书馆"财产管理办法》，为每个图书室、每本图书统一编目和编号，并录入大关县图书馆图书管理系统，进一步规范管理。同时建立起图书轮换机制，定期轮换各个"背篓图书馆"的图书，以满足群众对不同书籍的需求。

服务队在开展送书服务、歌舞培训、知识讲座等活动的基础上，还为村民发放珍爱生命宣传手册、防震避震常识，收音机、毛巾、"母亲邮包"等科普知识和生活用品，为中小学生发放书包、文具等学习用品，努力改变贫困地区的消极习惯、风俗、心态和价值观念，有力支持了易地搬迁、产业发展等工作，有效抵制了非法宗教传播行为，让群众深切感受到了党和各级政府的关怀，铸就了一颗"自强诚信感恩"的红心。❸为及时将图书等"精神食粮"送到有需求的群众手中，丰富群众文化需求，大关县以党建为引领，充

---

❶ 新浪财经. 云南大关："背篓图书馆"打通乡村公共文化服务最后一公里 [EB/OL].
[2023-03-03]. https://baijiahao.baidu.com/s?id=1757865987029986609&wfr=spider&for=pc.
❷ 王瑾. 家门口的文化生活越来越有看头. 中国财经报 [N]. 2023-05-18 (07).
❸ 新浪财经. 云南大关："背篓图书馆"打通乡村公共文化服务最后一公里 [EB/OL].
[2023-03-03]. https://baijiahao.baidu.com/s?id=1757865987029986609&wfr=spider&for=pc.

分调动县委宣传部、县文旅局、县农业农村局等单位，以及爱心志愿者等各方力量，组建"背篼图书馆"系列服务队伍，巩固拓展"背篼图书馆"成果。通过多渠道、多形式、多方位对服务队人员分批次进行培训，促进"背篼图书馆"服务水平整体提升。目前，"背篼图书馆"服务队伍不断壮大，服务功能不断完善，服务水平不断提升。通过送知识、送技能、送文化、送培训、送政策、送服务、送自信，充实了高寒边远贫困村寨群众的"文化粮仓"，改善了村民阅读条件，激发了村民的阅读热情，丰富了村民的精神文化需求。

（3）河南新郑：戏曲进乡村唱出大天地

河南新郑市戏曲文化历史悠久、群众基础深厚，基于此，近年来筹划建设了"戏曲进乡村·欢乐进万家"项目，采取"政府主导+社会力量参与"的模式，从供给端保障农村公共文化服务多元化。[1] 新郑市坚持以戏曲进乡村的方法来提高乡村群众的文化生活，并不断增加投入。其主要做法为：第一，政府主导，推动文化供需平衡建设。成立了领导小组和专家委员会，各司其职，共同建设文化服务体系。采用"百姓点单""政府买单"并提供有效机制保障群众日益增长和多样的文化需求，让"戏曲进乡村"惠民利民。以群众的需求和意见为主不断完善送剧目录，改变了以往文化服务"政府一锅端"的情况，促进戏曲文化供需的平衡。第二，完善基础设施，为"戏曲进乡村"搭建舞台。通过建强阵地、加大投入、真补实奖等举措进一步夯实基础，让"戏曲进乡村"常态常效。对原有的乡村公共文化服务设施进行升级改造，确保乡村两级文化服务中心全覆盖，通过敞开大门请进来、打造戏曲"云平台"、开设名家"传艺所"等途径，创新方式，让"戏曲进乡村"充满活力。第三，抓品牌建设，提高"戏曲进乡村"效应。连续13年在新郑市炎黄广场组织举办综艺晚会或戏迷擂台赛，每年演出50余场次，年受益观众30余万人次，"百姓大舞台"戏迷擂台赛成为新郑群众文化活动的特色品牌。[2] 受此品牌影响，各地纷纷以戏迷擂台为主连年开展了群众文化艺术节活动，群众的文艺热情得到很好的激发。

随着生活水平的提高，农民的文化需求质量不断提升、数量逐年增长，对此，郑州市提高文化服务的投入力度，扩大文化服务的购买范围，缩短文

---

[1] 陈关超，张莹莹. 河南新郑：乡村因戏曲而改变 [N]. 中国文化报，2018-10-12（004）.

[2] 农业农村部农村社会事业促进司. 河南新郑戏曲进乡村唱出大天地 [J]. 农村工作通讯，2020，771（7）：39-40.

艺演出的周期，目前已达到每年 300 场文艺演出数量，实现了每个行政村每年看 2 场戏的目标。❶ 很多地区在乡村公共文化服务的供给上存在着供需失衡、需求不明、内容单调、形式单一以及群众参与动力低等不足。河南新郑的这个案例为各地解决这些问题提供了很好的经验借鉴，其亮点在于以群众的需求为主，建立文化服务的平台和机制，在弘扬戏剧精神、传承戏剧文化的同时，还重视当地戏剧资源的挖掘和人才的培育，为当地戏剧文化的可持续发展提供强大的动力支持。

5.3.5 乡村公共文化服务一体建设

（1）天津北辰双街：打造常态化服务体系　让农村文化"活"起来

随着社会的发展，基层公共文化服务体系的建设越来越重要。双街镇牢牢把握天津市北辰区创建国家公共文化服务体系示范区的历史契机，结合当地实际情况展开了有效的探索，力图通过多措并举来构建覆盖范围广、服务成效高的农村公共文化服务体系，以充分保障乡村群众的文化权益。主要做法为：第一，夯实基础设施，推进区、镇、村三级公共文化服务空间体系建设。双街镇将公共文化供给与建设实际相结合，建成了 2000 平方米镇级文体中心，内设集休闲娱乐、文化教育、体育健身等多种功能的空间；完成全镇15 个村、9 个社区级党群服务中心提升达标，平均面积分别达到 1037 平方米、1462 平方米❷；为挖掘和激活运河文化历史，双街镇还建设了文化古街和梁崎书画馆。多功能活动室等实体空间的建设有力保障了农村公共文化服务的顺利开展。第二，强化组织保障，促进管理体系的建设。双街镇成立了镇文化站，配有文化站长 1 名，文化社工 3 名，在 24 个村（社区）分别增设1 名文化管理员，做到文化活动有专人组织、专人管理。为了进一步管理和规范文化管理员工作，双街镇建立健全了相关的培训、考核等机制。第三，设立专项基金，提升文化服务的内生动力。2016 年以来北辰和双街镇以成立专项基金的方式为农村文化服务提供保障，利用专项资金通过政府购买方式开展晚会、歌会、戏曲等丰富多彩的文化活动。此外，为了解决农村文化工作者和带头人严重匮乏的问题，双街镇加大对农村文化人才的培养，鼓励和

❶ 农业农村部农村社会事业促进司. 河南新郑戏曲进乡村唱出大天地［J］. 农村工作通讯，2020，771（7）：39-40.

❷ 国家发展改革委. 天津北辰双街：打造常态化服务体系　让农村文化"活"起来［J］. 中国经贸导刊，2021，996（4）：9-11.

号召文化带头人、乡贤等群体加入，为农村公共文化服务的建设添加动力、活力。第四，动员群众参与，提高服务效能。近五年，双街镇共举办各类培训班、学习经验交流会 70 多期，培训文艺人才和文艺志愿者 1200 多人次，开展"瑜"悦身心瑜伽活动公益培训 20 余场，开展各类妇女、儿童手工培训活动 20 余场，建成镇级文化团队 6 支，舞蹈、书画、声乐等村级特色群众文体团队 60 余支。❶ 双街镇在全镇所有乡村街道打造"五个一"文化惠民工程，即一村设计一个乡村文化 LOGO、一个文化广场、一条文化街道、一个便民服务大厅❷，采用多种形式来宣传和弘扬思想文化，使群众一出门便能享受到各种文化服务，将公共文化服务从遥不可及转变为触手可及。

通过一系列的建设，北辰双街镇建成了区—镇（街）—村（社区）三级阵地，坚持"一村一品、一村一队"❸ 的原则，依托各种市级非物质文化遗产资源，通过当地文艺队伍的带动来激发多方志愿者的文艺热情与服务意愿，从而盘活乡村文化。通过喜闻乐见的文化活动，调动村民参与热情，基于村民的文化需求，不断完善农家书屋的建设。通过持续努力，目前双街镇的各个行政村已实现农家书屋全覆盖，农家书屋的藏书数量日益增多，类型逐渐丰富，全镇总量达 3 万余册。农家书屋不仅能够满足人们的线下、线上阅读需求，还利于积极开展各种阅读活动，每年每村的农家书屋所开展的阅读活动不低于 2 次，进一步丰富了人们的文化生活。

（2）湖北来凤："统建传服"推动县乡村组公共文化服务一体化

来凤县拥有着 1200 年的土家族摆手舞历史❹，它既是摆手舞的故乡，又是摆手舞的发源地，其摆手舞已被列为国家非物质文化遗产。近年来，来凤县秉承"乡村振兴为农民而兴、乡村建设为农民而建"宗旨，立足红色文化、土家文化、生态文化等，以文化"软实力"推进农村公共服务体系建设；聚焦力量统筹、设施建设、文化传承、志愿服务等模式，实现"县乡村组"公共服务体系建设一体推进，构建起具有民族特色，且可复制、可推广的农村公共服务典型经验做法。摆手舞是土家儿女在生产生活实践中自发创造的民

❶ 国家发展改革委. 天津北辰双街：打造常态化服务体系　让农村文化"活"起来 [J]. 中国经贸导刊，2021，996（4）：9-11.

❷ 国家发展改革委. 天津北辰双街：打造常态化服务体系　让农村文化"活"起来 [J]. 中国经贸导刊，2021，996（4）：9-11.

❸ 国家发展改革委. 天津北辰双街：打造常态化服务体系　让农村文化"活"起来 [J]. 中国经贸导刊，2021，996（4）：9-11.

❹ 牟凡. 土家摆手舞摆出新生活 [N]. 恩施日报，2023-02-16（A02）.

族舞蹈，具有特色鲜明、文化底蕴深、生活气息浓厚、群众参与认可度高等优点，将其作为健全公共服务体系的"先遣队"，不仅能有效满足群众的精神文化生活需求，又能探索出地方小舞种促进公共文化服务建设的新路径。其主要做法为：第一，三级联动+三类场所+三方力量，强化服务平台。通过建立健全县、乡（镇）、村（社区）联动，统筹推动特色文化服务体系构建；打造一个大型活动场所、一批活动展示场所、一批群众健身场所三类场所❶；坚持政府主导、社团协同、社会参与，汇聚三方力量，依托村（社区）"两委"，推进摆手舞下沉一线、走进群众，组建村民摆手舞队伍，融入村级文艺演出，健全"舞"之体系，建强服务平台阵地，进一步丰富了农民业余生活。第二，通过作品多元化、载体多样化、多渠道传播来拓展"舞"之范围，丰富服务内涵。创造多元化的作品，如出版多种摆手舞相关书籍、创造 10 余件音乐和舞蹈等文艺作品；通过由县图书馆—乡镇图书馆分馆—村（社区）图书室—图书流动服务点构成的县域读书体系，将摆手舞等各类书籍送到千家万户。❷为确保公共文化服务"精准供给"，来凤县以摆手舞为主线来建设文化产品和文化服务的供给体系，将现代新型技术融入传统文化的传承中，整合公共文化云、微信公众号等智慧平台资源，推动摆手舞教学电子化、数字化升级，以及打造网上展示平台，不断提升供给能力，满足群众多元化、个性化需求；将摆手舞送进机关、学校、企业、景区、社区、农村，推出课间操、工间操、幼儿健身摆手操等易学舞蹈，拓宽了传播渠道。第三，强化人才队伍建设。健全公共文化服务体系关键在于人，通过扩大摆手舞文化传承队伍、强化培训提高服务质量、带动广大群众参与等来强化"舞"之队伍，壮大服务力量。目前，全县共有 30000 多人会跳摆手舞，覆盖各个乡镇、村组，针对摆手舞"领路人"展开一系列的培训，推进摆手舞项目的常态化、专业化建设。❸

来凤县充分发挥其文化优势，在满足少数民族地区的文化需求、传承发扬摆手舞的同时不断健全和完善公共文化服务体系，打造高质量的发展格局。通过建立健全公共文化服务平台、丰富公共文化服务内涵、壮大公共文化服

---

❶ 新浪财经. 湖北来凤："统建传服" 推动县乡村组公共文化服务一体化［EB/OL］.［2023-03-03］. https://baijiahao. baidu. com/s? id = 1757046555334006703&wfr=spider&for=pc.

❷ 新浪财经. 湖北来凤："统建传服" 推动县乡村组公共文化服务一体化［EB/OL］.［2023-03-03］. https://baijiahao. baidu. com/s? id = 1757046555334006703&wfr=spider&for=pc.

❸ 新浪财经. 湖北来凤："统建传服" 推动县乡村组公共文化服务一体化［EB/OL］.［2023-03-03］. https://baijiahao. baidu. com/s? id = 1757046555334006703&wfr=spider&for=pc.

务队伍、共享公共文化服务成果等有效途径，带动了文旅融合发展、全民身体素质提升和社会互助和谐。摆手舞是一项全身运动，能够有效活动颈椎、肩、胯、腿等身体各个部位，预防和治疗高血压、冠心病等，将摆手舞作为每年全民健身日活动的重要内容，逐步引导群众建立起"每天锻炼一小时、快乐工作每一天、幸福生活一辈子"的生活理念。通过摆手节、牛王节、土家族过赶年等特色活动，以摆手舞文化服务为切入点，吸引各地游客前来休闲观光，辐射带动餐饮、住宿、农产品消费等❶。来凤县通过促进经济发展、提升全民素质、构建和谐社会的途径来彰显摆手舞"舞"之魅力，增强了群众的获得感、幸福感。

---

❶ 新浪财经. 湖北来凤："统建传服"推动县乡村组公共文化服务一体化 [EB/OL]. [2023-03-03]. https://baijiahao.baidu.com/s?id=1757046555334066703&wfr=spider&for=pc.

乡村公共文化服务高质量发展的态势

据《中国统计年鉴 2022》显示,截至 2021 年底,我国乡镇(街道)文化站有 40215 个●。虽然基本的群众文化机构数量多,但实际上在很多的乡村地区,因农民受到封建思想影响,文化意识都相对滞后,对乡村公共文化服务的价值理解不够,更注重的是让"口袋"富起来,乡村公共文化服务的发展仍然不容乐观,因此乡村公共文化服务的建设需要做出新的转变。乡村公共文化服务的多元化、社会化、协作化以及集成化既是一种新的发展态势,又是塑造和孵化乡村人民文化意识,让村民"脑袋"也富起来的最佳途径。在这种新形态之下来自不同主体的"主体性意识"得以激发,并辅之以合适的方式协助乡村公共文化服务建设。此外,乡村公共文化服务始终秉持以人为本,注重培育和发展乡村农民内心的文化需求和价值需求,并为他们在生活中去实践这种需求创造条件,体现着极大的人文主义关怀。

6.1 乡村公共文化服务多元化

近年来,无论是政策导向还是现实需求都推进了乡村公共文化服务体系的建设。为进一步弥合城乡文化差距,推动乡村公共文化服务的高质量发展,文化部门或机构采取相关措施,利用创新的手段和方法,解决当前乡村公共文化服务发展过程中存在的问题。其中,多元化的乡村公共文化服务供给是

● 国家统计局. 2022 统计年鉴 [EB/OL]. [2022-11-02]. http://www.stats.gov.cn/tjsj/ndsj/2022/indexch.htm.

改善目前存在的供需失衡问题的途径，也是缓解当前乡村公共文化服务内容同质化、服务形式单一、服务主题单调、供给主体不清晰等问题的方法。本节在深入调研前一节的案例和广泛调研其他典型案例的基础上，从供给的视角来对案例进行进一步的总结和分析，主要从供给主体多元化、供给内容多元化和供给模式多元化三个维度分析乡村公共文化服务多元化的相关内容。

6.1.1　供给主体多元化

文化作为国家综合国力和国际竞争力的重要组成部分之一，无论是发展中国家还是发达国家，文化的重要程度逐渐提高，国家文化建设的投入也在逐年增加，乡村公共文化服务能否有效供给不仅关乎村民文化权益的保障，还关乎国家文化"软实力"的塑造。在早期，受限于传统思想的影响，政府成为公共文化服务最大的供给者，政府垄断供给，政府以外的其他主体难以参与公共文化服务建设，行政特征便成为早期的乡村公共文化服务的主要特征。随着社会的快速发展，政府的文化建设观念逐渐从"干预文化"到"为文化服务"，其文化职能从具体操办文化转变为与其他主体共同提供文化服务。新的时代，乡村公共文化服务面临着新的环境，必然也有新的要求，传统的政府主导或市场主导的公共文化服务供给模式已经不能满足国家发展和群众需要的要求，我国的乡村公共文化服务在坚持政府主导的前提下，在文化生产、供给等阶段纳入了新的主体，如社会组织、民间组织、团体或个人等，共同助力乡村公共文化服务的建设，着力打造全新的、高质量的发展格局。

根据我国的基本国情，目前现代公共文化服务形成以政府主导为主、社会力量广泛参与的发展格局。随着公共文化服务建设内容的丰富化，公共文化服务的社会化参与机制也逐步得到确立，政府鼓励和引导社会力量主动加入公共文化服务的建设，从而促进服务的多元化发展。在此背景下，在乡村也开展了深入而广泛的探索，乡村公共文化服务的建设主体、供给主体也发生了巨大的变化，呈现出多元主体的特征，政府起着主导作用，而企业、文化机构或组织以及个人等社会力量则起到辅助的作用。

如浙江省衢州市龙游县的乡村公共文化服务建设的供给主体有政府、公共文化机构、社会组织、乡村居民、文艺队伍等，多方主体联合整合农村文化礼堂、乡镇文化站等公共文化阵地资源，政府负责提供平台、舞台，百姓负责表演等，使群众充分融入公共文化服务的供给，让群众真正成为文化产品及服务的建设者。此外，还积极号召各类文艺爱好者组建成乡村文艺队伍，逐步扩大服务范围。再有重庆市铜梁区的生态分馆建设，创新形成了"政府+国企+文化馆+文化中心"的复合运营主体，由区文化和旅游发展委员会牵头负责制订专项实施方案并对生态分馆进行总监管和总指导；国企文旅开发公司负责生态分馆的物管、保洁、水电等基础设施的管理与维护，并参与生态分馆的运行监管；区文化馆提供服务与设备，实施免费开放，面向乡村开展全民艺术普及活动；村综合文化服务中心做引导，镇级政府作协调，共同组织村民积极参与公共文化活动。通过汇集多方力量，组建形成分工细致、责任明确的复合运营主体，确保生态分馆的文化植入、日常运营和服务能够落实到位。

在乡村公共文化服务的供给过程中，政府和社会力量承担的职责和责任是不同的，政府从宏观层面把控乡村公共文化服务的发展，如制定公共文化服务政策、投入合理的财政资金、培养公共文化服务发展所需的人才等，而社会力量从微观层面参与乡村公共文化服务的有效供给，其切实地投身到乡村公共文化活动中，能够起到为乡村公共文化服务引入其他社会资本、丰富农民文化生活等作用。

政府主要是通过投入财政资金兴建乡村公共文化设施和公共文化实体建筑的方式，实现乡村公共文化服务的有效供给，如大南坡乡村美学示范村和光山大别山乡村会客厅均是由传统的建筑改造而成，为了解决这两个村的公共文化服务空间与人们需求不符、空间闲置的问题，地方政府利用自身的资金和人才优势，聘请设计师改造原有的乡村公共文化空间，结合大南坡乡村和光山大别山乡村的乡土特色，分别将大南坡乡村和光山大别山乡村打造成美学实践基地和乡村文化实践基地，在空间内建成了乡村民居、文创厅、艺术展览馆、博物馆等文化设施，既丰富了当地居民的文化生活，也给当地的旅游经济发展带来效益，带动了乡村文化振兴。

社会力量在乡村公共文化服务的建设上虽暂起辅助作用，但其占据的比重在逐渐增加。在供给调研和典型案例调研过程中，发现社会力量大致有企业类、文化组织或机构类、个体或团体类三类，三个类型的社会力量由于自身具有的特点各不相同，其建设的乡村公共文化空间和乡村公共文化服务供给内容也不尽相同。

企业类的社会力量拥有丰厚的资金储备和高水平的管理队伍，具备策划大型乡村公共文化服务活动和项目的能力，积极参与公共文化服务的运营管理和产品供给。如酷岛造梦营由乡伴文旅集团承办和建设,该项目建成了集民宿集群、文化创意、艺术体验、度假旅居、共创办公、社群社交、亲子教育为一体的乡村艺术社区。这些公共文化设施由乡伴文旅集团聘请专业的管理人员进行后期的运营管理,同时也组织当地的居民和游客开展艺术驻村、青少年研学教育、水上嘉年华等活动,实现社会化的运营管理和多元化的供给内容相结合。除了能够承担乡村公共文化服务设施的运营和管理,企业也逐渐成为公共文化服务场所的建设者,如长三角盐文化文创基地、妙山美术馆、云上院子等民营文化场所都是在企业的积极参与下建成的。长三角盐文化文创基地以"盐文化"为创办核心,妙山美术馆秉持"艺术下乡、文化再创"的目标,云上院子坚持"乡村资源与环境相融"的理念,在企业的运营和管理下,开展主题鲜明的系列活动,给当地的乡村文化服务发展带来更多的文化效益。

文化组织或机构类社会力量主体具有专业的文化管理和文化组织能力,不但能够负责服务设施的管理和运营,还能够筹划和开展各类文化活动。通过梳理部分乡村公共文化服务的典型案例发现,文化机构或组织侧重于乡村艺术馆、乡村图书馆等文化场所的日常管理。例如,柳荫艺库是由四川美术学院(艺术与乡村研究院)和北碚区柳荫镇文化部门携手共建的艺术场馆,该馆集乡村美育厅、柳荫农耕文化遗产专题展馆、中小幼学校乡村美育博物馆、乡村电影院、乡村书屋、乡村咖啡屋、乡村大舞台等空间于一体,使柳荫粮仓从粮食供应的物质功能向艺术滋养的艺术功能转变。再如,碗米民宿分馆、石练镇淤溪镇村二十四节气主题分馆等图书馆分馆,均由当地的县图书馆或区图书馆按照总分馆制度进行管理,总馆工作人员为各个分馆配置图书资源,策划不同主题的活动,给读者带来特色化的阅读体验。

个体或团体志愿者是社会力量的重要组成部分,他们当中有业余的,也有专业的,既有社会贤达人士、退休居乡人员,也有具有文艺特长的农民等普通群众,他们自发或由政府组织向农村居民提供文化服务,尽管这类主体因财力、物力、能力较为微薄,但其在乡村公共文化服务发展方面的贡献不容忽视。如中国最大的民办书院——逸迩阁书院,该院由湖南常德市的高金平先生创办,每日为读者提供免费开放的优质服务,书院自创办以来,共接待读者近40万人次,开展团体活动1400多场,举办多项"逸迩系列"的公共文化活动,极大地丰富了当地群众的文化生活。云南省安宁市青龙街道组建以文化专干为主的志愿送书队伍,并动员各级党组织和党员积极参与,他们背着"流动书包",深入农户、大棚、养殖场、作坊,除了提供书籍,还开展了阅读分享会等活动。

当下,无论是城市还是偏远的乡村,随着生活水平的提高,人们的精神文化需求也日益高涨。我国乡村公共文化服务应积极构建主体多元化的乡村公共文化服务体系,为不同人群采用不同的供给方式提供不同层次内容的公共文化服务,形成多元化的格局。主体多元化需要建立多元化的激励机制来增强各方主体力量参与乡村公共文化服务建设的自主性。多元主体的加入能够促进文化产品结构优化、提高服务效能,既是乡村公共文化服务多元化的前提,又是丰富乡村公共文化服务载体、样态的重要途径。

6.1.2 供给内容多元化

文化内容品种越丰富,文化的基因库也就越丰富,不同类型的文化之间具有互补甚至是替代的作用。对于文化生态系统而言,丰富的文化内容既能增强文化生态系统的抗压能力,也可赋予其可持续发展的动力,从而保障系统的动态稳定性。从乡村公共文化服务来看,供给内容的多元化是缓解文化供需脱节的最佳途径,在丰富群众文化生活的同时也让公众有了更多的参与乡村公共文化服务活动的选择权,从而唤醒和激发群众的文化意识,提高乡村公共文化服务的发展水平。

文化只有通过多元化的载体和内容形式来表现才能发挥其最大的价值。在早期,无论是文化实体空间如农家书屋、乡村图书馆还是文化惠民项目或服务,主要都是由政府一手操办,其追求的是短期效益,供给的内容主要是人力、物力、财力消耗较小的,而对于消耗比较大的则少之又少。不同的文化载体政府的投入差别较大,且载体数量和质量也不协调,致使供需失衡现象严重。乡民多样性的文化需求要求乡村公共文化服务供给内容多元,如此才能实现供需契合。根据调研发现,近年来乡村公共文化服务的供给内容逐渐多元化,且取得了比较丰硕的成果。

提供多元化的服务内容、满足村民多样性的文化需求,是缓解当前供需失衡、供给效率低、供给质量差的最佳途径。近年来,乡村公共文化服务的供给内容多元化主要体现在活动和项目的内容供给、公共文化实体设施的内容供给、公共文化服务网络空间的内容供给三个维度上。

在活动及项目的内容供给上,乡村公共文化服务活动类型丰富、形式多样。如呼玛县文体广电和旅游局立足于当地发展的实际,号召广大群众积极打造原创歌曲，共同创作了歌唱革命历史的红色系列、重温家乡文化的乡土系列、呼应时代精神的青春系列等10大系列原唱歌曲，形成了原创歌曲种类多、题材多、人才多、活动多、益处多的"五多"局面，使得公共文化服务更加贴近群众的社会生活。再有"盘州春韵"系列活动，该活动从最开始的4项（民间游园、戏曲演唱会、服装秀、元宵晚会）增至到现在的非遗逛新城、百姓大舞台、新春晚会、春节灯会展、送文化下乡等50余项，不仅丰富了服务的内容，也丰富了服务的形式，促进了当地文化生活的繁荣。

在乡村公共文化实体设施的内容供给上，依托于文化实体，打造集成的空间，推出多元的服务。如金乡卫城文化客厅大力推动跨界文化空间建设实践，该空间实践活动分为人文交流空间、复古艺术空间和社区教育空间三种类型的实践活动。人文交流空间实践活动方面，以尚书房、石山书院、汉书房等文化空间为主要支撑，邀请名家开展卫城讲坛系列活动，讲坛内容涵盖卫城前世今生故事、当代诗文欣赏、传统文化教育、爱国文化宣讲等；在复古艺术空间实践活动方面，复古艺术空间主要承办传统节庆日的相关活动，包括除夕出城节、春节送"福"七天乐、元宵市集、清明上河文化节、端午诗会、中秋音乐会等民俗主题活动；在社区教育空间实践活动方面，以城书画院、汉服馆、茶书院、琴坊为空间载体开展社区教育活动，邀请专业老师为社区居民提供书画、琴技、茶艺、花艺等方面的培训。再如海虞镇铜官山乡村历史文化馆的溯源馆和吴方言馆，两个场馆的供给内容丰富多彩且各不相同。溯源馆立足于再现福山古城的原始风貌，利用数字化的信息技术、沙盘等手段和工具，展现历代福山的地理、生态和人文环境的发展变化，提供福山古城的历史文化、民风民俗、地理风貌等诸多内容。吴方言馆则分序厅、吴侬软语、常熟闲话、方言与文化、方言四六级互动、方言保护6大区，遵循"看得见的'声音'，听得见的'展览'"的设计理念，每个区域的供给内容各有其侧重点，不仅增添了文化活动的趣味性，也让大众体会到常熟方言的魅力所在。

在乡村公共文化服务网络空间的内容供给上，主要体现在通过技术、网络的手段，将各种分散的资源整合于一体向广大的群众提供文化服务，缓解了因乡村地域辽阔、分散导致文化服务覆盖范围小的问题，因此普及乡村公共文化服务网络空间也是近年来的一大发展趋势。如湖南省长沙市长沙县利用数字技术打造的"云上·五悦"阅读空间，分为"悦读""悦艺""悦动""悦耀""悦游"五大板块，整合了县、镇、村三级公共文化资源，每个板块都提供不同的内容，将文化服务从线下搬到了线上，让更多群众特别是偏远地区群众足不出户就能听文化讲座、参加艺术培训等。再有，对于地处偏僻、交通不便的山区县来说，解决由空间、交通等客观因素引起的城乡公共文化服务发展水平不平衡、城乡文化"交流""共享"不畅通的问题迫不及待。为了解决这一问题，浙江省遂昌县以共享理念为先导、信息化为手段，整合推进文化礼堂的建设，将活动、场地、资源集于同一空间，实现了三端合一，即将电视端、电脑端、手机端连接在一起，建立一个统一的共享平台，对智慧中心、县乡镇的公共文化场所和文化礼堂改造升级，加装设备，从而实现110多个不同类型、不同级别的文化场所互联互通，使群众可以实时共享文化成果。❶ 总体上来说，在政府和社会力量的广泛参与下，乡村开展了丰富多彩的文化活动，文化供给内容不再只有文献类或者宣传类，依托于文化服务空间或者利用传统的节假日，推出健康养生、绘本阅读、非遗文化、思维拓展、文体艺术、戏曲、歌舞、乐器、创作、科普培训、民歌、国画、讲座、培训等类型多样的服务内容与形式。现今的供给内容多元化最明显的特征是知识性与娱乐性结合，在保障村民基本文化权益、提高村民文化知识水平的同时，也不忘满足现代社会生活中村民的休闲娱乐需求，将文化服务融入人们的娱乐活动，实现乡村公共文化服务的趣味性和知识性均衡发展。

6.1.3 供给模式多元化

随着公共文化服务的快速发展，乡村公共文化服务的供给主体也不断注入新的元素，从而丰富乡村公共文化服务的内容和形式。此外，随着人们生活水平的提高，人们的文化需求也逐渐多元化，传统的由政府主导的单一供给模式已不能满足时代的需求。基于供给调研，发现目前乡村公共文化服务的供给模式逐渐多元化，逐渐转向"政府主导型""政府和社会力量合作型""社会力量主导型"多元供给模式，其中关于"政府和社会力量合作型"和"社会力量主导型"的典型案例也逐年增加，由此可见，社会力量在乡村公共文化建设中的作用不可忽视。

就"政府主导型"的供给模式来说，大多数的乡村公共文化服务典型案例以乡村综合文化服务中心为主，主要原因在于乡村精神文明建设相对滞后，依靠社会力量的能力不能在乡村地区开展规模化的公共文化服务活动，乡村

---

❶ 麻萌楠，张巧燕，傅长琪. 遂昌智慧文化礼堂入选首批全国农村公共服务典型 [N]. 丽水日报，2019-12-25（A01）.

公共文化服务建设存在的资金、人才等问题都需要政府在其中发挥重要的主导作用。在"政府主导型"的供给模式下，浦东祝桥星火村乡村振兴示范村在政府政策的扶持下摇身变为集农、商、旅、住一体化的综合乡村社区，政府管理部门为了提高文化治理的效能，基于现有的资源，加大对星火村公共文化服务硬件设施的建设，让乡村公众能享受到高质量的硬件设备，提升乡村公共文化服务效能。大南坡乡村美学示范村、惠南镇海沈村、时庄村、白沙村等乡村在当地政府的大力支持下，通过资金注入、人才投入等方式，开展了独具风格的文化活动，开创乡村公共文化服务的新样态。重庆市渝北区兴隆镇牛皇村综合文化服务中心、怀仁镇综合文化服务中心等乡村公共文化服务实体空间，在政府文化部门或机构的领导下，组织乡村公众自行开展乡村公共文化服务活动，如组建广场舞队伍、花鼓队等民俗活动队伍等，极大地激发了村民参与乡村公共文化服务建设的热情。

就"政府和社会力量合作型"的供给模式而言，政府和社会力量是乡村公共文化服务供给的重要主体，在不同的方面起到不同的作用。乡村公共文化服务具有惠民和公益的特征，若在乡村地区仅凭借政府自身的力量是较难实现乡村公共文化服务的普及惠民，因此既需要政府的大力扶持，也需要激发社会力量的能动性，"政府和社会力量合作型"的供给方式应运而生。通过梳理典型案例发现，"政府和社会力量合作型"供给方式侧重对乡村图书馆、文化馆等场馆的服务内容及服务活动的供给。如景宁畲族自治县图书馆大均分馆采取"政府主导、社会力量参与、群众受益"的共建共享模式，景宁畲族自治县图书馆提供公共图书、文化活动等资源，大均乡人民政府负责提供公共文化服务的活动场地，保障乡村公共文化服务活动的日常运维、营销推广、环境保障等基础性工作的顺利进行，县图书馆与政府通力合作，在图书资源和场所提供方面发挥各自的作用。再有湖笔小镇公共文化空间采用了政府与社会力量联合建设的模式，善琏镇政府坚持以湖笔为主线，通过政府资助湖笔产业的形式，吸引和鼓励湖笔手艺传承人、营利性单位积极参与当地的湖笔文化产业建设，在传承湖笔技艺的同时也做强湖笔产业。

近年来，随着社会力量在公共文化服务体系建设中的作用不断增大，个别经济发展水平较高的乡村地区采用了"社会力量主导型"的公共文化供给模式，并取得了一定的成效。如河南省焦作市莫沟村的村民自发建立的民办乡村书屋——老苗窑洞书馆，该馆开展的公共文化服务活动由村内的文化部门或组织进行主导，并注重村民的参与，该种服务活动供给方式既提高了乡村居民参与书馆开展的公共文化活动意愿，又完善了村民表达和反馈文化需求的渠道。再有山东威海市的公益创投项目，采取"政府扶持+社会主导+第三方支撑"模式，具体的乡村公共文化服务活动及项目由社会组织全权负责，政府给予其财政、制度、专业人才等支持，为乡村公共文化发展引入 20 余个社会组织，培育基层文化志愿团队 30 余支，培训基层文艺骨干 100 余名。❶当然"社会力量主导型"模式目前尚处于探索和完善阶段，发展还不够成熟，应用也比较少。

无论是政府主导型、政府和社会力量合作型，还是社会力量主导型的供给模式，在一定的情境中有优点也有不足，如政府主导型的供给模式容易出现政府职能失灵、限制社会力量加入等问题，政府和社会力量合作型会因二者之间的沟通不及时、发展目标不一致等导致合作效果不佳等问题，社会力量主导型的供给模式则容易受到社会力量的公共文化服务专业能力的影响而发展不稳定等。因此，各地在探索多元化的供给模式时，应结合具体的公共文化服务产品、性质和地域的特殊性来选择合适的供给模式，然而无论是哪种模式，只有通过科学合理的指导和规范，才能全面、高效地为公众提供满意的公共文化服务。

总的来说，乡村公共文化服务多元化是乡村公共文化服务高质量发展的重要态势之一，在乡村公共文化服务发展过程中扮演着重要的角色，为健全乡村公共文化服务体系、增强服务质量等奠定基础。乡村公共文化服务多元化，既有供给主体多元化，又有供给内容多元化，还有供给模式多元化，这一切离不开政府的主导作用和社会力量的广泛参与。在乡村公共文化服务的供给上，供给主体强调的是"由谁做"，涵括对各类主体的界定；供给内容强调的是"做什么"，包含了文化产品及服务的种类、结构和范围等；供给模式强调的是"怎么做"，是对各类供给主体的组合及其分工合作方式的描述。多元化的发展战略在做全、做实、做好乡村公共文化服务的过程中起到至关重要的作用，能为其建设、运营、管理、融资、创新等提供保障。在乡村公共文化服务供给的过程中，政府的职能也由原来的管理向如今的服务转变，社会力量在政府政策的支持和扶持下也积极参与乡村公共文化服务的建设，以多元化的供给模式为乡村公众提供多元化的供给内容，为乡村公共文化服务多元化的高质量发展营造良好的供给环境。

---

❶ 威海市环翠区人民政府. 公共文化服务公益创投助力乡村文化振兴 [EB/OL]. [2023-03-03]. http://www.huancui.gov.cn/art/2022/6/20/art_81023_2874209.html.

6.2 乡村公共文化服务社会化

目前学界关于乡村公共文化服务社会化尚未形成统一的定义，学者杨立青认为公共文化服务社会化是指公共文化服务从单一依托国家力量转向由全社会力量共同提供的过程，从提供主体上看，它是以政府为主向社会、市场组织及个人等多元主体的逐渐扩展。❶ 基于该概念，以及结合相关的政策、会议精神等，总结出乡村公共文化服务社会化是指以政府主导为前提，由社会力量承担部分或全部原先由政府垄断供给的乡村公共文化服务的过程，也是一个文化职能逐渐分散的过程。乡村公共文化服务多元化为其社会化奠定了基础，特别是供给主体多元化，它为社会化创造了条件，主要体现在建设主体、建设模式和建设场所上。

6.2.1 建设主体社会化

《公共文化服务保障》❷ 从国家层面提出了要鼓励社会力量参与公共文化服务的建设。然而，在过去的文化建设中，往往因受到封建思想和利益冲突的影响，其建设主体主要是政府等文化管理部门，社会力量处于补充性的地位。近年来，随着经济水平的提高，人们的文化服务需求呈现多样化、差异化的特征，且乡村地域辽阔、碎片化的分布，以往的单一文化建设主体难以跟上时代发展的步伐，引入社会力量成为乡村公共文化服务建设的新思路，于是在建设主体上发生了由单一到多元的变化，逐渐具有社会化的特征。

乡村公共文化服务社会化最显著的特征是建设主体社会化，纳入社会力量主体能够发挥文化部门和社会力量的最大优势，促进服务均等化的建设。社会力量主要是指除了政府、文化部门等正式机构以外的组织机构、企业、团体和个人等。实际上，社会力量参与乡村公共文化服务具有一定的实践逻辑，如图 6-1 所示，社会力量以购买、委托、志愿服务、租赁、战略合作等方式来参与政府等文化部门建设乡村公共文化服务，如通过参与政府购买乡村公共文化服务、兴办和管理各类文化实体等，而政府等文化部门则以免租金、免税或补贴等形式来作为补偿，维持二者之间良好的合作关系。

---

❶ 杨立青. 论公共文化服务的社会化 [J]. 云南社会科学，2014，202 (6)：9-13.
❷ 中华人民共和国中央人民政府，中华人民共和国公共文化服务保障法 [EB/OL]. [2023-01-01] http://www.gov.cn/xinwen/2016-12/26/content_5152772.htm.

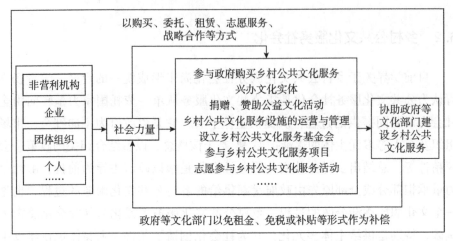

图 6-1　社会力量参与乡村公共文化服务的逻辑关系图

近年来，我国乡村公共文化服务的建设主体不仅仅只有政府，而是纳入了企业、各种团体组织、非营利性机构以及个人等。2023 年 2 月我国文化和旅游部等单位发布基层公共文化服务高质量发展典型案例名单，其中关于乡村公共文化服务的 23 个案例均体现了建设主体社会化的特征，如山东威海市环翠区首次以公益创投的方式来建设乡村公共文化，为乡村公共文化的发展引入了 20 余个社会组织，培育基层文化志愿团队 30 余支等，以社会力量助力乡村公共文化服务发展，成为促进乡村文化建设社会化的示范基地。再有，浙江省龙游县以"文化龙游"建设为引领，以社会化为支撑，搭建"百个站堂共建联盟"，其建设主体为"政府+公共文化机构+社会组织+乡村居民"，如龙游县社阳乡大公村的文化礼堂，主要由政府、文化村主任和浙江好时文化传媒有限公司建设。山西阳城县的"实施乡村文化记忆工程，传承乡村文脉"项目，其建设主体为"政府+社会力量"，通过发挥社会力量的作用来推进项目建设的进程，以文化产品开发为例，阳城县政府部门号召文化协会、群众等积极参与，共同创作了《村里那些事儿》系列丛书。

乡村公共文化服务建设主体社会化能够在一定程度上满足乡村不同人群的文化需求，有效缓解了乡村公共文化服务设施闲置、公共文化部门人力物力等不足的问题，给乡村公共文化服务带来提质增效的作用。但任何事物均有利有弊，建设主体社会化也存在一些弊端，如在乡村公共文化服务的建设主体中，不乏存在一些社会力量主体，特别是新兴行业主体，由于其发展时间短、缺乏累积的资源和运营经验、专业程度低，容易出现"重效率轻质量"

的现象，存在服务意识薄弱、参与范围有限、参与持续性弱等缺陷。纳入社会力量主体加入乡村公共文化服务建设的初衷是汇聚各方力量，提升乡村公共文化服务水平，解决单个个体所不能解决的问题，达到"协同优势"的效果。但实践中往往受各种不确定因素的影响，导致合作效果不佳，带来的是乡村公共文化服务的建设流于形式、群众满意度不高、建设质量参差不齐等问题。因此，政府要制定一定的制度，为乡村公共文化服务社会化的全过程提供保障，如规范社会力量的进入退出机制、社会力量参与乡村公共文化服务的标准、人员及技术等。

多元主体的加入是实现乡村公共文化服务由"独唱"走向"合唱"的过程，社会力量主体的加入赋能乡村公共文化服务，而在其中起到中介效应的是各个社会力量的主体性意识。主体性意识是乡村公共文化服务社会化发展的内在动力，因此如何构建和激发社会力量的主体性意识，使其能够积极主动投入乡村公共文化服务建设中，这离不开政府等文化部门建立健全的保障体系。如建立社会力量参与乡村公共文化服务的"一案三制"，"一案"即社会力量参与文化活动或项目等这一整个过程的方案、预案，综合考虑双方的利益，缓解社会力量担心由不确定性因素造成的建设效果不佳而需承担全部责任的顾虑，以及为了预防协作过程中出现社会力量主体临时退出而导致合作无法进行的应急方案等；"三制"即是体制、机制、法制。体制是指建立由中央政府统一领导、有关政府和地方各级文化部门负责、社会组织和人民群众广泛参与的乡村公共文化服务建设体制；机制是指政府等文化部门在引入社会力量参与乡村公共文化服务建设时，建立有效的信息沟通机制、决策与咨询机制、协调机制、社会动员机制等；法制则是指从法律层面上完善国家权利、国家权利与公民权利、国家权利与社会力量主体权利、公民权利之间的各种社会关系的法律规范，让社会力量参与乡村公共文化服务建设有法可依、有章可循，维持良好的参与秩序。

6.2.2 建设模式社会化

不可否认，我国的一些乡村仍然存在着公共文化服务只由政府提供的情况，当然出现这种情况也是可理解的，如对于地处偏僻、住户少的乡村，由于其他社会力量不太愿意到该地去开展文化服务，又或者是政府为了减少支出负担，将这些地区的公共文化服务安排给乡镇文化站或村委会去执行。随着社会发展，乡村的经济水平逐渐提高以及互联网的普及，这种情况正在日益锐减。通过前面 23 个乡村公共文化服务典型案例、44 个乡村公共文化服务示范项目建设案例和 9 个文化类全国农村公共服务典型案例的调研，发现乡村公共文化服务建设整体呈现出"政府主导+社会参与""政府主导+公共文化机构""政府主导+公共文化机构+社会力量"的共建共享模式。由此可见，传统的单一政府主导建设模式已经不能适应管理理念和管理体制变化情形之下的乡村公共文化服务管理，再加上政策、现实需求的推动，社会化的建设模式应运而生。

社会化的建设模式丰富了服务资源，延伸了服务功能，加密了服务网络，完善了服务体系，使得乡村公共文化服务的建设日趋完善。在新型的建设模式中，出现了公共文化服务基础设施的社会化运营与管理、文化活动志愿服务等多个案例。

在基础设施的社会化运营和管理方面，《公共文化服务保障法》第二十五条规定，"国家鼓励和支持公民、法人和其他组织兴建、捐建或者与政府部门合作建设公共文化设施，鼓励公民、法人和其他组织依法参与公共文化设施的运营和管理"。❶ 近年来，随着社会的发展，社会力量参与公共文化设施运营和管理的比例逐渐增高，并且这种现象主要集中在村（社区）和乡镇（街道）两级公共文化机构上。❷ 据不完全统计，截至 2018 年底，全国近万家村级文化中心和乡镇级文化站引入社会力量管理运营，县以上公共图书馆和文化馆引入社会力量管理运营合计 700 家左右。❸ 乡村公共文化服务基础设施同样积极引进社会力量参与运营和管理，如"罗城仫佬族自治县乡镇文化站规范管理"案例采用了"政府主导+公共文化机构+社会力量"的管理模式，以总站—分站的方式规范了乡镇文化站的管理，创造性地建立村级文化协管员制度，141 个村（社区）都由一名热爱文化、热衷公益的群众担任文化协管员，文化协管员再带动建立文化志愿者队伍，壮大了基层文化服务队伍。再有山东平度的"行走的书箱"带"活"乡村阅读案例，形成了"市政府+社会组织"的运营体系，建设模式为"政府主导+社会力量"，政府为项目提供资金和制度保障，社会组织主要是青岛快乐沙爱心帮扶中心和"微笑彩虹"

❶ 全国人大常委会办公厅供稿. 中华人民共和国公共文化服务保障法 [M]. 北京：中国民主法制出版社，2016：5-6.

❷ 李龙渊.《公共文化服务保障法》有关社会化发展规定的落实与完善 [J]. 图书馆建设，2021（2）：35-41.

❸ 李龙渊.《公共文化服务保障法》有关社会化发展规定的落实与完善 [J]. 图书馆建设，2021，308（2）：35-41.

阅读志愿者，这两个组织在政府的支持下开展了阅读类、绘本故事类等多种类型的文化服务项目。公共文化设施社会化运营和管理能够缓解当前出现的设施管理不规范、不到位、运营不畅、供给不足等问题。

在承担乡村公共文化服务方面，政府以委托、招标、承包、采购等方式将公共文化服务交给社会力量，实现文化职能的分散和文化管理权利的合理分配。社会力量可以负责或协助文化产品及服务的开发、管理、传递等，如湖北来凤的"统建传服"为了推动县乡村组四级公共文化服务一体化，在政府的统筹下，纳入社会力量主体，依托村（社区）"两委"，推进摆手舞下沉一线、走进群众，组建村民摆手舞队伍，融入村级文艺演出，健全"舞"之体系，建强服务平台阵地，三方力量合作出版多种摆手舞相关书籍、创造10余件音乐和舞蹈等文艺作品。再有山东威海市环翠区的公益创投项目，该项目最大的特色是社会力量居于主导地位，而政府是辅助地位，它在现有的基础上，吸收外部资源和释放内部资源来实现乡村公共文化服务资源的开发和利用，通过多元方式为基层提供专业化、精准化的文化服务。

在志愿参与乡村公共文化服务方面，有如云南安宁市青龙街道开展的"流动书包"志愿服务，青龙街道新时代文明实践站工作人员和志愿者依托农家书屋现有的资源，为乡村群众送文化，在"流动书包"项目的发展中形成了全新的发展格局。同样，博罗县采取"政府主导+社会力量参与"的模式，各类文艺爱好者、协会等以团队的方式，通过村歌创作、传唱、展演的形式创作了近两百首"沾泥土、带露珠、接地气"的村歌。

通过案例研究发现，无论是"政府主导+社会参与""政府主导+公共文化机构"还是"政府主导+公共文化机构+社会力量"的建设模式，都离不开政府的主导，不同的是政府将文化服务的职能更多地下放到社会力量主体，一方面是分权的表现，另一方面也体现了政府与社会力量之间的委托代理关系，是委托代理理论在公共文化领域的应用体现。实际上，委托代理理论的核心思想是控制权和管理权的分离，无论是哪种形式的社会化建设模式，一般来说，只要是政府主导之下的建设模式（包括社会化的建设模式），都体现了部分（或全部）控制权和管理权的分离。主要表现为：作为公共文化服务建设的政府部门（委托人）将权力分散到社会力量主体（代理人）中，通过建立委托—代理的关系来实现乡村公共文化服务的社会化。

在委托—代理关系中，双方信息不对称会直接影响公共文化服务的社会化效果，容易导致合作效果欠佳的情况发生。乡村公共文化服务社会化中的信息不对称可理解为：政府与社会力量信息较多的一方和信息较少的一方引起的信息不均衡问题，包括事前信息不对称和事后信息不对称。事前信息不对称主要体现政府文化部门与社会力量产生委托—代理关系前的信息不对称，如作为委托方的政府文化部门没有完全向即将加入建设的社会力量主体公开该项目或事务的信息，或社会力量主体没有向政府等文化部门坦诚自身的情况；事后信息不对称则体现在政府等文化部门与社会力量产生委托—代理关系后，因一方不能观测到对方行为，此时的代理方（社会力量）成为信息优势的一方，而委托人（政府文化部门）处于信息劣势，委托人无法直接知道代理人的努力水平和行动效果，只能根据代理人提供的产出结果来判断其努力水平，而这其中容易受到不定性因素的影响。因此为了防止由信息不对称引起的逆向选择和道德风险问题，政府部门需根据实际发展需要，建立有效的社会力量准入和退出制度、过程监督制度和考核评价等制度，以保障乡村公共文化服务社会化的可持续发展。全流程的制度设计才能确保政府在引入社会力量参与乡村公共文化服务这条道路上行得通、走得快，才能推动乡村公共文化服务的高质量发展。

建设模式社会化的最大特色是在实践领域通过与社会力量共建共享，产生新的乡村公共文化服务实践方式和实践收益，或以新的视角革新传统的乡村公共文化服务范式。单一的社会力量主体虽合力大、实力雄厚，但是由于缺乏政府这一官方的主导效应，主体自身专业能力低以及存在营利性，会出现群众对服务的可信度和参与度不高的现象。而单一由政府建设的乡村公共文化服务，专业性较高，但因受人力、物力、财力等资源的影响，无法取得良好的服务效果，相反容易使得群众固化对公共文化服务的认知。因此可以说，建设模式社会化是各方力量主动适应社会环境变迁、充分发挥各自优势来应对群众的文化需求量的增加以实现聚势共赢的必然趋势，也是实现乡村公共文化服务多元化的必然结果。

6.2.3 服务场所社会化

公共文化服务场所社会化是指政府、社会力量等主体在除公共文化设施场所之外的接近人们社会生活的地方开展公共文化服务活动，如礼堂、民宿、旅游景点等场所，是将公共文化服务深入群众生活的一种趋势。乡村公共文化服务的提供主体需要具有亲和力，服务场所社会化正是帮助其构建亲和力的途径之一，在拉进群众与文化服务距离的同时，激发群众的文化意识和参与文化建设的积极性。

　　乡村公共文化服务总是随着特定的社会环境、文化形态等因素的变化而变化，只有深入群众的社会生活，乡村公共文化服务的价值才能得到更好地实现，进而获得巨大的生存价值。以往的乡村公共文化服务的场所主要集中在公共文化机构如图书馆、文化馆、村镇文化站等内，对于距离远的乡村居民来说，到这些机构参加公共文化服务活动就已经是遥不可及，更别说在家门口就能享受到文化大餐。根据案例研究发现，近年来，乡村公共文化服务的开展场所逐渐深入到群众社会生活的各个方面，涉及的场所除了常见的村文化驿站或文化馆、学校、景区等，还有农村祠堂、老院落、公园、景区，甚至是深入到农田、大棚、养殖场、作坊等地，使村民参与乡村公共文化服务触手可及。

　　调研发现，乡村公共文化服务在常见的服务场所开展服务呈现深层次、多领域的特征。如桐庐县立足于乡村本土文化，提炼特色文化元素、重点产业元素，指导文化以艺术化、场景化的方式呈现，从规划设计层面指导文化艺术融入乡村特色民居、景观小品、文旅项目等各关键节点，在乡村旅游景区融入文化服务，实现文化赋能乡村振兴。山东沂南县以省级文物保护单位常山庄村为依托，充分尊重常山庄的原有生态环境条件，利用老村庄、老院落，特别是革命时期遗存下来的，通过改造维修，生动地还原了当时革命年代的场景样式，打造沉浸式小院，小院的沉浸式演出富含历史特色，以多样化的形式增强了互动感和体验感。以文化消费反哺乡村文化振兴，既塑造了乡村的外形象，也增强了乡村文化内实力。

　　除了以上常见的服务场所，很多地区还根据乡村农民的生活习惯，将文化服务贯彻到农民日常生活中。如为了盘活基层农家书屋资源，促进公共文化资源向基层延伸、向农村覆盖，云南省安宁市青龙街道文化站和农家书屋管理员挑选种养殖、农技、健康科普等与群众生产生活关系紧密的书籍，以"流动书包"的形式深入农户、大棚、养殖场、作坊等地，将"书屋"搬到田间地头，"眠书"变"醒书"，"死书"变"活书"，实现农家书屋与农村群众的零距离接触，让一本本图书从农家书屋"走"到了群众身边，进到了千家万户。

　　总体上，乡村公共文化服务场所社会化的场所类型可分为固定场所和流动场所两种类型，固定场所是指在诸如乡村民宿、景区的旅游驿站、餐厅等载体内划出特定的区域来开展公共文化服务，所提供的服务主要是基于此空间来进行的，具有一定的稳定性，不会受到其他因素的制约而发生变化。流动场所则指的是根据服务主题、活动类型、村民需求等的变化来选择的服务场所，如大棚、作坊、公园、广场等人多聚集的场所，多为临时性的，因此具有流动性的特征。无论是在固定场所还是在流动场所开展服务，都能够延伸乡村公共文化服务的功能和价值，而公共文化服务又能够为场所带来一定的经济价值、环境价值和社会价值，二者是相辅相成的。

乡村公共文化服务的场所逐渐贴近人们的社会生活，其作用不可忽视。它们依托于社会和政府的力量，整合自身的资源和社会的资源，发挥其特有的组织形式和文化教育功能，和乡村图书馆、乡镇文化站等专业的文化机构一起承担文化职能，延伸文化服务的价值。乡村公共文化服务场所社会化有利于广大农村居民的全面发展，有利于乡村振兴。一方面，未来乡村的发展水平与当前乡村人民的科学、文化、技能的普及程度具有因果关系，服务场所社会化通过利用直接或间接的资源，为人们提供喜闻乐见的文化服务，横向与纵向相结合，极大拓宽了乡村公共文化服务的范围，将科学、文化、技能送到人们身边，提高人们的素质能力，为乡村的建设培养人才。另一方面，服务场所社会化有助于培养和提高人们的文化认同感和归属感。场所是由人、建筑和环境组成的，只有当人真正地领悟到社会场所所具有的公共文化服务的意义时，人们的文化认同感和归属感才能得到提升。相对于公办的文化机构而言，国家或政府对于在社会化场所开展的公共文化服务限制较宽松，特别是在乡村，因此，服务场所社会化更能够发挥其场所精神，推动乡村公共文化服务的进一步发展。

当前乡村公共文化服务社会化这一发展趋势还面临着很多挑战，但是随着社会发展程度的提高，在乡村振兴、数字乡村全面落实的过程中这一趋势将会更加突显。在制度、资源、环境等外在动力和社会力量主体性意识的内生动力的反哺下，政府和社会力量一起挖掘潜力、增强实力，形成合力，共同勾画公共文化服务的蓝图。

6.3 乡村公共文化服务协作化

万事万物都处于相互联系之中，没有孤立存在的事物，因而从这个角度来说乡村公共文化服务活动既是属于社会中的一种事实活动，也是保障人们的文化权利、培养人们的文化意识、促进人全面发展的重要方式。由此决定了乡村公共文化服务的复杂性、社会性和综合性的特点，即乡村公共文化服务需要社会不同区域、不同部门、不同行业的协同合作才能够完成。乡村公共文化服务所涉及的空间、人力、产业基础、文化资源等，以及各种资源的配置共同构成其运行的机制。目前，依靠单一区域的建设方式已经无法取得更好的建设效果，甚至出现由于经济、资源、技术等因素的影响而窄化乡村公共文化价值向度的情况。因此，跨区域、跨部门、跨行业协作的乡村公共文化服务变化趋势日益显现。

6.3.1 跨部门协作

跨部门合作的方式从行为主体的角度可以分为三种：第一种是横向合作方式，它存在于同一政府层次或同级政府的不同职能部门之间；第二种是纵向合作方式，它存在于上下级政府之间；第三种是内外合作方式，它存在于非政府组织和政府公共部门之间。❶ 乡村公共文化服务协作化通过适当的放权和赋权来增加组织的灵活性，激发合作部门利用自身的资源、经验、智慧等参与乡村公共文化服务建设。

如山东省威海市启动公共文化服务公益创投项目，协作化思想贯穿项目的整个过程，威海市以"政府+社会组织"的合作模式来推进项目的实施，政府部门负责提供政策、资金等支持，社会组织则作为承办单位，通过纵向以及内外合作的方式来推进项目的运行。云南省镇康县实现全县一盘棋，部门之间加强沟通协调，健全工作联动机制，将文化旅游和其他行业工作同安排、同部署，在项目建设、人员培训、活动举办上共同发力，合力推进"国门文化"建设各项工作。云南省昭通市大关县坚持政府主导、统筹推进原则，成立了由县政府分管领导任组长，农业农村、文旅等22家部门联合组成的"背篓图书馆"领导小组，用背篓的方式将文化送进偏远的农村，有效解决了公共文化服务的"最后一公里"问题，充实了高寒边远贫困村寨群众的"文化粮仓"，改善了村民阅读条件，激发了村民的阅读热情，丰富了村民的精神文化生活。

组织边界逐渐消失、公私两分局面改善是乡村公共文化服务跨部门协作的主要特征，主要体现在各个合作的部门由于其负责的业务和性质不同而具有其自身的特点，在与其他部门组成合作关系时打破了这种传统各自为政的状态，将组织边界模糊化而与其他组织具备趋近的组织特征。跨部门协作吸

---

❶ 蔡明思. 基层公共文化服务领域的跨部门合作研究 [D]. 泉州：华侨大学, 2018.

纳了来自政府部门和非政府部门的优势资源，创新了服务的内容、方式、载体等，具有很大的优势。首先，非政府部门如企业等组织能为乡村公共文化服务引入新的市场思维和新的管理方法，能敏锐地察觉群众文化需求，并能迅速调整文化服务的方向，最后辅之以合适的方式为用户提供服务；其次，相对于政府部门来说，非政府部门能够更好地扎根于乡村人民群众的日常生活之中，能更精准地对接群众的文化需求，为人们提供喜闻乐见的文化服务。跨部门合作还具有决策特征、文化特征等突出特征，决策特征体现在各个合作的部门在进行决策时站在全局的角度上考虑，以合作的共同目标为主；文化特征则体现在各个合作的部门在合作时具有相同的信仰，部门间信任程度高。

如何使跨部门协作取得良好的效果是乡村公共文化服务协作化的主要难题之一。尤今·巴达赫曾提出要想使跨部门取得最大效益必须满足以下五个条件：一是探索各层级合作目标间的平衡，并促使部门间合作共识的达成及维持；二是有强有力的人力和财力资源予以支持；三是获得政治层面的支持；四是构建科学的合作运营机制；五是创建良好的合作文化环境和人际准则等。❶ 根据调研的结果来看，乡村公共文化服务跨部门协作总体上集中于政府部门内部或上下级之间，以及政府部门与公共文化服务机构部门之间，主要是横向协作和纵向协作，内外协作型较少。最为常见的是纵向协作，也即政府主导之下的协作，通过政府下达指令，下属单位负责执行，上级政府是主办单位，下级政府或部门是承办单位或协办单位。

协作化逐渐成为各行各业发展的新方向，在乡村公共文化服务领域同样如此。乡村公共文化服务本就是一项需要多方协同共建的工作，过去由于认知、资源等因素的限制，乡村公共文化服务无法由多个部门、多方力量共同协作，但在新社会新形势之下，协作化理应成为也正在成为乡村公共文化服务建设的常态趋势，政府等文化管理部门正在不断加深和创新原有的横向协作与纵向协作，积极探索和开拓与其他非政府部门之间的协作。

6.3.2 跨区域协作

乡村公共文化服务领域的跨区域协作主要体现在不同区域发挥各自的优势协调合作，共同保障群众的文化权益，以缩小城与城之间、城乡之间的文

---

❶ 尤今·巴达赫. 跨部门合作——管理"巧匠"的理论与实践 [M]. 周志忍, 张弦, 译. 北京：北京大学出版社, 2011：6.

化发展差距。通过整合区域间的人力、空间、技术、文化资源等要素，促进各要素在空间上的流动，实现乡村公共文化服务的区域性发展。近几年来，社会的快速发展对乡村公共文化服务的建设提出了新的要求，传统的框于行政边界内的乡村公共文化服务建设模式已经无法跟上时代的发展步伐。作为乡村公共文化服务建设的主体，政府亟须探索新的发展模式来不断消除行政边界的限制、缓解公共文化服务资源要素在地理空间上分布不均衡的现象，从而更好地应对和满足人民群众多样化的需求。国家政策也提出公共文化服务区域合作的重要性，如《"十四五"文化发展规划》中提到"加强区域文化协同创新……形成相互促进、优势互补、融合互动的区域文化发展格局"，也体现了国家在新形势下对公共文化服务建设提出了新要求和新目标。作为公共文化服务分支的乡村公共文化服务更要通过区域之间的协作来提升本身的建设和水平。在自下而上的乡村公共文化服务发展需求刺激和自上而下的政策引导下，跨省、同省不同市、同市不同县、同县不同乡等涉及城市数量不等、形式相似的跨区域协作的乡村公共文化服务案例纷纷涌现。

如河南平顶山宝丰县 2020 年 9 月起开始创建乡村文化合作社，在整体规划下，平顶山市共建设乡村文化合作社 138 个、特色分社 86 个，涵盖乡村旅游、特色种植养殖、民宿康养等业态。● 宝丰县通过将不同区域的合作社融入同一个共同体之中，培育乡村公共文化自主发展新动能，形成了市、乡、村总分社相互合作、协同发力的发展格局。再有四川省成都市新都区打造六城联盟，该区通过与重庆市九龙坡区等地建立了涵括 6 个城市区域在内的、规模较大的联盟，共享数字图书资源 200 万余册，知名专家学者讲座视频 1 万余部，在不额外增加财政负担的同时扩大优质文化资源供给，促进区域文化交流与共享、共荣。❷ 这一实践跨越了省—市—区，是一个较大型的跨区域协作，其将各个城市的资源集合在一起，并将这些资源输送给各个城市之下的乡村，丰富了乡村的文化服务资源。跨区域合作能够充分调配各方资源、汇聚各方力量来推进文化项目的实施，体现了文化建设、治理权利的健全和赋权。跨区域协作健全了乡村公共文化服务体系，在这个过程中规定了各个主体的性质、权利划分和职责任务等，使各个主体各司其职，赋予了来自不同

● 河南省文化和旅游厅. 平顶山：积极探索公共文化服务高质量发展新路子 [EB/OL]. [2023-03-03]. https://hct. henan. gov. cn/2023/02-24/2695831. html.

❷ 成都新区人民政府. 新都区"4 个+"建设模式获评"三部委"基层公共文化服务高质量发展典型案例 [EB \ OL]. [2023-03-04]. http://www. xindu. gov. cn/xdqzfmhwz/c142185/2023-03/02/content_c334d58267234fb3b2693fc2118e82b1. shtml.

区域主体的权利。

根据案例调研发现，总体上目前我国的乡村公共文化服务跨区域协作的主体主要是不同层级的政府部门或国家文化部门等，是一种纵向的协作，采用的模式一般都是上级服从下级，存在命令与服从、管理与被管理、指导与被指导的关系，此种关系容易上升为乡村公共文化服务跨区域协作的阻碍因素。所以说，协调好各个区域间的关系是跨区域协作需要解决的一大难题，因为跨区域协作主体间的关系容易受到目标、产权等因素的影响。例如：在目标上，会存在目标实现优先级的问题，即使各个主体在协作前建立了一定的协议，确立了目标，但是由于各主体本身就有其发展的目标，在协作过程中容易出现目标协作顺序冲突的问题；在产权上，产权本身就具有排他性和非排他性，当某一区域独立开展乡村公共文化服务建设时，其拥有的各种资源的产权是具有排他性的，而当出现跨区域协作时，部分区域产权的强排他性会减弱，成为各参与区域共同拥有，因而在跨区域协作中需要对各种产权要素进行界定，以保障各区域主体的利益。

统一、合理、科学的管理制度和规划是跨区域合作的基础，各个区域遵循的制度具有一定的地方色彩，制度上的统一能够避免因制度冲突和政策矛盾引起的不必要的麻烦。协作主体间的信任是乡村公共文化服务跨区域协作的前提，戴维·米勒曾说："在一个共同体中，信任水平越高，合作的可能性就越大。"❶ 因此各个协作主体需要建立主体间的信任，克服因区域隔阂、信息不对称带来的信任阻碍，只有互相信任才能实现稳定的合作。

6.3.3 跨行业协作

乡村公共文化服务是一项复合型的社会性活动，活动主体包含国家的行政管理机构、公共文化部门、非营利性文化机构、企业、团体组织或个人等，在这个活动中需要多个行业领域的参与，通过多行业领域的交叉融合来实现乡村公共文化服务的协作化发展。在互联网技术、信息技术逐渐成为社会基础设施的当下，政府等文化管理机构与社会其他行业接触的机会增加，联系日益密切，为推动各行业拓展自身原有的业务、参与乡村公共文化服务建设、实现乡村公共文化服务跨行业发展带来了良好机遇。

调研发现，乡村公共文化服务的跨行业协作主体涉及教育、旅游、餐饮

---

❶ DAVID MILLER, MARKET. State and Community: Theoretical Foundations of Market socialism [M]. London: Oxford University press, 1989: 16.

服务、艺术表演、手工制作品、电商、新媒体、法律等行业领域。跨行业合作可有效促进乡村公共文化服务的高质量发展。如阳城县的乡村文化记忆工程案例中，将传统文化和现代产业相结合，建立了蚕桑文化、轻工业文化、陶瓷文化、饮食文化等展馆，推出了生铁冶铸、珐华陶瓷、乔氏琉璃、焙面娃娃等以非遗传承为代表的乡村文化品牌。❶ 五指山的非遗工坊负责人拍摄各种技艺网络课程，与新媒体行业合作，通过网络直播，以义卖形式"带货"非遗工艺品，打造了"文化影响+商业带货"的方式，将非遗文化融入人们的现代生活中，跨行业协作扩大了非遗文化的传播力和影响力。

除了前面调研的由官方评定发布的案例外，在实践中还有许多与跨行业协作相关的案例，如位于湖南省通道侗族自治县坪坦村坪坦中心小学内的坪坦书屋，是由香港中文大学建筑学院的 Condition_Lab 团队负责设计，陈张敏聪夫人慈善基金提供资金来源，当地木匠负责建造，三方共同协作而成。"好客山东乡村好时节"2021 第四届沂蒙山"伏"文化旅游节项目，除了与政府文化部门合作，还与旅游业和餐饮服务行业协作（即山东蒙山旅游集团有限公司和临沂市烹饪餐饮服务行业协会）。

每个行业的社会价值只有放在社会这个大环境中才能得以实现，如果哪个行业只重视自身的发展利益而忽略社会责任，必将导致该行业与社会的关系变得紧张。事实上，不同行业参与公共文化服务的建设是其承担社会责任的重要途径，但只有真正的投入才能取得良好的效益。对于乡村公共文化服务而言，各行业的支持更加重要，一方面能够缓解乡村地区因发展落后、公共文化设施不完善、经济人力紧张等引起的乡村公共文化服务建设难度大的问题，另一方面可以充分利用各行业的优势来保证乡村公共文化产品的快速供应，及时为乡村人民提供便捷、高效的服务。

根据案例调研发现，目前乡村公共文化服务协作化中的协作主体及协作方式主要分为以下两种：一种是公共文化服务各级相关政府部门间的协作，在这种协作方式中的协作主体主要是各级政府部门、文旅部门等，协作的形式多体现为双方共同主办、承办某项活动或项目，在这种协作方式中需要汇聚多方面资源和技术，各个部门各司其职从而实现同一个目标；另一种是政府部门与非政府部门即非公机构之间的协作。非政府部门如公司、社会组织和个人等是公共文化服务建设的主要力量之一，公与非公的协作成为公共文

---

❶ 阳城融媒. 关于我县"乡村文化记忆工程"入选全国基层公共文化服务高质量发展典型案例这件事 [EB/OL]. [2023-03-20]. https://mp.weixin.qq.com/s/XHdAwV8jloCNKhfmSCzbWg.

化服务的一大趋势，也是顺应当今时代发展的必然之举。无论是哪种协作方式都会形成资源依附的关系，双方之间的协作过程也是资源交换的过程，通过协作实现共同的目标。

总的来说，乡村公共文化服务跨行业协作还处于整合阶段，还需要不断发展和完善。乡村公共文化服务的跨行业的跨度在未来将会得到不断深入，因为根据现有的案例来看，虽有多个行业参与，但这其中具有较高竞争力和较强影响力的行业主体比较少。随着公共文化服务影响力和重要程度的提高，在未来也将会吸引越来越多实力较强的企业积极加入乡村公共文化服务建设中，为乡村公共文化服务注入新的活力。人力、物力、财力等客观因素导致分散、无序的乡村文化资源没有得到很好的开发和利用，村民多样化的文化需求也没有得到很好的回应，只有通过区域间的协作才能更好地缓解因时间、金钱、经验等不足带来的问题。因此可以说，乡村公共文化服务协作化的过程也是实现资源整合、公共文化服务精准化的过程。协作是一种有目的的活动，各个主体是协作的主要力量，实现乡村公共文化服务的高质量发展、满足基层群众的公共文化需求是协作的目标。因此，具有共同目标是各个主体之间协作的必要条件，各个主体之间的合作与配合、资源互补与调节则是协作的过程。协作的过程体现了协作性公共管理，在协作性公共管理中各个主体利用各自的条件，共同寻找解决问题的方法，以达到一个共同目的。

乡村公共文化服务协作化也是为了发挥各主体的最大优势，从而使合作达到"协同优势"的结果，但因各协作主体间存在信任力不足、目标不一致等问题导致协作出现"协同惰性"的现象。在各地加大乡村公共文化服务协作化发展，跨区域、跨部门、跨行业协作的乡村公共文化服务建设取得丰硕的成果之时，也要及时关注其中存在的问题和矛盾，它们会在一定程度上影响乡村公共文化服务的发展进程，应适当及时地进行反思和总结，以不同的视角来审视协作化的发展模式。因此，乡村公共文化服务协作化需要做到"三化四度"，三化指的是：（1）组织化建设。协作涉及跨部门、跨领域、跨行业，需要充分考虑到其中隐藏的风险和危机，建立乡村公共文化服务协作化的管理组织，形成协调化、合法化和功能化的管理范式，以保障各部门、区域、行业投入乡村公共文化服务建设中；（2）法制化建设。完善相关法律法规，为协作主体参与公共文化服务建设提供法律保障；（3）制度化建设。制度化建设应反映协作的全过程，如组织规划、过程监督、沟通对接、资源调配以及相关的预防机制等。"四度"指的是：（1）建立一站式协作的"高度"。建立统一的汇集多元主体的协作平台，为协作提供资源，建立协作关系的双方可以通过统一的平台实现数据共享、过程公开、结果开放等。（2）扩宽协作领域的"宽度"。近年来，乡村公共文化服务朝着多元化、社会化的方向发展，体现了主体多元、内容多元、形式多样的特征，乡村公共文化服务协作的领域必然会涉及经济、传媒、技术等领域。（3）提高跨域执行的"温度"。乡村公共文化服务协作要考虑到各个主体的利益，制定相关的政策来引导、鼓励、保障建设主体的投入，为各个协作主体保驾护航。（4）加大协作主体间合作交流的"深度"。协作主体间的及时沟通交流与反馈极为重要，这是一个信息流的过程，由于各个主体在乡村公共文化服务中负责的工作不一样，其所产生的信息自然有区别，深度的信息交流和及时反馈是帮助各个主体及时了解其存在的问题与不足的最佳方式，只有知道存在的不足才能对症下药，最终才能保障乡村公共文化服务朝高质量的方向发展。

6.4 乡村公共文化服务集成化

乡村公共文化服务集成化是缓解供给和需求矛盾的重要手段，其带来的是服务集成化、使用便捷化、需求精准化。近年来，乡村公共文化服务的生产链逐步建立，集成化的服务反映在乡村公共文化服务生产、供给等不同阶段中，形成了管理便捷、成本降低、进度加快等高效运转的局面。新时期，乡村公共文化服务面对着新的发展机遇，科学合理的集成化服务成为其创新发展的新方向，乡村公共文化服务集成化主要体现在服务要素集成、服务内容集成、服务功能集成等方面。

6.4.1 服务要素集成化

乡村公共文化服务的服务要素是指开展乡村公共文化服务所需的一系列支持服务，如资金、人员、技术、资源以及各种制度、过程评价指标等，是乡村公共文化服务的保障。因此，可以说服务要素的集成是乡村公共文化服务集成化的基础，也是服务内容集成和服务功能集成的前提。通过要素的集成来实现公共文化服务内部的统一和平衡，为全过程的乡村公共文化服务提供保障。在早期，乡村公共文化服务的建设效果并不理想，偏向于"有什么送什么"，而不是村民"要什么送什么"，注重的是送文化而不是种文化，由此带来的结果是供需失衡，此外，还有一个较为明显的现象就是乡村之间的文化建设水平差距大。受限于各种要素，政府等文化管理机构无法到地处偏僻、发展落后的乡村开展公共文化服务，再加上乡村经济水平较低，乡村人民群众更注重的是让"口袋"富起来，而对于精神文化需求的感知并不明显，乡村人民群众的文化需求整体上比较低。

随着社会的发展，特别是进入小康社会以来，我国乡村的经济发展水平不断提高，文化基础设施逐渐完善，乡村居民的精神文化需求在国家和社会的熏陶、生活质量的提高下，除了数量增加，文化服务类型也日趋多样化、个性化，只有实现各种服务要素的集成才能够更好地满足乡村居民的需求。根据调研发现，近年来，不同场域、不同情境的乡村公共文化服务普遍涉及了媒介、技术、人才、知识、网络等相关服务要素，当然其中有些具体要素随着社会的发展会发生改变，会有旧的要素被淘汰，也会有新的要素不断加入。为了让更多的服务要素能够融入公共文化服务中，并产生新效用作用于人民群众，从而延伸和再构人民群众利用文化服务的行为，一些地区深入探索了符合人民期待和需求的乡村公共文化服务集成化的实现路径。

如湖南攸县在人口相对集中的村民小组（或屋场），建设由1个小广场、1个小书屋、1个小讲堂、1个小戏台、1个小法制宣传栏、成立1支乡风文明理事小组、1支小业余文艺队伍、1支小文旅志愿服务队伍、安装1套小体育健身设施、1套小型数字文化服务设备组成的"门前十小"综合公共文化服务平台，集成了空间、人才、技术等服务要素，为该地开展乡村公共文化服务打造了平台。再有陕西省西安市鄠邑区的关中忙罢艺术节，打造艺术项目+民宿+餐饮+有机农产品+忙罢衍生品等全产业融合发展模式，通过利用各种产业要素来促进乡村公共文化服务的发展。除了以上这两个案例之外，在实践中还有许多类似的服务要素集成案例，这些案例都是利用服务要素间的相辅相成来推进乡村公共文化服务的进程。

乡村公共文化服务要素按照其必需性可分为以下两类：一是保障型要素。主要指的是保障乡村公共文化服务基本进行，支撑乡村文化项目、活动正常开展所必需的服务要素，如公共文化服务设施、人员、资金、空间等；二是提升型服务要素。主要指关乎乡村公共文化服务效果、质量的各类服务要素，如人员的专业能力、关键技术、服务质量评估等。保障型要素是基础，提升型要素是提高质量的保证，对于各个要素的配备需要坚持公平、按需分配的原则。同时，还应基于乡村居民需求和反馈来进一步优化各要素的分配，例如可以让村民参与乡村公共文化服务要素的选择、推荐，实现各要素的协调和更新，使服务要素在"类"上达到供需平衡。

总体上，在所有的乡村公共文化服务要素中，最关键的要素主要有六个，即资金、技术、制度、空间、人才和网络，一般来说，一个比较成功的乡村公共文化服务项目离不开这六个要素的支持。近年来，越来越多的乡村公共文化服务建设主体重视对服务要素的集成，在开展服务时力求服务要素的均衡分配，对基础要素进行升级和改造。例如在乡村公共文化服务的人才资源上，很多地区都积极号召乡贤、志愿者、各类文艺创作者等非专业人员加入，后期再对这些人员展开具有针对性的培训，提高其专业能力。同时也注重对新要素的投入，如在服务中纳入技术要素，合理改善乡村公共文化服务物理时空和网络空间的布局，打破村民以往只能到实体的公共文化服务设施去获取文化服务的局限，在契合人们需求的同时又提高服务效率。目前我国的网络信息技术发展速度呈高速发展状态，在这样的时代背景之下，乡村公共文化服务要素的集成程度也会越来越高。

6.4.2 服务内容集成化

乡村公共文化服务内容的集成化是公共文化服务提供主体通过一定的途径将分散的公共文化服务内容集成在一起，以此形成一个集中的文化服务网络的过程。服务内容的集成化可以通过在某一活动中提供多种文化服务内容或通过建立某一平台集成提供一站式的文化服务等方式来实现。它既可以缓解公共文化服务内容丰富而分散之间的矛盾，又可以缓解公众文化需求多样而获取能力和途径有限之间的矛盾。

系统化、模块化的服务内容集成是近年来乡村公共文化服务的一大趋势，如湖南省长沙县的"云上·五悦"全域智慧数字文化服务网创新实践，"云上·五悦"微信小程序主要分为"悦读""悦艺""悦动""悦耀""悦游"五大板块，每个板块放置不同的资源，该平台以数字化的方式有效整合县、镇、村三级公共文化资源，实现服务内容一体化。巩留县"石榴籽书屋"内设置了休闲阅读区、沙龙活动区、儿童阅读区、免费听书区、爱心服务区等不同区域，在空间集成的基础上实现服务内容的集成，有效规避了乡村公共文化服务因空间分散而服务分散的问题，为村民提供一站式的乡村公共文化服务，将文化服务做好做全。

实际调研发现，目前能够提供内容集成化的案例逐渐增多，总体上主要有以下两种方式：一是基于实体空间的内容集成化。在这种方式中，乡村公共文化服务供给者主要通过在一些文化基础设施内设立多个不同类型的文化服务区域（或部门），形成一体化的文化服务体系，如巩留县的石榴籽书屋、铜梁县在乡村景区建立的生态分馆（内设"主题式"厅室、书吧、健身房、儿童之家、文化功能室、"文创展厅"、特色文化厅室等）；或者是在某一场地/区域等地开展某一个文化项目或者活动时提供多种内容类型的文化服务，如凤阳县在推广花鼓艺术时，集成了花鼓培训班、花鼓节、花鼓教材、凤阳花鼓课程、到乡村开展培训和科普访谈、乡村开展花鼓活动等。二是基于网络空间的内容集成化。在这种方式中，乡村公共文化服务的供给者通过线上网络空间的打造，将各种文化资源或服务集成在一个平台中，从而使用户可以随时访问和利用，使群众足不出户就可以享受到文化服务，在一定程度上实现了乡村公共文化服务从"限时享用"到"随时享用"，如长沙县的"云上·五悦"、河南焦作市的"百姓文化超市项目"、河南新郑的戏曲云平台、湖北来凤的摆手舞线上展示平台等。

除了内容的集成，在集成的过程中还注重打造精准化集成，即在内容集成的基础上更加注重关注村民们的文化需求，既集成又精准。需求采集前置化的集成是目前很多供给者采用的方法，很多地方在开展某一个活动时会预先采集村民的文化需求，然后再为其提供内容集成的服务，如浙江省衢州市龙游县实行单派单机制，开展以"智慧+"为核心的"订单式""菜单式"服务；柳州三江的侗族大歌培训的地点和课程内容均采用群众"点单"的方式；云南省安宁市青龙街道的"流动书包"项目，采用了群众点单和订单式配送的服务等。从"端菜"到"点菜"的变化，是集成和精准的结合，这将会推进乡村公共文化服务的高质量发展。但值得注意的是，文化供给者在给村民提供文化服务需求清单时，应对村民返回来的需求清单进行充分考量，坚持个人兴趣与主流价值观相结合，既要选取贴近农民生活实际的文化，而不是都提供"阳春白雪"式的文化，又要注重结合社会主流价值观，开展具有广泛视野的文化服务。如果只输送村民喜欢的文化内容，长时间会导致村民产生排斥除此之外的其他文化，导致村民陷入单一文化内容的"茧房"之中，在一定程度上使村民对于乡村公共文化服务的认知单一化。

在乡村公共文化服务发展初期，由于乡村公共文化服务体系建设存在诸多问题，乡村公共文化服务的内容出现空心化的现象，即无内容无质量、有内容无质量、有质量但数量少的现象，碎片化的服务内容供给导致供给与需求脱节的问题。近年来，随着乡村公共文化服务的发展，文化服务供给主体不再局限于单一的文化内容，从以往的仅送书、送资料等文献，重输送轻质量，极少关注人们的需求，到现在的服务内容多元化，注重供给效能的提高，体现了集成化的特征，很大程度上满足了村民们多样化的文化需求。全国各地开展的乡村公共文化服务活动或项目不计其数，内容丰富，除了文献类还有文艺类、戏曲类、健身类等；形式丰富，如书画展览、文艺演出、戏曲大赛、讲座、读书会等，无论是活动品种的数量还是内容品种的数量都越来越多。

6.4.3 服务功能集成化

服务内容多元化必然会延伸公共文化服务的功能，使集成化的服务功能愈加显著。公共文化服务随着时代的发展、技术的演变，不断扩展和完善，当前主要由文化中心、社会教育、信息服务、信息素养教育、倡导社会阅读、休闲娱乐、促进社会和谐、社区中心、科学研究九大服务功能构成完整的公共文化服务生态系统。❶ 以上九大功能也就是乡村公共文化服务的功能，服务功能集成化主要是指由文化组织机构、文化实体、文化云平台等公共文化服务供给主体通过集成的方式将各种服务内容集合于一体，从而实现多种服务功能的集成。

如江苏省常州市的秋白书苑湟里西墅村馆，该馆是一个集村民活动中心、乡村记忆中心等为一体的复合型空间，开展的活动涉及健康养生、绘本阅读、非遗文化、思维拓展、文体艺术、传统文化等多个方面，集成了文化中心+社会教育+倡导社会阅读+休闲娱乐等多种功能。海南省五指山市依托丰富的非遗文化资源在乡村建立了非遗工坊，工坊内集成了文化中心+文化产品售卖+休闲娱乐+技能培训等功能。乡村公共文化服务功能集成化是建立在其服务内容集成化的基础之上的，如果说乡村公共文化服务内容集成化是一个物理的聚合过程，那么乡村公共文化服务功能集成化则是一个化学的质变过程，服务内容的量变实现服务功能的质变，从而使得乡村公共文化服务得到质的提升。

总体上，集多种功能于一体的乡村公共文化服务在实践中已成为常态，无论是基于空间还是基于活动和项目的乡村公共文化服务，其集成的功能不再单一，而是至少集成三种功能。最为常见的是集成化文化实体空间，改变

---

❶ 柯平. 公共图书馆的文化功能：在社会公共文化服务体系中的作用 [M]. 上海：上海交通大学出版社，2010：52-58.

了以往只有文化中心功能的情况，出现了休闲娱乐、信息素养教育等功能。乡村公共文化服务将教育性、公益性、休闲性等功能集于一身，是打通乡村公共文化服务"最后一公里"的关键途径，其立足于乡村文化的实际，集成多元化的资源，在较好满足村民文化需求的同时，缩短村民享受文化服务的时空距离。服务要素集成化、服务内容集成化、服务功能集成化以一种崭新的服务形态推动乡村公共文化服务的转变与更新。

乡村公共文化服务集成化遵循了最小努力原则，所谓的最小努力原则就是人们在解决任何一个问题时，总是力图把所有可能付出的平均工作最小化。❶ 即人们在解决任何一个问题时，会将其要付出的努力放在未来的背景下去考虑，在行动之前会事先在人脑中做出一定的假设，力求把所有可能付出的平均工作最小化。在乡村公共文化服务集成化中，对于服务供给方来说，在人力、物力、财力等有限的条件下如何尽可能将所有可能付出的平均工作最小化，实现服务内容丰富、服务功能齐全的公共文化服务，同时如何尽量使所有可能使用或享受它的人平均付出最小的努力，此时的集成化便是最好的选择；而对于需求方的人民群众来说，特别是处于农村区域的人们，在文化环境复杂、信息泛滥的背景下，人们在获取服务时都会尽力避繁就简，在面对众多的公共文化服务子集中，人们往往更愿意选择可能接近于整个集合的子集，即会优先选择具有方便性、易用性、综合性较高的文化实体或文化服务，以在时间、金钱、精力与所获取的服务之间达到相对最优的平衡。此外，由于受自身素质能力的影响，乡村人民群众的文化需求虽有显性的，但隐性的居多，在这种情况下，集成化的乡村公共文化服务不仅能够满足人们的显性文化需求，还能激发人们的隐性需求。

1956年，美国情报学家穆尔斯（Mooers）指出："一个情报系统，如果使用户在获取情报时比不获取情报时更费事、更麻烦，这个系统将不会得到应用。"❷ 虽然穆尔斯定律是情报领域的，但是仍然适用于公共文化服务领域。当前乡村公共文化服务集成化具有线上、线下的形式，线下集成服务以文化综合服务站、文化服务中心、乡村图书馆、村民活动室等文化实体为载体，线上的则以近些年来兴起的各种文化云、数字乡村图书馆、公众号上集成的云服务、小程序、APP等虚拟文化载体为依托。如果说某个文化实体的地理位置距离村民居住的地方较远，人们通过利用该文化实体提供的文化服务比

---

❶ 戴维民，葛敏，等. 人才管理信息论 [M]. 北京：蓝天出版社，2005：31.
❷ 王志军. 试论最小努力原则在图书馆服务中的应用 [J]. 图书情报工作，2001 (6)：79-81.

不利用更费事、更麻烦，那么该文化实体的使用价值将大打折扣，甚至不会得到使用；同样，如果某个线上的集成文化服务 APP 使用程序复杂、对使用者的信息素养要求较高，即使其提供的服务多样、内容丰富，使用率也得不到提高。

要想实现乡村公共文化服务的高质量发展，必须先实现其服务和资源的集成化，通过集成化的采集与分析从而实现精准的文化服务推送，集成化的乡村公共文化服务能够使人们通过最小的成本来获得想要的资源和服务，是一种新的服务理念和服务模式。乡村公共文化服务的集成不仅注重的是服务要素的集成，更注重服务内容和功能的集成，从而提供一站式的服务。值得注意的是，在当今互联网时代，乡村公共文化服务要想实现集成化自然离不开相关数字技术的使用，但不能因各种工具的使用而窄化了乡村公共文化服务的价值向度，因为利用数字技术最容易引发的问题是"唯效率"，这样带来的结果只是乡村公共文化服务的理性复苏，而无法回应"何为乡村公共文化服务的价值"这样的终极命题。

当前在农村基层公共文化服务供给和服务体系建立方面，无论从意识层面还是从实践层面来看，农村基层公共文化服务仍然存在重"送文化"轻"种文化"的现象。乡村公共文化服务还存在"一刀切"的现象，开展文化活动或服务时往往容易忽略农民的真正需求以及供给主体单一化或垄断化、资金来源单一、供给方式单一、管理和运营不当、文化产品和服务分散等问题。多元化、社会化、协作化、集成化的乡村公共文化服务则是为了缓解以上问题而衍生出的新的发展趋势，正向发展的趋势能够提高乡村公共文化服务的发展水平。多元化的供给主体、内容和方式是适应当前人民群众多样化、多层次、多方面文化需求的需要，是保证乡村公共文化服务有效供给的前提；乡村公共文化服务社会化是多元化的延伸，是一个筹资本、筹人力、筹智力、建联盟，从而建设乡村公共文化服务圈的过程；乡村文化服务协作化打破了原来的建设主体单一的状态，实现公共文化服务的跨部门、跨区域、跨行业发展；乡村公共文化服务集成化涉及服务的全领域、全流程，是服务要素、服务内容、服务功能的集合，其带来的不仅是服务的集成，更是一个价值链的集成。

乡村公共文化服务高质量发展的路径

2021 年文化和旅游部、国家发改委、财政部联合发布《关于推动公共文化服务高质量发展的意见》，高度强调推动公共文化服务高质量发展的重要性：是进一步发展社会主义先进文化的基本内容和要求，也是全面建成现代公共文化服务体系的路径选择，更是提升国家文化软实力的新时代使命。❶ 高质量发展，就是能够很好满足人民日益增长的美好生活需要的发展。❷ 新时期怎样才能提供高质量的公共文化服务来满足人民日益增长的美好文化生活需要呢？基于前面的供需现状调研及典型案例调研，我们提出了稳妥推进乡村公共文化服务高质量发展的具体路径。

7.1 强化乡村公共文化服务顶层设计

"顶层设计"这个概念来自系统工程学，后来被引申应用于管理学、社会学等领域。乡村公共文化服务顶层设计就是从全局角度统筹规划乡村公共文化服务相关各方面、各层次、各要素，为推动乡村公共文化服务发展提供总体性的指导方案，为乡村地区公共文化服务的建设目标、发展进度等提供有力保障。乡村公共文化服务顶层设计具有系统性、整体性、协同性、前瞻性等特征，主要包括三个方面的内容：一是乡村公共文化服务的战略定位，即

---

❶ 杨乘虎，李强. "十四五"时期公共文化服务高质量发展的新观念与新路径 [J]. 图书馆论坛，2021, 41 (2)：1-9.

❷ 本报评论员. 以推动高质量发展为主题 [N]. 人民日报，2020-11-02 (001).

"做什么"；二是乡村公共文化服务的组织架构，即"谁来做"；三是乡村公共文化服务的运行机制，即"怎么做"。其中，明确战略定位是顶层设计的前提条件，优化组织架构是顶层设计的组织支持，建立科学合理的运行机制是顶层设计的落脚点。

7.1.1 明确切合实际的战略定位

《"十四五"公共文化服务体系建设规划》要求建立现代公共文化服务体系，努力与社会主义文化强国相适应，从而提供更高质量、更有效率、更公平、更可持续的公共文化服务。乡村公共文化服务建设总目标是建立现代乡村公共文化服务体系，具体目标包括服务布局更加均衡、服务水平显著提升、服务供给方式更加多元、数字化网络化智能化发展取得新进展等四个方面。

（1）乡村公共文化服务布局更加均衡

乡村公共文化服务布局包括设施网络、资源配置、供给能力等诸多要素。为构建布局均衡的公共文化服务体系，政府部门需要坚持城乡统筹，加大基层农村公共文化服务的数量供给和质量提升，进一步提高城乡公共文化服务体系的一体化发展水平，这也是"十四五"公共文化服务体系建设的首要任务。由于乡村地域的差异和人口的稀少，政府在乡村公共文化服务投入的资金与城镇相比差距较大，且建立的体系和机制也不够完善。如有些地方政府为了争取"新农村建设示范村"这类政绩指标，采取"运动式"的方式供给公共文化服务。在建设过程中却忽视各个县、乡镇和村的实际情况和差异性，没有考虑到这些文化设施是否实际需要和能否有效利用❶，这是典型的重数量轻质量的表现，其结果造成某些地方文化供给过剩。而另外一些没有纳入建设范围的地区其文化供给被严重边缘化，无论是文化服务设施的数量还是质量都得不到有效保证，形成不均等不平衡的服务供给布局。公共文化服务供给的不均衡将直接影响到乡村公共文化服务发展水平的提高。因此，在乡村公共文化服务的建设过程中，政府应发挥主导作用，按照各村的差异制定不同的服务方案和标准，以村民需求为导向，突出地方特色，体现"对症下药"的服务模式，通过标准制定等有力措施来促进乡村公共文化服务的均等化。

（2）乡村公共文化服务水平显著提升

人类历史发展进程中，不同的民族（族群）在生产生活基础上形成不同

---

❶ 孙浩. 农村公共文化服务有效供给研究［M］. 北京：中国社会科学出版社，2012：65.

的文化模式。我国不同地域乡村的居民呈现出不同的各具特色的生产方式和生活习惯，政府必须以地方特色为主提供与之相符的公共文化服务；另外由于大量的年轻劳动力选择进城务工，乡村常住人口老弱妇残居多，其年龄、受教育程度、经济能力、文化素质水平层次不齐，为满足村民不同的文化需求，政府需要向不同群体的服务对象提供多样化的文化服务。考虑到地域的多样性和群体的多样性，乡村公共文化服务的供给不能简单地套用一种模式，而要立足于地方特色，兼顾不同群体需求，既提供基本性、普及性的文化服务，也提供针对性、多样性、差别化的文化服务，实现从基本服务向优质服务转变。❶中国社会已经迈进高质量发展阶段，乡村民众对美好生活的新期待，要求乡村基本公共文化服务向品质化迈进，在我国实现公共文化服务的现代化过程中，这仍是一项巨大的挑战。因此可以通过加大乡村文化资金投入、加强乡村文化人才培养、完善乡村文化服务机制等，来提升乡村公共文化服务水平，最大程度地满足乡民特色化、个性化、多样化的公共文化服务需求。

（3）乡村公共文化服务供给方式更加多元

乡村文化源远流长，是乡村地区村民长期以来的包括生活习惯、民族习俗等社会活动的总和，而每个乡村都有自己的历史和文化。目前我国乡村公共文化服务体系多以政府为主导，自上而下地建设，缺少与村民的直接对话，得不到村民的反馈。此外，现在移动互联网带来的便捷，越来越多的村民习惯沉溺于网络的私人空间，大大地减少了从外界获取文化服务的热情。村民作为乡村公共文化服务的服务对象，其参与程度将直接影响乡村公共文化服务的活力，若服务对象失去兴趣，就算政府提供再优质的公共文化服务也没有了最初的意义。政府需要鼓励村民广泛参与，调动村民享受和参与服务的积极性，在综合考量村民的反馈意见之后，贴近实际、更有针对性地向村民提供公共文化服务、运输公共文化产品，这不但从根本上杜绝了文化资源的浪费，还可以给村民提供直接、对口的文化服务，从而提升村民的满意度，提高乡村公共文化服务的效能。为了达到这一目标，就要对村民的生活方式有着透彻的了解，进行基层文化调研，了解他们的基本需求和文化期望，并根据实际情况建立乡村公共文化服务效能评价和反馈机制。当然，单纯依靠政府来实现比较困难，政府可以推动乡村公共文化服务实现更加广泛、更加

❶ 潘颖，孙红蕾，郑建明. 文旅融合下乡村公共文化服务差异化模式及实现路径［J］. 图书馆建设，2021（5）：128.

深入的社会化发展，既包括鼓励与扶持更多社会力量参与公共文化服务，也包括引导与支持人民群众自我创造、自我表现的公共文化服务，从而开发出贴合当地文化历史、顺应村民群众生活作风的文化服务，进而形成乡村公共文化服务发展新格局。

（4）乡村公共文化数字化发展取得新进展

党的十九大要求"统筹城乡发展，推进乡村振兴建设"，要"培育新型农民，发挥农民在建设新农村的主体作用"。❶ 以数字技术赋能农村公共文化服务高质量文化供给，有效缓解当前农村公共文化服务供需结构性失衡困境，成为基层社会结构变迁背景下满足农民分众化、个性化、多层次文化需求的重要举措。❷ 自党的十八大以来，国家就一直致力于完善公共文化服务设施网络，大力推进实施智慧图书馆、数字农家书屋等文化惠民项目，以优化公共文化服务的供给结构。目前，发达城市的公共文化服务智慧化运用较为突出，人工智能、AR 交互、少儿阅读智慧空间等无不体现了智慧化的新兴供给模式。尤其近年在新冠病毒感染疫情的影响下，利用 VR、AI 及三维重建等数字技术打造的线上博物馆大受好评，完美地展现出数字技术与文化服务的融合，实现了跨时空、跨地域公众足不出户就能享受到文化服务的便捷，这不仅是一种文化服务模式的创新，也是一种满足人民群众文化需要的手段，为实现乡村公共文化服务与快速发展的信息技术的适配提供了新思路。中国互联网络信息中心统计，截至 2022 年 12 月，我国互联网普及率达 75.6%，网民规模为 10.67 亿，同比增加 3.4%，其中城镇网民规模为 7.59 亿，农村网民规模为 3.08 亿❸。我国农村地区，在线教育用户占农村整体网民的 31.8%，较上一年增长了 2.7 个百分点，互联网医疗用户占农村网民整体的 21.5%，相较于上一年增长 4.1 个百分点❹。从乡村公共文化服务的发展背景来看，无论是物质资源还是人力资源都不具备配置先进的信息技术和智慧化的应用设备条件。正是由于这一条件的限制，落后区域频繁出现"数字鸿沟""信息鸿

---

❶ 熊太纯，马坤，范敏. 对《公共图书馆法（征求意见稿）》的思考 [J]. 图书馆论坛，2017（10）：84-89.

❷ 邵明华，刘鹏. 数字赋能农村公共文化服务高质量供给：价值意蕴、动力机制与路径创新 [J]. 图书馆论坛，2023，43（1）：40-48.

❸ 中国互联网络信息中心. 专家解读第 51 次《中国互联网络发展状况统计报告》 [EB/OL].[2023-03-02]. https://www.cnnic.cn/n4/2023/0302/c199-10756.html.

❹ 中国互联网络信息中心. 第 51 次《中国互联网络发展状况统计报告》 [EB/OL]. [2023-03-02]. https://www.cnnic.cn/n4/2023/0303/c88-10757.html.

沟"等问题。尽管互联网络快速普及，但村民的网络应用往往停留在娱乐活动的基本层面，其信息素养仍然没有根本性改变。城乡二元结构导致的弊端使乡村的公共文化服务大部分止步于线下服务，面对此种困境亟需政府出面引导，从配套政策、资金投入、资源倾斜等方面全力推动乡村公共文化服务的信息化建设。公共数字文化服务需要从平台到方式、从线上到场景、从空间到资源等方面取得新突破，这既是时代发展的要求，也是高质量发展的要求。利用数字技术实现文化资源共享，让村民能够阅读异地优质馆藏书籍；借助数字技术整合乡村特色资源，以农家书屋、乡镇文化站等为文化服务载体扩大乡村公共文化服务的影响力，从而建立数字技术赋能文化振兴的新型乡村。

7.1.2 搭建领导体制的组织架构

（1）加强各级政府的宏观控制

与城市相比，农村地区的文化事业建设更需要政府发挥主导作用。政府可以通过项目主导和资金转移等方式，增加对乡村文化事业的有效投入，推动农村地区公共文化基础设施的建设，并加速实现城乡公共文化一体化进程。推进农村文化事业高质量发展，最基本的措施就是完善农村的公共文化服务体系，使农村的公共文化服务得到全面覆盖。各级党委和政府应积极贯彻习近平新时代中国特色社会主义思想，加强文化服务意识，进行公共文化服务推广，扩大公共文化服务的覆盖面，大力推动文化惠民工程，保障基层民众享受公共文化服务的权益。党委和政府可从法律和政策两个层面来宏观调控乡村公共文化的发展。从法律规范层面来看，法律是一种国家行使行政权力的手段，要想建立一个法治政府，不仅需要公民遵守法律，还要求政府依法守法。❶ 出台乡村文化事业发展的相关法律，不仅可发挥国家法律强制监督管理的作用，也可创新地方各级政府对资源分配进行宏观控制的手段，让乡民获取公共文化服务有法可依。如《公共文化服务保障法》《乡村振兴促进法》等一系列相关法律制度的出台，促使各级政府积极响应中央下达的任务，从上至下向居民提供多元化的公共文化服务，使乡村群众享受文化的权力得到保障。目前有关文化的法律相对滞后，党和国家需要加大文化领域的法治建设，在遵循文化发展规律的基础上，将有益于人民享有先进文化成果、有益于激发人民文化创造力的成功经验和做法制度化、规范化，颁布更多的法律

❶ 刘捷. 治理理论与我国服务型政府建设 ［J］. 前沿，2011（10）：80-83.

法规促进城乡公共文化服务均等化一体化发展，让广大乡民能真正享受到文化发展成果，让法制为现代公共文化服务体系建设保驾护航。

从政策控制层面来看，各级政府应颁布相关政策，加大乡村公共文化领域资金、人才、技术、资源等方面的投入与支持，对市场主体的活动以及环境进行干预，引导社会力量的积极参与，激发多元主体的参与活力。自 2018 年乡村振兴战略实施以来，在党和国家的顶层设计之下，农业农村部、文化和旅游部、国家乡村振兴局等中央部委密切协作配合，出台了一系列政策，形成以乡村文化建设为中心的政策体系。尽管乡村文化振兴政策体系覆盖面广、规模大，但尚未形成一部系统规划、全面部署的专门性政策，影响着乡村文化振兴的长远发展❶。另外，诸多政策如《2022 年数字乡村发展工作要点》《关于推动文化产业赋能乡村振兴的意见》等尽管推动了乡村文化事业的发展，但这些由多部门联合发布的政策在具体的实施过程中，面临着对基层部门之间协作能力的挑战，特别是在跨行业、跨领域的项目建设中，其实际操作性并不太强。还有，部分政策会出现缺乏统一核心主题的情况，如 2021 年中共中央办公厅与国务院办公厅印发的《关于加快推进乡村人才振兴的意见》虽具有统筹乡村人才振兴建设的顶层设计作用，但并没有针对乡村文化人才振兴这一核心主题。因而当前各级党委和政府亟待发布对应政策，以做到有的放矢、有针对性地解决。总之，拓宽公共文化服务范围、激发乡村公共文化服务活力离不开党委和政府的宏观控制，各级党委和政府需要从宏观整体上来整合资源，利用法律的强制性和政策的创新性来提升公共文化服务的适配度，从顶层上来确保文化服务对象的权益，做到"有法可依、有策可寻"。

(2) 建立多元化主体供给体系

毫无疑问，为广大人民群众提供公共文化产品与服务是服务型政府的重要职责之一。乡村公共文化服务体系的建立，以及群众多样化需求的满足，只有依靠政府有组织地保障质高量多的公共文化资源供给才能够最大程度地实现。然而，当前大部分乡村地区的经济水平落后、文化事业地位较低、政府投资有限，而且政府实施的各项文化惠民工程项目与农民群众的现实需求之间吻合度不太高。由此可知，单靠政府提供乡村公共文化服务存在诸多困境，因此必须建立政府主导、市场调节、社会力量广泛参与的多元供给主体

---

❶ 许昕然，龚蛟腾. 政策工具视角下的乡村文化振兴政策文本量化研究 [J]. 图书馆论坛，2023，43（4）：69-78.

体系。乡村公共文化建设中的文化产品具有多重属性。一方面，这些文化产品具有引导社会的意识形态属性，通过传递价值观念为乡村群众提供精神指引；另一方面，这些文化产品也可以通过其自身的商品、产业和经济属性，实现再生产以及获取经济利益❶，前者产生社会效益，后者产生经济效益。在引入市场主体时，如单纯强调社会效益而忽视经济效益，则会阻碍文化工作的发展，因此必须正确处理好社会效益和经济效益的关系，即要做到坚持两个效益并重，始终把社会效益放在第一位的原则。在发展农村文化产业的过程中，要坚持以国有文化资本为主体，鼓励和引导非公有资本参与到政策允许的行业中去，强化文化市场的监督管理，推动文化产业的健康发展；在形成以本民族文化为主，吸收国外有益文化的文化市场格局的过程中，必须对不良文化的侵蚀进行抵抗，对本民族文化进行保护。❷ 社会力量主要包括企业、文化组织、团体或个体等。企业因拥有雄厚的资金和高水平的管理团队，有能力组织大规模的乡村公共文化服务活动，从而积极参与公共文化服务的运营管理。文化组织具有专业的文化管理和文化组织能力，可有效参与公共文化服务场所的运营管理、组织公共文化服务活动。个体或团体志愿者是社会力量的重要组成部分，他们自发或由政府组织向农村居民提供文化服务。尽管个体或团体志愿者财力等较为微薄，但其仍可发挥自身作用。

乡村公共文化服务仅由政府提供难免会出现"政府失灵"的情况，而只由社会力量来提供也容易出现群众参与度不高的现象，这是由于缺乏政府这一官方的主导效应，并且社会力量自身的财力、能力有限以及存在营利性特点等。因此，只有引入多元主体共同建设和参与乡村公共文化服务，明确各主体的角色、功能、职责等，充分有效地发挥各主体的优势，才能推动乡村文化的高质量发展。由前面的典型案例调查结果发现乡村公共文化服务的供给模式正由原先单一的"政府主导型"向如今的"政府主导型""政府和社会力量合作型""社会力量主导型"多元供给模式共存的转变，其中"政府和社会力量合作型"供给模式的典型案例数量较多。政府和社会力量在乡村公共文化服务中承担的职责和责任是不同的。政府作为乡村公共文化服务的重要供给主体，主要从宏观层面把控乡村公共文化服务的发展，如制定公共文化服务政策、投入合理的财政资金、培养公共文化服务发展所需的人才等。如政府通过投入财政资金兴建乡村公共文化设施和公共文化实体建筑，配备

❶ 李明泉．田野的风：社会主义新农村文化建设研究［M］．北京：光明日报出版社，2016：7．
❷ 李明泉．田野的风：社会主义新农村文化建设研究［M］．北京：光明日报出版社，2016：7．

乡村文化专员等来破解乡村精神文明建设相对滞后、社会力量不能开展规模化的公共文化服务活动、乡村文化服务建设存在资源短缺等的问题。社会力量则侧重从微观层面参与乡村公共文化服务的有效供给，其切实投身到乡村公共文化活动中，为乡村公共文化服务引入其他社会资本，如参与乡村图书馆、文化馆等场馆的服务内容及服务活动的组织策划等。值得注意的是，不管是哪种供给模式，既有其优点也有其缺陷，因此，各乡村在探索公共文化服务多元化的供给模式时，应结合当地的地域特征、文化特征、经济条件等来因时因地地选择合适的供给模式，只有这样才能使各主体形成合力，共同为乡民提供满意的公共文化服务和产品。

(3) 建立多样化文化服务组织

当前乡镇综合文化站、社区综合文化服务中心等乡村基层文化单位大都存在管理体制不顺畅、文化服务队伍不稳定、功能作用发挥不明显等问题。为缓解困境，各地需要根据当地实情创新基层文化服务体制机制，建立总分制、理事会制、层级制、联盟制等多样化的文化服务组织。譬如实施"县文体局—乡镇文化站"的"总—分"管理模式，乡镇文化站的工作经费列入县级财政预算，公共文化建设专项资金由总站统一管理，分站直接向总站申请报账，县文体局总站负责招聘文化管理员，统一培训、调配给乡镇文化站分站，总站对分站工作进行考核，这样可保证每个乡镇都有文化站，每个文化站都有阵地、人员、资源、资金和制度。县域内公共图书馆等公益文化机构也可通过实施总分馆制，实现图书的统采统编、通借通还，方便乡民阅读，促进全民阅读氛围的形成。农民文化理事会制度也是破解乡镇（街道）文化站管理缺人才、服务不经常、设施少利用、群众主体地位不突出等问题的有效途径。在农民文化理事会制度下，乡村民众可参与文化决策、管理、活动和监督的全过程，通过农民文化理事会制度可吸引社会力量广泛参与乡村公共文化服务，促进乡村文化多元共治体系不断完善，推进农村公共文化阵地建设管理、文化活动开展、乡土文化人才培养，真正实现文化成果共建共享。

为推进乡村公共数字文化服务，加快数字乡村建设进程，各级政府必须建设和升级公共文化服务网络，新建和升级图书馆、文化服务中心等一系列相关文化设施，积极推进省域、市域或县域城乡公共文化建设工作。如可将市级网络、移动平台向上对接"国家公共文化云""省公共文化云"，向下延伸至县区级分平台和乡村级服务点，构建国家—省—市—县—乡—村六级互为开放、互为沟通的文化惠民大网，从而实现资源大整合，促进资源共建共享，缩小城乡文化差距。为实现图书馆资源的共享，联盟制是一种不错的选择。图书馆联盟可实现联盟馆纸质图书的通借通还，数字资源的共建共享，方便农民借阅图书，满足其阅读需求。联盟成员馆开展讲座、展览、培训等文化惠民服务合作，方便农民参与公共文化活动；利用流动图书车等方式，深入社区、学校、工厂、田地等，开展图书借阅流动服务；举办图书交换活动，让农家书屋和农民家中的图书流动起来。由此可知，图书馆联盟制对于统筹利用图书馆资源，实现规模化、专业化、一体化发展，具有十分深远的意义，各级文化部门应当高度重视，加强本地图书馆之间的交流合作，推动图书馆联盟制走实走深，切实推动公共文化的协作化发展。

7.1.3 建立科学合理的运行机制

（1）建立有效的服务保障机制

《国家"十一五"时期文化发展规划纲要》指出了健全公共文化服务组织体制和运行机制的重要性。各级政府应加强对公共文化机构的指导和监督，在资金、设施、场地、人员等方面给予充分支持，以确保公共文化设施正常运转，发挥其功能。自《公共文化服务保障法》实施以来，基本公共文化服务标准的落实取得了明显的进展。调查数据显示，截至 2019 年初，全国超过 70% 的县级人民政府已经制定了本地区的基本公共文化服务目录或标准。❶ 乡村公共文化服务是由政府主导向村民提供非竞争性非营利性的文化惠民工程，坚持政府主导的原则从宏观上来看可以发挥政府的指导、监管等作用，通过制定法律、出台政策从根源上保障村民享受公共文化服务的权利。同时，政府可以从整体的布局来分析资源的合理分配，这是其他服务主体所不能及的。但是，城乡公共文化服务差距大，乡村文化供给的数量和质量相对滞后，农民群众的精神文化需求得不到满足，其主要原因之一就是缺乏足够的社会资本的支持。❷ 而多元供给模式中政府、市场、社会三种力量，相互合作和相互监督，可以扬长避短，发挥各种供给方式的优势。❸ 当然，要保持乡村公共文化服务公益性的特点，一方面，政府的主导地位不能动摇，否则很可能出现文化服务产品价格极其昂贵，村民没有经济能力去消费第三方提供的文化服

❶ 北京大学国家现代公共文化研究中心. 公共文化领域重点改革任务落实情况调研报告 [R]. 2019 (6).

❷ 张志胜. 农村公共文化服务的农民自主供给 [J]. 科学社会主义, 2016 (5)：79.

❸ 宋元武. 需求导向的农村个文化服务供给研究 [M]. 北京：中国社会科学出版社, 2017：63.

务，文化惠民工程就会变成空谈的形式主义。另一方面，由于大部分乡村地区地理位置比较偏僻，人口居住较为分散，政府不便组织和管理，而企业和公益性社会组织并没有足够的能力和资源去带动乡村公共文化服务的建设，因此政府需要研究制定新的政策措施，积极引导社会资本对农村文化事业进行投资，逐步建立起以政府为主，以多种社会渠道筹集资金的新型农村文化事业投入模式。政府与市场、社会相联合创造一个多元联动的服务主体群，既能弥补政府可能出现的服务低效缺陷，又能利用政府的资源配置优势去更好地建设符合村民需求的乡村公共文化服务。

（2）建立规范的服务管理机制

乡村公共文化服务的有效运行，离不开一套规范的服务管理机制。首先政府需牵头制订官方的、行之有效的乡村公共文化服务供给标准导则。中央和地方政府从服务目标制订标准、服务方案制订和实施标准等方面出台推进乡村公共文化服务供给相关规范，地方政府秉持一切从实际出发的理念，从基础设施配置、资源服务、产品供给等层面制订符合当地实际发展情况的制度和规范。如规定综合文化服务中心、农家书屋等开展服务供给活动的基本标准，根据用户数量、服务内容、服务预期等条件对服务供给各项指标进行确定，保证公益文化机构服务供给工作的进行。针对用户参与度低、服务形式单一的乡村地区要加大帮扶力度，上级部门应该适当提高经费划拨额度，制订梯度化标准，保证在不同区域之间服务资源的合理分配。当前，不同的县域乡村地区，甚至同一县不同乡镇的文化资源分配不合理的现象相当普遍，为此，各地方政府在分配文化资源前要建立起一套适合当地发展水平的、符合当地乡民需求特点的、更加细化的协调机制，以保障文化服务资源的合理分配，使服务资源的应用成效充分显现出来。如通过建设资源共享平台，实现对不同领域、不同形式的文化资源的有效整合，方便具有相同服务需求的乡民利用。加强服务供给资源的监管力度，根据监管要求及服务成效制订和改善相应的服务资源分配机制，及时调整服务资源的分配流程、方式等，使服务资源的分配尽量合理，促进公共文化服务均衡可及。新时代乡村公共文化服务高质量发展需在文化自信的引领下，多措并举，满足人民日益增长的精神文化需求。❶

---

❶ 李桂霞，解海，祁爱武. 新时代公共文化服务高质量发展的路径［J］. 图书馆建设，2019（S1）：187-194.

（3）建立科学的评价考核机制

乡村是一个发展不平衡不充分的地区，地域的限制、资源的匮乏和设施的缺失致使乡村公共文化服务发展停滞不前。政府为了破解乡村文化资源紧缺问题，大力向乡村投入公共文化服务，试图以"量"来解决问题，但结果却是服务效能低下、文化资源浪费等，明显忽视了"质"的关键性作用。为促进乡村公共文化服务"质"的提升，必须建立科学的考核评价机制，包括确定评价指标、确立评价机构、评价结果的运用等。评价指标应包括服务内容、服务形式、服务数量、服务效果、服务满意度等。评价主体不能只是政府，而应建立起由政府、村民和第三方共同参与、互为补充的多元化评价机制。合理的评价机制是推进乡村公共文化服务高质量发展的重要一环，该项工作的开展需要政府和社会的通力合作。政府在乡村公共文化服务中扮演着重要的主导角色，负责承担主体责任和组织责任。为落实考核评价标准，政府应根据相关政策文件要求，具化乡村公共文化服务的目标，细化考核评价的指标，构建全面的考核评价体系，为各基层文化机构的考核评价提供宏观上的指导。各基层政府应参照上级的考核评价体系，结合自身实际情况，建立文化机构、第三方、乡民多元主体参与，构建过程与效果相结合、常态与动态相结合的考核评价机制，并且应把评价结果作为激励条件，把文化机构、文化服务人员的工作情况和效果作为其岗位聘用、评奖评优等的重要内容，激发其内在动力。

7.2 加强乡村公共文化服务制度建设

乡村公共文化服务制度建设是社会主义制度优越性的显著体现。乡村公共文化服务制度建设直接关系着乡村振兴战略、社会主义精神文明建设以及美丽乡村建设的执行效果。尽管国家在乡村公共文化服务制度建设方面已经做出了积极的探索，并取得一定成效，推动了乡村公共文化服务的发展，但是现存的服务制度建设模式仍存在一些问题和不足，比如文化服务供给与实际需要不匹配、服务质量不稳定、文化资源利用效率低下等。因此，应科学制定乡村公共文化服务制度建设策略，具体可结合乡村发展实际情况，通过完善乡村公共文化服务的制度规范、管理机制以及保障机制，来加强乡村公共文化服务的制度建设。

7.2.1　制定相对完善的制度规范

（1）加强标准建设

公共文化服务标准化，是以标准化的技术手段，引进标准化的方法，促进公共文化服务的规范化、均等化。从基层的实际出发加强标准建设，是政府提供公共服务和社会管理方面的一项创新性工作，它以清晰的标准来规范政府的行为，对于克服目前我国基层政府存在的"越位""缺位"和"不作为"等问题，以及促进公共文化资源科学分配、公共文化服务均等化等都有着十分重要的作用。各级政府可以通过制定特定的标准，来明确与自己的责任相对应的服务，即应该提供什么内容、提供到什么水平、达到什么样标准的公共文化服务，进而构建出一种体制的制约机制，以达到最优的公共文化服务的目的。《文化部"十二五"时期公共文化服务体系建设实施纲要》提出了一系列与标准建设相适应的指标，当前应分别从乡村公共文化设施建设标准、特色服务标准、服务保障标准以及评估标准等方面加强标准建设。

第一，结合当地实际情况制定设施建设标准。首先，在建设公共文化设施时，既要注意美观，又要注意实用。从设计规划到落实都要充分尊重村民的主体地位，以各地村民的实际需求为导向，坚持以人为本、服务社会的原则，合理规划建设公共文化空间，防止出现形象工程以及不符合当地实际需求的公共文化空间。其次，确保设施建设能够促进乡村公共文化空间的均衡发展。规划和建设公共文化空间，必须避免以村委会等权力为中心分布，而是要根据多数村民的实际需求来确定空间布局；同时，要把握好农村发展等重要历史机遇，推进城乡一体化，促进城乡资源的双向流动，逐步缩小公共文化空间在城市和乡村的各方面差距。最后，坚持以公共利益为导向，避免乡村公共文化空间的过度商业化。农村公共文化空间的构建不能只是对城市空间的模仿，要在保留原有的农村生态空间的前提下，❶ 挖掘、维护乡村传统生活中的文化要素、艺术形态，并通过多种社会力量共同推动乡村文化发展，强化乡村文化的认同感，使其更好地发挥社会功能。

第二，制定有地方特色的服务标准。对于公共文化的服务标准，在各地区紧密结合实际制定标准要求以外，鼓励建设有地方特色的乡村公共文化服务标准。合理规划乡村现有的公共文化设施，充分挖掘当地的历史文化，制

---

❶　房亚明，刘远晶．软治理：新时代乡村公共文化空间的拓展 [J]．长白学刊，2019（6）：138-145.

定相应的文化活动和项目，增加乡村文化的内涵。例如明确县级以上部门所设的图书馆、文化馆的数量以及公共文化服务项目的开展次数；分别设立县级、乡镇艺术馆文化馆每年举办活动次数的最低值；要求公共文化馆结合地域文化特色，每年举办特色公益性展会；图书馆不定期举办公益培训、讲座、展览活动等，以提高当地农村居民的文化水平。

第三，完善公共文化服务保障标准建设。一方面是通过强化顶层设计，依据省市出台的相关文件做出整体规划，合理划分各级政府公共文化服务事权和支出责任，完善财政保障机制，对各乡镇公共文化服务工作内容提出明确指示，进一步规定在各个时间阶段要实现的具体建设目标，以推动公共文化服务标准建设的有效实施，为乡村公共文化建设工作提供制度保障。另一方面要发挥乡镇各部门的资源优势，加强与政府、市场的联系，调研分析乡村文化现状，了解群众文化需求和实际情况，制定符合乡村特点、群众需求的公共文化服务保障标准，健全公共文化服务保障体系，将服务真正融入公共文化标准建设中，为乡镇居民提供更加丰富多彩的文化服务，进而推动乡村文化事业可持续发展。

第四，提高评估指标体系的科学合理性。建立科学合理的评估指标体系，是完善乡村公共文化服务评估标准的重中之重，这有利于提高评估工作水平和效果。首先，评估指标要具有全面性、可操作性和定量化的特点，内容可以包括乡村公共文化的设施建设、产品供给、资源开发、活动举办等多个方面，确保落实并定期进行考核。其次，要建立反馈机制和动态监测体系，评估结果应及时反馈给相关部门和乡村居民，针对评估结果及时调整和完善相关服务措施，使评估成果得到有效应用。设立动态监测体系，不断跟踪评估指标的变化，方便及时进行更新和调整，确保评估工作的科学性和有效性。

（2）完善政策制度

在发展公共文化服务体系的进程中，我国政府不断加强制度建设，出台了一系列的政策文件来推动公共文化服务的规范化。正确的政策制定是保证公共文化服务均等化和科学化的必要举措，国家应高度重视并积极推进公共文化服务的发展，着力提升公共文化服务水平，不断改善公共文化服务质量。❶ 由于我国基本公共文化服务主要由政府提供，其发展有很强的政策导向

---

❶ 邱均平，李小涛．公共文化服务标准体系的基本理论问题研究［J］．重庆大学学报（社会科学版），2015，21（5）：122-127.

性，宏观政策制度对乡村公共文化的供给和管理有着决定性的作用。因此，要提高基本乡村公共文化服务的可获得性，就必须从完善相关政策制度、健全文化政策体系着手。

首先，有针对性地制定相关的发展政策。利用大数据和信息技术进行广泛的民意调研，针对人民群众最为关注的基础文化服务领域制定有关政策，避免人力、物力的浪费，也可以确保政策制定的科学性和高效性。尤其是在基层人民的实际需求和场景下，需要更加了解乡村居民群众的需求和期待，以制定科学有效的政策。此外，通过定期开展聚焦性别、年龄、职业等不同特征的乡村居民的专题调研，有针对性地为政策制定提供数据支持，确保政策的针对性和实际效果。制定乡村公共文化服务政策，还应该考虑到政策的可行性。对于乡村公共文化事业而言，财政投入相对有限，政策的可行性需要更加谨慎地计算和评估。因此，制定政策应该注重整合资源，科学分配资金，让有限的财政资源得到更好的利用。

其次，加强政策的宣传推广。为实现乡村公共文化政策的"落地生根"，需要加强对基层文化服务政策的宣传与推广，并通过开展政策解读活动增强政策的透明度，使乡村居民能够及时、有效地了解政策的发布目的，从而增强乡村居民对政策的接受程度与反馈意愿。此外，政策的可持续性也需要考虑。乡村地区的发展相对滞后，为了实现乡村公共文化的长期稳定发展，需要更加积极探索和借鉴先进的现代化管理技术和手段，为乡村地区的政策推广提供更加科学和有效的支持。在相关政策宣传推广的过程中也需要注重营造文化氛围，让宣传公共文化服务更贴近人民群众。

最后，建立健全政策保障制度。为促进新型农村公共文化服务体系的创新建设，使其能够与时俱进、顺应时代的需求和发展趋势，就要建立健全政策保障制度，出台更符合乡村公共文化服务发展的本土政策，具体如社会主体参与政策、购买项目政策等，为文化服务产品的开发提供更加多元的方向，创造更有利于乡村公共文化服务健康发展的总体环境。同时也要重视村民对于政策的反馈意见，大众对政策的满意度与乡村公共文化服务的可达性之间是明显的正相关。因此，在制定文化政策的过程中，要做好政策的评估工作，重视群众的反馈，为接下来的乡村公共文化服务建设提供有建设性的指导。❶

---

❶ 韩小威，李瑞. 基本公共文化服务可及性的影响因素及实证研究 [J]. 连云港职业技术学院学报，2021，34（3）：56-61.

(3) 强化准入资质

要扩大乡村公共文化服务的社会化和开放性，就必须要有社会力量的介入。通过引进社会力量，可以实现投资主体的多元化，促进文化产业与资本市场的结合，让法人、社会组织以及个人均可参与，推动公共文化服务的发展。社会力量的引入有利于推动信息资源的生产、配置和服务的共享，避免政府对文化市场的过多干预，进而促进竞争机制的构建以及文化事业的发展。准入机制是构建政府与社会资本合作模式的前提条件，因此，在社会力量申请参与公共文化服务时，职能部门要严格审核把关社会参与者的资质，具体可从以下几点来加强对于社会力量准入资质的把控。

第一，设立准入门槛。设立准入门槛是准入资质的基础。可以在符合国家相关法律法规和方针政策的条件下，建立相关的制度规范，如准入标准、申请条件和审核程序等；对于各类文化服务提供者，则需要明确他们的资格条件和相关审批程序。通过舆情监测、试点示范等方式对准入标准进行严格的考核和审核，实地考察与全面检验文化机构的准入条件，确保准入门槛的真实性和有效性。其中，准入标准可以考虑从文化服务机构的法人资格、服务项目、经验水平、人员素质等方面进行合理的衡量，并将其制定成为具体的标准和指标。

第二，加强市场监管。通过加强市场监管，确保准入的各方严格遵守相关规定，且满足准入要求。监管部门可以采用不定期的检查和抽查等方式，留意违规行为。尽量提高信息的公开透明度，强化公共文化服务相关信息的公示，确保社会参与者的运营情况和服务质量得到透明化处理。公示可以让各方了解参与公共文化服务主体的实力和服务质量，并选择更加合适的公共文化服务机构。对符合准入标准的文化服务机构进行资质认证，通过认证的机构可以获得相应的资质证书和评定。同时也可以对机构进行分类和评估，根据机构的业务性质和服务水平等级，给予相应的认证和资质等级。

第三，注重动态调整。鉴于目前我国社会组织发展仍不完善，竞争性文化市场的规范程度有待提高，在严格保证准入条件的前提下，需要根据具体情况采取动态调整原则和适度原则。针对不同的公共文化项目和具体服务事项，通过市场调查及时了解市场变化，适时调整准入门槛，以更好地适应当地实际情况。动态调整原则还可以促进公共文化服务的可持续发展，对于一些公共文化项目和服务事项并不能一直保持高水平的服务和利润这一客观现象，需要重新考虑实际成本及社会贡献，进行适度调整。在实践中，需要根据具体情况灵活运用，在准入门槛的严格性和适度性之间寻求平衡点，保证公共文化服务的质量和效果，使之更好地服务于人民群众。

7.2.2 建立切实可行的管理机制

（1）健全需求表达机制

农村公共文化服务参与主体是农民。建立健全公共文化需求表达机制，鼓励农民主动自由地表达自己的文化需求，有利于更好地因地制宜、因人而异地开展文化服务工作，提升公共文化服务的质量和满意度，满足农民的文化需求，进而建立更为有效的农村公共文化服务供给体系，推动乡村公共文化的建设和发展。❶ 目前，多数农村地区仍缺乏有效的文化需求反馈机制，阻碍了农民的文化需求反馈，使他们更难摆脱农村公共文化建设中边缘角色的身份。❷ 因此，政府及有关部门要充分尊重村民的需求与表达，畅通信息反馈通道，广泛听取村民意见，健全乡村群众的需求表达机制。

首先，国家文化行政机关要建立健全乡村文化服务网络交流平台，定期搜集村民群众对文化建设的意见和建议，使村民能够正确认识和表达自身的文化需要。通过村内广播、村务公开栏等形式发布、推广国家有关文化政策，并鼓励村民自发组织搜集需要的信息，以增强自我组织的信息发掘能力，丰富民意收集和表达的方式。组织专家、学者和基层工作人员深入农村基层开展调研，收集、整理和提炼不同类型的村民实际需求，构建出需求反馈机制。对已经完成的服务项目展开满意度调查，并根据需要对政策进行适当的调整，精准构建出与当时实情相匹配的供给机制。只有对村民的诉求进行及时、有效的反馈，才能实现"表达—反馈—改进—再表达"的良性循环，从而提升村民对乡村公共文化服务工作的信任度。

其次，健全网络需求表达机制。为村民们提供便捷、快速的需求表达渠道，并且以互联网为基础收集反馈还能够节省成本，提高行政效率。要积极有序地推进"数字+乡村公共文化"服务模式，加大力度普及乡村互联网服务，以确保乡村地区的数字化基础设施和网络覆盖能够满足公共文化服务的需求。在健全表达机制外还应完善信息挖掘与收集体系，鼓励乡村居民、文

---

❶ 苏静普，韩佳霖. 农村公共文化服务的困境与设想：基于府谷县"书服到家"案例的实证研究 [J]. 经济研究导刊，2023（3）：42-44.

❷ 李伟，张红霞. 农民参与乡村公共文化建设的困境与对策探析 [J]. 图书馆，2022（12）：37-41，70.

化从业者等参与者通过网络平台表达他们的需求和意见，以便政府部门和服务提供机构能够及时了解和回应。这有助于更好地满足乡村地区的公共文化需求，增强乡村居民参与公共文化服务的积极性和获得感，方便村民的需求表达和权利行使，建立以村民为主体的公共文化服务建设机制。❶ 同时，地方政府也可以通过微信平台，建立乡村公共文化服务微信公众号，方便村民们的随时参与，随时反映自己的文化需要，从而建立起一个以村民为主体的公共文化服务体系，提升乡村公共文化服务的质量和覆盖范围。

（2）优化供给机制

乡村公共文化服务供给机制是乡村公共文化服务的重要组成部分，它为广大农民群众提供系统的公共文化服务，满足乡村居民的文化需要。但是，长期以来，由于政府对农村群众的现实需要缺乏足够的重视，加之政绩考核等方面的原因，造成了文化服务供给与群众需求的脱节，出现了农村公共文化服务所谓的"政绩工程"。因此，必须强化政府的主体意识，不断地优化乡村公共文化服务的供给，完善供给体系，切实保障乡村居民的文化权益。

为了健全乡村公共文化服务的供给机制，首先，要充分发挥政府的领导作用，建立规范、动态的服务制度，并针对农村的经济发展趋势及时进行调整以推动农村公共文化服务的规范化。在适当范围内持续优化乡村公共文化服务的供给方式，使其既能反映乡村居民的需要，又能提升公共文化服务工作开展的效率。❷ 针对目前以公益性文化事业为主要的公共文化供给来源的现象，要积极探索农村公共文化服务的多元化供给机制，在以政府主导为基础保障乡村居民的基本文化权益的同时，积极借助社会力量来实现乡村公共文化服务的精细化，以满足广大群众更高层次的文化需求。

其次，完善政府与市场之间的公共文化购买机制。政府根据当地实际情况制定购买指标，量化公共文化服务的需求和市场供给的服务指标，更好地进行公共文化服务的补充和优化。采取多样化的购买方式，如定向委托购买、竞争性购买、招标采购等，以便更好地满足公共文化服务的需求。除此之外，政府可以强化对社会团体的支持与管理，推动市场投入公共文化服务行业，提供优惠政策，鼓励社会力量对公共文化服务进行投资和开发；更好地利用市场机制，发挥市场主体的创造力和竞争优势，提供多样化、高质量的公共

---

❶ 刘玉白. 培育文明乡风　助力乡村振兴：以安徽省肥西县为例 [J]. 农家参谋，2022（12）：16-18.

❷ 杨梅. 乡村振兴视域下乡村文化建设的路径研究 [J]. 大陆桥视野，2022（10）：92-94.

文化服务，实现社会公共文化服务的均等化。

最后，为保障乡村公共文化服务的有效供应，必须采用"自下而上"的需求表达与"自上而下"的决策相结合的方式。在乡村公共文化服务的规划和实施过程中，政府需要密切关注乡村居民的需求和意见，促进政府决策与社会需求的对接，建立完善的政策体系和实施机制，以实现农民群众参与公共文化服务供给活动和政府管理的有效结合。各级党委和政府不仅要将农民群众作为"被接受者"，而且要确保农民群众在公共文化服务供给体系中的"主体"地位，通过"自下而上"的需求表达和"自上而下"的决策相结合的方式，提高公众参与的积极性和民主参与的程度，有效解决乡村公共文化服务供需不匹配的问题，确保公共文化服务的针对性和有效性。

（3）完善评价机制

政府出台的政策为乡村公共文化服务事业的发展提供导向，公共文化服务评价结果也可以为制定后续政策提供指导和参考。乡村基层政府的监督评价机制直接关系到乡村公共文化服务的工作水平，能够帮助评估服务质量和效果，以便更好地发现问题和短板，从而改进服务质量以及提升服务效果。因此，建立健全评价机制是必要举措。

第一，设定具体的评价指标。乡村应根据当地实际情况制定科学、具体、可操作性高的指标，来衡量其公共文化服务的质量和效果。这些指标可以从用户体验、服务水平、资源配置、社会效益等多个方面考虑，而且应该符合当地实际情况。基于评价指标，进一步细化乡村公共文化服务的评价机制，形成系统化的数据库，并用于乡村公共文化服务的评价体系建设。同时，应该完善内部管理评价机制，比如通过建立"岗位责任制"和"馆长负责制"等优化管理岗位评价，完善阶段评价指标加强管理过程评价，使评价更加规范、合理，既激发工作人员的积极性又对其进行一定的约束。

第二，成立评价机构。首先乡镇可以建立自己的评价组织，由村民自己选出代表，具体工作由文化理事会的成员来统筹、协调、整合。定期让机构内的成员对当前阶段农村当地公共文化发展情况给予评价并优化，从而降低公共资源的浪费，达到满足需求和供给的平衡，提高农村公共文化供给的有效性。其次政府也可以设立专门的评价机构来负责公共文化服务的评价工作。这些机构需要具有独立性、专业性和公正性，同时能够对不同地区、不同类型的乡村公共文化服务进行评价。完善第三方评估机制，邀请第三方机构参与乡村公共文化服务的评估工作，保证评估结果的客观性和公正性。这些第三方机构可以是独立的专业机构，也可以是具有相关专业背景的高校或研究机构。

第三，加强监督评价机制。推动农村公共文化建设的可持续发展，必须有有效的文化监督评价机制来助力。在这个过程中，要科学、合理地对公共文化服务的评价工作展开定期的监督和评估，确保评价机制开展的真实性、客观性和公正性。建立科学的管理和监督机制极其重要，这有助于实时了解乡村公共文化服务的效果，及时归纳和总结成功经验，动态分析所出现的问题，最终解决乡村文化服务中的疑难杂症。同时，还应当尊重当地的文化习俗，建立起一套科学、健全的考核评估机制和相应的问责机制，进而为农村的公共文化服务建设提供一套可靠的法律保障，努力做到有法可依、违法必究的原则，让公共文化建设过程中的监督法制化。

7.2.3　完善公共文化服务保障机制

乡村公共文化服务体系是指以保障农村居民的基本文化生活权利为目标，以政府部门为主体，向居民提供公共文化产品与服务的制度和系统的总称，它包含公共文化服务的资源、设施、人才、技术、资金和政策保障机制等各个方面。❶ 乡村公共文化服务保障机制，是保证农村居民基本文化权利得以实现、促进乡村公共文化事业可持续发展的重要保证，是解决公共文化服务体系建设中存在的问题，推动公共文化服务体系持续、稳定发展，落实人民群众基本文化权益的具体内容和内在要求。❷ 当前，与全面推进乡村振兴的要求相比，我国乡村公共文化服务仍存在建设资金来源单一、服务水平低、服务监督保障机制有待优化、乡村公共文化人才队伍流失严重等问题。为有效解决当前存在的问题，要有针对性地制定政策，多元化地引进社会资本；同时，还需要培养和招纳更多的专业人才，持续提高其服务水平。具体来说，需要从以下几个方面来强化乡村公共文化服务保障制度建设。

第一，完善乡村公共文化服务的政策保障机制。制订出更多适用于农村公共文化服务体系的政策内容，包括相应的社会主体参与政策以及购买公共文化服务项目政策等。相比于单一或固定的服务模式，多元化的服务模式更

❶ 曹海林，任贵州．乡村治理视域下的公共文化服务：功能定位与实践路向［J］．南京农业大学学报（社会科学版），2022，22（3）：75-83，184.

❷ 刘红．乡村振兴背景下农村公共文化服务体系建设研究［J］．社会科学战线，2022（3）：255-259.

能满足不同群体的需求。加强对多元文化的认可和推广，创新文化传媒产品和途径，大力推进文化下乡和戏剧进村，开展文化惠民义工活动，鼓励文艺人员下基层为乡村振兴提供高质量的文艺作品，保障乡村公共文化服务水平。创造一个有利于乡村公共文化服务健康发展的总体环境，确保公共文化服务活动能够达到更积极的发展要求。❶ 制定政策落实的监督评价机制，从政策制定方案的选取到项目的实施，都需要有效的监督。有效监督是考核政府部门工作绩效的必要环节，可以提升各个部门建设农村公共文化服务的主动性。地方政府、文化旅游部门、公共文化服务单位开展公共文化服务活动，都要将其评价指标逐步纳入政府各惠民工程，以及纳入各级政府、单位文化负责人以及领导的绩效考评系统。对于工作成绩好的地区、单位和个人，以评价定级、试点示范等方式，给予各种荣誉称号、优惠政策和物质奖励；对于实施成效较差、群众满意度较低的地区，由政府、高校、科研机构等组成专家咨询小组，针对评价中的问题进行分析、论证，提出建议与协调解决。

第二，完善乡村公共文化服务的财政保障制度。首先，加大对乡村公共文化服务经费的投入力度，逐步提升乡村公共文化服务经费的比重，充实服务设施和文化产品，提升服务的质量和水平，为村民群众提供更加丰富、优质、多元化的文化活动和服务。政府应当增加乡村公共文化设施建设的经费投入，强化公共服务阵地的建设，确保村民能够满足自己的精神文明需求，并为他们提供更多的公共产品和公共服务。其次，强化乡村公共文化事业经费的管理、使用和稽查，加强对资金流向和使用情况的监测，及时发现和纠正资金使用中的问题，确保资金使用的合规性和有效性。监管部门随机抽查已启用的公共文化场所，保证其正常运行，防止场所被闲置或低效运行，提高公共文化服务的利用率和效益，保障资金使用的效果。最后，各级有关部门应该将乡村文化建设纳入经济社会发展规划，构建长期稳定的保障机制。明确指导思想、组建建设领导小组、制订资金管理办法以及建立健全乡村公共文化服务经费保障制度，为乡村公共文化服务提供有力的保障。❷ 同时创新投资方式，为乡村公共文化服务提供可持续的资金来源，支持多元化的文化机构参与公共文化服务，提高服务的多样性和专业化程度，更好地满足群众的不同需求和利益。通过文化机构间的竞争机制和评价标准，进一步提高公

❶ 汪珺. 关于全面推进乡村振兴的几点思考 [J]. 农家参谋，2022（19）：28-30.

❷ 纪潞. 乡村振兴战略视域下加强乡村思想文化建设 [J]. 农村经济与科技，2022，33（9）：155-157，172.

共文化服务的质量和效果。

第三，健全乡村公共文化服务的人才保障机制。首先要加强人才培养和引进。政府可以扶持相关高校和机构加强对公共文化服务人才的培养和教育，培养具有专业技能和实践经验的文化服务人才，组织业务知识培训、服务技巧培训、安全培训等，同时提供必要的资料和设施；可以引进和吸引更多的文化服务专业人士、教育工作者、社会志愿者等有志于从事乡村公共文化服务的人才。其次要建立完善的职业发展体系。政府可制定行业标准，建立完善的职业发展体系，分类设置相关职称评审等工作，旨在为从事公共文化服务的人才提供长期稳定的职业发展和晋升机会，提高服务质量和水平。增加福利保障和保障待遇，为从事乡村公共文化服务的人才提供更加优厚和完善的薪资待遇、社保福利等保障，吸引和留住人才，加强对乡村公共文化服务人才的人性化管理和关怀。最后是组建志愿者文化服务队伍。组建乡村公共文化服务志愿者队伍对于完善乡村公共文化服务体系具有十分重要的意义。由于乡村地区资源相对匮乏，很难招聘到足够数量的专业文化服务人员，因此可以在当地、学校、志愿者服务中心等地征集志愿者，让志愿者队伍弥补专业人员缺失的不足，提供更广泛、更贴近群众的公共文化服务。志愿者们也更容易与服务对象沟通交流，了解他们的需求和愿望，进而设计出更加贴合当地实际情况的公共文化服务项目。

7.3 完善乡村公共文化服务基础设施

7.3.1 加大对文化事业的资金扶持

《中共中央关于深化文化体制改革推动社会主义文化大发展大繁荣若干重大问题的决定》正式确立文化产业的国家战略地位。在中央政策的引导下，地方政府响应国家的号召，将地方文化产业值占 GDP 比重等指标纳入绩效考核范围。文化政策的推动，为各地文化事业发展吸引了大量资金，同时也促使社会资本流入文化领域，国家财政和社会资本的双管齐下保障了文化产业的健康发展。但乡村由于受到经济、地域因素的制约，文化产出能力、文化创造能力、文化经济价值等方面较差，与发达城市存在较大差距，文化产品的整体质量仍有待提高，导致乡村文化所产生的社会效益和经济效益较低，社会资本不太倾向于投资乡村文化事业。目前我国财政对乡村文化事业的投入主要体现在两个方面：一是面向乡村文化事业发展的投入，涉及相关项目实施运转所需的费用；二是乡村公共文化服务设施建设的投入。乡村文化事业建设具有显著的社会性，在乡村文化项目的启动和运行中，资金扶持是前提，也是开展乡村公共文化服务的起点。

尽管乡村文化设施逐渐扩大，但传统乡村文化设施建设投资规模狭小，重复建设严重，许多地方文化设施没有给大众带来享受，一些设施建成后基本上处于闲置或半闲置的状态，部分设施又因为缺乏必要的管理和维护而无人问津。早在十四届六中全会中央就明确指示要给予公益性文化事业必要的经费保证，保证文化事业的建设费用和日常支出，并强调各地政府对文化事业投入的增幅略高于同期财政收入的增长幅度。实际上，乡村文化事业投入总量偏少的状况仍没有得到根本改变，这样的增长幅度与乡村居民的文化需求相比显得捉襟见肘，投入资金不足是目前我国乡村文化事业停滞不前、没办法取得更大进展的最主要制约因素之一。乡村文化事业资金投入存在的主要问题是，一方面乡县级政府更重视经济的增长，部分地方政府借口财政困难削减文化服务投入，没有将文化政策落到实处，文化经费投入增幅难以提高，另一方面社会资本投入意识淡薄，地方政府调动社会资本积极性不足。

乡村大部分文化基础设施不具有盈利的能力，很难实现自主创收。政府的财政投入始终是乡村文化事业建设所需资金的重要来源，因此政府应该加大对乡村文化事业的资金扶持，坚持重心下移、资金下移、资源下移，保障文化基础设施的成功建立，加大公共文化设施建设等服务领域的投入力度，进一步完善乡村公共文化设施网络，文化基础设施作为公共文化服务发展的重要载体和依托，为当地开展文化活动提供活动场所或设备打下良好的基础。各级政府应当调整财政支出结构，完善、改进现有公共财政制度，强化资金管理，提升资金使用效率。由于乡村地区文化建设存在一定差距，政府应结合本地区的实际情况，深入乡村进行实践调查，全面掌握信息，了解不同乡村文化建设的实际需要，规划好发展目标，设立文化事业专项资金，中央也应补助贫困地区文化事业专项资金，从而扩大公共财政覆盖范围，中央和地方政府起到兜底保障作用，为各地社区文化建设提供强大物质保障。

政府进一步扩大投入的同时，还需要更好地发挥引导作用，鼓励全社会的支持与参与，践行多方筹资、全民共建的原则。地方政府应积极鼓励和引导包括个人、企业、文化机构、基金会以及社会资金进入乡村文化事业建设领域。推广发达地区已普遍实行的模式，即接受个人、非营利机构、社会组织用于文化事业的捐赠。对于参与文化事业的企业，各地政府贯彻落实好中央的扶持政策，可以根据中央政策制定吸引当地投资的优惠措施，大力支持文化事业设施和重点文化项目建设，在财政、税收、金融、用地政策等方面给予企业一定优惠。构建一个包括政府、机构、企业和社会捐赠在内的多元化的乡村文化事业筹资体系，扩大投资渠道，整合财力资源，形成社会资金多形式、多渠道的新局面，从而加大对乡村文化事业建设的投入力度。

7.3.2 建强基层公共文化服务阵地

市场经济下，文化产品和服务形态多样，对基层公共文化服务阵地造成巨大冲击。传统基层公共文化服务的核心阵地主要是由图书馆、乡镇文化站以及综合文化服务中心等构成的。新时代加强乡村文化阵地不单单只是建设文化设施，而是要让乡村文化阵地成为开展群众文化活动的重要场所，成为乡村传播时代精神、先进思想的前沿阵地。要达到这一目标，就需要坚决克服基层公共文化服务阵地简单化倾向，综合乡村振兴战略长远规划，扎实推进乡村文化阵地建设任务。如果不加强基层公共文化服务阵地，乡村封建势力、宗族势力可能会复辟占领文化高地，这会对乡村的各项事业造成极大伤害。目前乡村文化阵地建设虽取得了一定的成就，但仍滞后于乡村经济发展、广大农民群众的文化需求、基本公共文化服务均等化的要求。

当前基层公共文化服务阵地的突出问题是管理困难，一方面大部分图书馆、乡镇文化站以及综合文化服务中心没有相关的工作计划与活动安排，缺乏相关的工作制度、服务制度、管理制度，导致现有的设施缺乏有效的管理，造成设施损耗，管理较为混乱，开展文化活动难度大。另一方面是对基层工作人员的管理，大部分乡镇文化站管理人员往往身兼数职，还要从事其他工作，集中在本职工作的时间较少，并且大部分工作人员没有从事相关工作的经验，难以起到带头人的作用。因此不少基层工作人员认识片面，没有充分意识到农村文化建设的重要性，对待文化工作懈怠。

针对当前实际情况，应考虑推行长效机制破解困局。首先要成立强有力的专业领导组织，在乡县设立乡村文化建设工作领导小组，严格把控乡村文化干部的任职资格，要选拔一批专业性的年轻干部，专职专干，不能将文化专职干部长期借用到非文化岗位工作。小组内部定期组织学习，引导和教育广大基层人员正确认识乡村文化建设，将党的政治立意、政策贯彻到工作之中，并制定相关规章制度，强化工作职能，安排各项工作，督促落实，对成果进行检验评估，积极联合其他政府部门如广播电视局、文化局、教育局、党委等展开合作，明确职责，各司其职，形成合力，助力农村文化建设。其次重视制度的构建，设计基层公共文化服务阵地的工作长效机制，将文化建设与乡村整体规划紧密结合。一是要制定专门的农村文化阵地建设规划，确立文化建设的地位和发展经济同等重要。领导小组要扎根乡村，从实际出发，量力而行，不能只追求大而全，从设施的完整程度、公共服务的种类、服务机制的条例、资源利用率、群众的真实需求等多个方面出发，全方位研判新形势、新情况，科学制定长、中、短期的发展规划，并与季度、年度的工作相结合，既要有统一部署，又要出台各项工作措施。二是强化目标考核机制，完善乡镇文化枢纽功能，对筹划、整理、开发、管理、使用、发展等环节进行硬性指标考核。建议将文化阵地建设工作纳入领导班子绩效范围，列入各级干部晋升考核指标，作为干部晋升评优的重要依据。实行目标责任制度，清晰化每个人的职责范围，对参与文化阵地建设人员的工作实绩进行考核。理顺文化工作机制，提高运行机制的效率，做到有制可依、奖赏分明，提高乡镇文化建设积极性。三是延伸乡村文化服务阵地的触角，整合现有基层公共文化服务的阵地资源，避免重复建设，均衡配置活动资源，加大乡村文化活动室的利用率，挖掘文化设施的潜力，对各类文化设备设施要明确责任人，相关责任人要接受培训，尽可能减少文化设施的闲置现象。同时要调动各方力量，积极发挥农民在农村文化建设中的主体作用，鼓励农民自发组织文化队伍，支持民间文化社团创作和演出。社会文化组织与志愿者团队应当参与公共文化服务，利用公共文化服务的固定阵地，让文化组织和志愿者团队参与策划、组织、实施，成为中坚力量，从而激发公共文化服务阵地的活力。

7.3.3 加强基层公共文化设施管理

近年来，为满足乡村居民的日常文化服务需求，各级政府积极推动乡村公共文化服务设施建设，乡村公共文化服务设施的覆盖面得到了很大的提升。然而，公共文化服务设施利用方面仍然存在诸多问题。部分乡村公共文化服务设施建设位置偏离了村民聚集地，路途遥远阻碍了村民的使用。加强基层公共文化设施管理是为最大程度保护基层群众文化权益，要将文化设施的利用效率与服务效益放在首位。合理布局基层公共文化设施，充分考虑交通便利、经济要素、群众需求，依据乡村人口聚集度及人口活动范围，在不同区域内构建不同梯度的文化设施配套网络，整合群众的文化要求。而基层文化设施建设的选址直接关系到设施利用率的高低，基于此拟定长远发展计划，规划基层公共文化设施的场地应用，确定设施使用性质，合理划分场地，对静态和动态场地综合分析，控制基层公共文化设施的基本数量，尽可能扩大基层文化设施覆盖点，增大辐射面，并优化内部设施，体现出决策的科学性和合理性。

部分文化设施建立之初规划不足，未对资源进行有效分配，未对公共文化设施展开监管，用途不够明确，部分基层公共文化设施被其他项目所占用，导致设施资源浪费，没有为基层群众所用，建成的基层公共文化设施作用难以发挥。部分乡村宣传没有到位，一些村民不知道建立了公共文化设施，也不清楚如何使用，参与的部分基层群众由于缺乏使用认知，对设施爱护意识不足，造成设施破损。基层公共文化设施规范化使用与管理是长期工作，政府部门应发挥主导作用，队伍内部着重引进培育基层公共文化设施建设专业人才，完善录用与晋升机制，强化此类人才队伍作风建设，大力提升基层人员的专业素质，建立专业化管理队伍，专业培训现阶段文化岗位相关人员，由这些专业人员服务基层群众，讲解具体操作方法和注意事项。同时政府部门要发挥监管作用，建立一支专业的监督管理队伍，定期开展专项检查工作，具体量化基层文化设施运行现状，确定文化设备数量，总结拟定基层公共文化设施建设过程中存有的各项问题，检测解决措施的可行性。

缺乏专业化的公共文化设施运营管理部门，在基层公共文化设施管理上比较模糊，基层工作人员自身也缺乏相关知识技能，没有健全的机制对能力不足的基层人员进行知识培训和技能提高，乡村公共文化设施并未有效"管起来"。总之，受到多种因素限制，乡村公共文化现代化设施建设不足，即使相应硬件设施建成后，设施覆盖率提高了，但乡村公共文化服务设施的利用率和使用效果却不尽如人意。建成并投入使用的乡村公共文化服务设施，首要任务是保证运行顺畅，要及时维护设施内损坏的设备，升级落后设备，强化设施应用，提升资源利用率。基层公共文化设施要明确其用途、开放时间、开放方式以及活动内容等，通过多样化的宣传方式，结合微信、微博等平台扩大群众对文化设施建设的关注，尽可能让更多基层群众了解公共文化服务。用新的规划方式和配置标准，引导政府职能部门分类、分步进行建设，切实解决现实矛盾，从而实现基层文化设施管理运营的连锁化、规范化。

7.3.4 建立便民优质的服务平台

在数字化的时代背景下，计算机与移动端技术与日常生活广泛结合产生了巨大影响，党中央一直高度重视乡村数字化建设，中国互联网络信息中心（CNNIC）在京发布第50次《中国互联网络发展状况统计报告》显示，截至2022年6月，我国农村网民规模达2.93亿，农村地区互联网普及率为58.8%，较2021年12月提升1.2个百分点❶，我国乡村互联网基础设施已经基本实现全覆盖。随着智能手机的进一步普及，社会大众接触到的公共数字文化产品与服务愈加丰富，对公共文化服务的需求也在不断增加，但城乡公共文化服务数字化仍然面临发展不均衡的现实，相比城市人群，乡村居民撷取公共数字文化成果仍存在很多的困境。公共文化服务的一个重要载体是公共文化服务基础设施网络。然而，乡村地区的公共文化服务设施网络始终是构建现代公共文化服务体系的薄弱环节❷。乡村地区作为公共文化服务的最后一环，需要积极提升乡村公共数字文化服务的普及率和覆盖面，建立更加便捷、更加高质量的乡村公共数字文化服务平台，积极破解"数字鸿沟"的现象，提高文化惠民工作水平。

公共文化服务平台主要利用现代化信息技术，将文化资源按照规范进行整理、加工、组织，最后形成数字资源，大众可通过互联网、移动端、政务专网等渠道进行体验。建立公共文化服务平台离不开设施网络的推进，设施网络是建立平台的基本条件和基本载体，努力补齐网络设施短板，进一步加快乡村信息工程基础设施建设，重点提高乡村宽带通信、4G基站移动网络、数字电视网的覆盖面积，逐步推进千兆光纤、5G网络的进程。对已建成的网络设施进行维护和升级改造，打造"千兆乡村""光网乡村"。依托于信息网络建设，加强信息技术在乡村的推广，在乡村公共文化资源中嵌入科技，合理运用大数据、人工智能、区块链、VR技术，打破乡村信息壁垒和信息孤岛困境。乡村群众获取信息能力较差，这就要求乡村公共文化服务平台集成资源，提供一站式的服务，因此基层公共文化服务平台建设需要充分利用互联网和数字技术作为新的载体和形式，为乡村公共文化服务提供新的驱动力。

建立乡村公共文化服务平台需要定位清晰，部分地区不同服务机构各自建设，无法发挥一站式文化服务的合力。政府部门主导，合理划分区域，建立"县—乡—村"等三级电子资源免费共享体系❸。总结用户参与行为的类

❶ 中国互联网络信息中心发布第50次《中国互联网络发展状况统计报告》[J]. 国家图书馆学刊，2022，31（5）：12.

❷ 吴理财，解胜利. 文化治理视角下的乡村文化振兴：价值耦合与体系建构 [J]. 华中农业大学学报（社会科学版），2019（1）：16-23，162-163.

❸ 张波，丁晓洋. 乡村文化治理的公共性困境及其超越 [J]. 理论探讨，2022（2）：83-90.

型，明确服务功能，结合区域内文化资源，完善乡村数字资源协调布局，乡村文化服务站、农家书屋、图书站依托 5G 信息网络，借助虚拟"云空间"，将图书、档案、音视频等实物资料转化为数字资源，数字资源同步上传于平台，通过服务平台垂直提供给乡村居民，乡村群众足不出户就可以享受到文化资源服务，打破空间、时间隔阂。同时具体化服务栏目和内容，促进不同服务机构之间的合作机制，将重点放在不同服务功能之间的衔接上，确保用户体验的服务具有连续性和完整性。以受众为根本、服务为导向，提高平台的可及性，要保障不同情境、不同使用习惯的乡村居民最大程度上能够得到满足。乡村文化服务平台还要持续建设，要注重用户体验，这直接关联到用户对平台的使用意愿，收集用户大数据和整理反馈意见，评估服务系统改进的优先级，动态调整和配置服务资源和服务功能，及时完成服务系统的迭代，改善用户参与体验，减少用户获取服务资源的路径负担。

7.4　提升乡村公共文化服务供给质量

7.4.1　重视乡村公共文化服务对象需求

乡村公共文化服务供给和服务对象多样化需求的矛盾是当前最突出的问题。乡村公共文化服务继承了公共文化服务的基本特征，但又具有特殊性。一方面乡村大量年轻劳动力流失，驻留乡村的主要是老弱群体；另一方面独有的乡村文化使得乡村群体对于文化服务的需求往往有较强的地方性色彩。倘若不顾实际情况将城市公共文化服务搬进乡村，呈现的是城市人群的需求特征，而忽略了乡村群体的文化需求，就会导致乡村公共文化服务供给与乡村群众实际文化需求出现"悬浮"现象。部分地方政府为了提升农村公共文化服务的供给质量，推动乡村公共文化服务向城市看齐，将乡村公共文化服务按照"城市化"的理念来引导，这样一来就更加偏离了农村本位的公共文化服务理念。部分地方政府表现出"文化服务政绩化"的苗头，过度追求"亮点工程"，热衷于开展各种大型活动，而这些工程或活动却与农民的文化需求关联度不高，农民对此的认可度和满意度较低。提升乡村公共文化服务供给质量，必须突出乡村居民的主体地位，重视他们的自身力量。乡村居民不仅是文化服务的受益人，也是文化建设的话事人，绝不是被动的接受者，因此要尊重乡村和村民的个体差异，正视他们的需求。

长期以来我国乡村文化建设行政化倾向严重，主要是以"自上而下"决策为主，缺乏针对服务对象的需求表达机制，体制外的农民丧失了话语权，政府的决策代替了群众偏好，于是绝大多数地区基础性公共文化服务场馆日渐完备又形同虚设。这就造成村民表现出不同程度的疏离感，主体意识和自觉性也不高。增强农民参与文化建设的主体性，激活自觉创造精神，需要建立"自上而下"和"自下而上"双轨并行制度，打破传统的决策规则和程序。政府在乡村公共文化服务体系构建中应当从乡村本位视角出发，将乡村居民的实际需求作为建设体系的参考依据。这就是说，政府需要从整体角度出发，探究乡村公共文化服务产品的供给方式，考察其供给途径是否符合乡村居民的实际公共文化需求，针对农村居民的实际需求有针对性地提供文化产品或服务。建立健全"自下而上"的管理机制，有利于充分保障乡村居民掌握话语权和监督权，促使乡村居民从旁观者转变为参与者。具体来说，职能部门应当加快建设规范化和常态化的需求表达制度，组建村民代表民主议事听证队伍，明确规定实施的步骤，提高该制度的可操作性。从政策的制订到具体措施的落地，都应让农民自己做主，全面倾听和部分吸纳他们的意见，将乡村居民纳入决策主体范畴。

在精准把握农村居民真实文化诉求后，根据真实需求开展"订单式"服务，尽最大努力确保农民的需求得以实现，保障乡村居民权益。我国绩效评估主要是上级对下级的考察，缺乏受众的直接或者间接参与。采取以农民为评估主体的文化绩效评估非常重要，乡村公共文化服务的对象是农民，参与的乡村居民作为切身体验者，最有资格评判服务质量的好坏。通过走村调查、深度访谈、民主议事听证会等途径，深入群众及时获取反馈，政府根据反馈结果推动乡村公共文化服务内容、体系的健全。互动协商的民主决策既照顾到乡村居民自身需求，也提高了乡村公共文化服务体系建设的实际效应和规模效应，同时提升了农民的文化参与感、获得感、满足感。

7.4.2 提升乡村公共文化服务产品质量

早期中央政府的政策红利推动财政持续投入，各地方政府都按照中央部署大力推进乡村公共文化服务，承担起了保基本、兜底线的责任，为提高效率通常以直接见效的文化活动作为供给内容，重视文化场馆建成数量、大型文化活动举办次数。这种建设方式取得了一定的成效，但公共文化服务产品质量脱离实际、品种单一、无后续跟进的问题不容小觑。地方政府为了完成上级政府的绩效考核，忽视了不容易被量化的乡村居民对乡村公共文化服务产品质量的满意程度。乡村居民对文化的需求具有动态性和进阶性，乡村群众不会满足于当前的文化产品服务，这对公共文化服务供给提出了挑战。

乡村公共文化服务产品要从源头上严格把关，拒绝精英化、城市化、泛娱乐化的文化服务，减少全国统一供给的公共文化项目，将选择权下放基层，允许当地优先选择适合当地的建设规划和具体服务内容。近年来，一些政府不顾当地实际情况，盲目效仿示范区的文化服务建设，因无后续维护而处于休眠状态。这就意味着要与时俱进实现动态调整，建立回溯机制，要将乡村群众民意征集作为乡村公共文化服务产品推广前的必要环节，对服务对象、产品内容、建设标准实时做出调整，确立动态调整依据，追求乡村公共文化服务产品"基本标准"之上的弹性发展，不要只局限于国家的要求，不断完善乡村公共文化服务产品的内容、种类、水平，实行多样化、个性化、高质量的有机统一。地方政府不能只求保障，达到底线标准就停滞不前，而需通过长期持续的动态调整，超越标准底线，逼近或者达到优质标准。

秉承多元治理理念承接社会力量，使其成为乡村公共文化服务供给的重要补充。但社会力量不能完全替代政府的作用，扩大社会力量参与产品服务供给时也要明确参与的范围。政府可以通过补贴、购买的方式让社会力量提供优质的乡村公共文化产品服务，社会力量作为黏合剂，成为公共文化服务的孕育者之一。但公共文化服务由于缺乏竞争性，提供产品服务的企业容易吃老本，不愿意投入精力运营创新、提高服务质量，如此文化产品就会流于形式。因此政府应当采取招标筛选制度，着重鉴别有资质的供应商，通过招标形式将不同层次、不同类型的供给者汇聚到一个平台，提升乡村公共文化服务供给主体的数量，利用市场竞争让供给者注重服务产品质量，并不断改善促进良性循环，成为政府的辅助帮手。政府还需要考核这些不易量化的"隐形成果"，检验项目的利用率，群众的满意程度，对开展的项目一个个、一轮轮地考评，以最直接的方式了解公共文化供给的效果，并定期召开改进大会完善工作质量。

7.4.3 发挥地方传统优秀文化的积极作用

长期以来，乡村经济发展落后，其文化处于弱势地位，仿佛隐喻着愚昧落后。城市文化作为一种强势文化对乡村高度渗透，乡土传统优秀文化遭到了排挤，城市文化也成为乡村文化所追求的方向。乡村人口流动常规化削弱了乡村血缘—地缘联系，现代化的冲击缩小了乡村居民的文化空间，村民获取文化活动的途径丰富多样，沉浸式收看电视和使用智能手机娱乐的村民越来越多，主动参与本土文化活动的人越来越少。乡村区域内极具特色又历史悠久的乡土文化、乡土风情遭到了严重冲击，现代文明碰撞后的结果是乡土文化逐渐被边缘化，部分乡土文化逐渐消失解体，在转型的乡村社会之中已经不复存在，乡村文明的生存空间不断被压缩，严重打击了农民的文化自信，乡村居民的归属感和认同感直线下滑。

中华文明起源于农耕社会，传统优秀文化传承于乡村，乡村本土优秀文化具有极高的价值属性，能从生活规范、信仰体系、爱好习惯等多个角度引导村民的行为，进而到达乡村治理的目的。因此乡土优秀传统文化属于本土文化形式，具有鲜明的地域特色，不同区域内的乡村情境迥异，产生了高度异质的乡村文化。从乡村传统优秀文化中提炼出文化产品与服务，唤醒村民的责任担当，激发村民对乡村文化建设的自觉性❶。乡村文化振兴亟须传承传统文化，激发乡村活力，塑造"千村千面"的乡村文化气象。振兴传统优秀的文化不能只停留在保护和口头宣传上，而应对乡村文化进行经济价值的重构，使其在整个社会中形成一种价值共识。

乡村文化传统传播呈现散点式和规模小的特征，需要依靠村民的口口相传，属于自然发生的状态，极大限制了乡村优秀文化的传播，因此乡村文化产业的发展至关重要。基层政府深入挖掘本地传统优秀文化，借助文化阵地为支点，将传统文化融入村庄风貌，通过音乐、舞蹈、诗歌等形式演绎讲述传统文化，定期组织特色民俗风情文化活动，引导促进民间艺术家创造出展现地区传统文化的文艺作品，鼓励并资助当地的民间文艺队，激发村民的兴趣和热情，培养乡村群众的人文情怀。乡村需要不断创新文化传承方式，诸如可以举办乡村优秀传统文化的交流会和培训班，普及并传承文化技艺。地方政府应当将优秀传统文化产业化，将文化资源转化为经济资源，打造已经植入文化元素并具有当地优秀传统文化的项目、产品。乡村内生性的优秀文化能够与当前城市人口的文化消费需求相匹配，形成文化小镇以及乡村文化旅游品牌等特色产品，以此作为消费热点来带动乡村旅游，用文化促进乡村经济发展，保障村民能够从乡村传统文化产业的发展中长期受益。乡土文化开发有利于增加乡村居民收入，增强乡村文化自信，塑造新农民的精气神，提升乡民的认同感和自豪感，使乡村优秀传统文化发挥积极的功能以满足农

---

❶ 罗哲，唐远丹. 农村公共文化服务的结构转型：从"城市文化下乡"到"乡村文化振兴"[J]. 四川师范大学学报（社会科学版），2019，46（5）：129-135.

民高质量精神生活的需要。

7.4.4　注重公共文化服务空间延伸拓展

传统乡村公共文化服务更注重实体空间的构建，辐射范围呈现出散落的状态。服务对象虽然是区域内的全体村民，然而实际上在服务过程中，无论是文化设施使用还是文化活动参与都难以覆盖全体人员。在文化服务辐射范围方面，村级公共文化服务设施往往局限在本村，相近区域的外村村民难以便利使用他村的公共文化设施。此外，乡村特殊群体因为自身条件受限，其文化需求往往被忽视。乡村公共文化服务空间既包含了有形的物质空间，也包含了无形的精神文化空间。精神文化空间既需要依赖于物质空间的养成与承载，又可以脱离物质空间在乡村中广为流传，历时性的特点使得精神文化能够在物质空间中再次得到表达。因此需要在关注乡村公共文化服务的物质空间之余，给予精神文化空间更多关注，让两者同向发展，将文化服务的触角延伸到乡村的每个角落。

乡村公共文化服务物质空间的打造需要集中在一定地理空间，乡村文化空间需要与村民的生活空间紧密结合，考虑人群分布的集中程度和服务的辐射程度，突破行政界线和地理的限制，以镇为行政单位加强文化资源的空间联系，在更大的地域空间内构建供给体系，依托核心设施构建乡村文化圈，整合乡村特色文化资源，让文化生活服务于群众日常生活。在文化圈内开设满足日常活动、小众活动、大众活动的设施，村民可以根据自身爱好和距离来选择不同的服务产品，减少服务成本提升服务效益。同时，利用数字化技术为乡村公共文化服务提供支持，用科技创新助力乡村公共文化虚拟空间发展，切实为乡村文化振兴注入新活力。动员农民多渠道参与乡村文化活动，通过微信、网络直播、短视频等途径感受乡村的人文历史、文化传统等，即使外出的村民也能参与乡村文化建设。乡村文化在"互联网+娱乐"的虚拟空间中凝聚村民，唤醒村民的乡村记忆。在信息技术的作用下，乡村公共文化服务空间突破时间、空间的限制，形成虚拟空间和真实空间的相互渗透、作用与融合，产生独特而持久的教化作用。

打造虚拟空间的内核是将乡村文化作为情感的纽带，激发农民的乡村文化认同和归属感，增强村民对乡村的感情依赖，维系村民和乡村的关系，让乡村文化成为村民的情感基础。精神文化空间同样需要延伸，村民们共同创造出精神文化，使其成为一种联结工具而推进乡村公共文化服务空间建设。

精神文化能促使村民进行自我调整、自我收敛，形成行为理念和价值观念，促进乡村的有效治理。结合中华优秀传统文化思想，大力弘扬符合新时代思想的先进文化，崇尚科学、进取的风貌，摒弃落后、腐朽的观念，自觉抵制乡村中的不良风气，构建与新时代乡村文明建设相契合的道德伦理，实现乡村精神文化空间和日常生活的有机统一。这种自律、自觉的控制会重塑或巩固乡村优秀传统文化，打造属于乡村群众的精神文化家园。

7.5　强化乡村公共文化服务队伍能力

强化乡村公共文化服务必须建立一支高素质的乡村公共文化服务队伍，这是推动乡村文化大发展大繁荣的必然要求。当前各级部门需要通过优化乡村公共文化服务队伍结构、提升乡村公共文化服务人员能力、引导乡土人才发挥积极作用等措施，积极推进乡村公共文化服务队伍建设，为乡村居民提供更加优质、多样化的公共文化服务，促进城乡基本公共文化服务均等化落地。

7.5.1　优化乡村公共文化服务队伍结构

随着经济社会的不断发展，乡村居民精神文化生活的追求日益增长，他们不仅重视物质生活的改善，更渴望精神文化的提升。公共文化服务队伍在乡村文化的服务和发展中发挥着至关重要的作用，为乡村公共文化服务工作提供生机和动力，是建立健全乡村公共文化工作的先决条件。然而目前乡村公共文化服务队伍仍然存在人员老龄化严重、专业素养低、人员单一等问题，这些问题严重影响了乡村文化建设工作，致使乡民的公共文化需求无法得到满足。因此，我们要重视并不断优化乡村公共文化服务队伍结构，以此来促进乡村公共文化事业的发展。乡村公共文化服务队伍结构的优化，其实质就是要建立一支思想态度端正、专业素质过硬、管理思维优秀的复合型人才队伍。各乡镇要加强队伍结构和素质的优化，根据实际情况设立基层公共文化服务岗位，建立充足的人才储备库，按需增加人员数量，开创政府主导配置文化专员、社会力量广泛参与、本土文化人才支持、乡村居民积极响应、志愿者日益增多的乡村公共文化服务队伍建设新局面。

乡村居民文化权利的保障和文化软实力的提升需要通过政府制定相关政策来帮助实现，政府在乡村公共文化服务中承担主体责任，并占据主导地位。

专业的文化服务人员是公共文化服务有效开展的前提，因此政府需制定相关政策制度保障文化馆、乡镇综合文化站、综合文化服务中心、农家书屋等乡村公共文化机构的文化专职人员的配置，确保基层文化机构提供的文化产品、文化活动和文化服务既专业化又适合本土特征。如北京延庆区创新性地制定村级文化组织员制度，每个行政村配备1名群众文化组织员，文化组织员既是文体设施的维护员，又是数字影厅的放映员，还是益民书屋的管理员。为保证群众文化组织员队伍持续稳定，区财政每月给予群众文化组织员一定的补贴。❶ 福建省福州市和罗城仫佬族自治县等地实行村级文化协管员制度❷，文化协管员充分发挥自己的优势，指导协调乡村文化活动的开展。这些案例有效探索了村级文化服务专业人员短缺问题的解决方式，为基层文化队伍建设提供了宝贵经验，各地应当学习、借鉴与创新，因地制宜地制定本地的文化专员配置制度。

单一化的政府供给方式无法满足乡村居民多样化、个性化的需求，因此合作型供给模式应运而生。尽管2010年发布的《关于加强公共文化服务体系建设的若干意见》提出了"坚持以政府为主导、鼓励社会力量积极参与"的政策要求❸，2016年颁布的《公共文化服务保障法》又明确"公共文化服务，是以满足公民基本文化需求为主要目的而提供的公共文化设施、文化产品、文化活动以及其他相关服务"❹，但由于经济相对落后的广大乡村对社会力量的吸引力偏小，目前参与乡村公共文化建设的社会力量很少。因此政府应转变职能、创新机制，鼓励和引导各方社会力量积极参与，如政府通过招标、委托和部分业务外包等形式吸引企业参与乡村公共文化服务供给，从而创造企业间的竞争环境。这将使企业能够生产符合政府期望的公共文化产品和服务，从而提高公共文化服务的供给效率。同时政府和文化部门通过免租金、免税或补贴等形式对积极参与乡村公共文化服务的社会力量进行补助，助力乡村公共文化服务社会化发展的实现。社会力量则以购买、委托、志愿服务、租赁、战略合作等方式来协助政府等文化部门开展乡村公共文化服务的建设，

❶ 张亮，翟健. 文化组织员：农村文化新"管家"[J]. 时事报告，2015（11）：46-47.

❷ 陈丰. 论福建省村级文化协管员的社会地位和作用[J]. 群文天地，2012（4）：48-51.

❸ 中华人民共和国中央人民政府. 中共中央办公厅、国务院办公厅印发《关于加快构建现代公共文化服务体系的意见》[EB/OL].［2023-2-15］. http://www.gov.cn/xinwen/2015/01/14/content_2804250.htm.

❹ 中国人大网. 中华人民共和国公共文化服务保障法［EB/OL］.［2022-10-30］. http://www.npc.gov.cn/npc/c12435/201612/edd80cb56b844ca3ab27b1e8185bc84a.shtml.

通过市场化的手段由社会力量将农业信息、人才、科技等资源引入乡村公共文化服务领域，可大大拓宽乡村公共文化服务的渠道，弥补政府单一供给的不足。

乡村公共文化服务均等化的首要障碍是乡村文化治理主体的缺位。当前，乡村文化治理主体面临着职能界定模糊、农村居民参与机制不完善、社会主体职能空泛和权利保障机制不健全等因素❶，严重影响乡村文化标准化治理的主体功能均衡发挥和有效作为。居民是"政府主导、图书馆等文化机构推动、企业参与、居民共建共享的分布式协作治理机制"中最基础的治理主体，需要深入挖掘居民参与新型公共文化空间建设及服务供给中的需求表达、行为动机和参与方式等内容。乡村本土文化人才对当地农民群众的生活、思想、习俗以及愿望有更深入的了解，对本村的文化发展程度以及未来潜力有更清楚的认知。从发展前景上看，本土人才的参与更便于当地公共文化服务事业的发展。相关部门应开展乡村公共文化服务事业建设责任和使命的宣传教育，增强本土文化人才的社会使命意识，鼓励更多本土人才参与文化活动和服务；通过组织地方戏曲、书法绘画、广场舞、诗歌朗诵等一系列文化活动，从中发现和选拔本土文化能人、民间艺人，鼓励他们带领村民走出一条突显本村特色的文化发展之路。

文化志愿者是乡村公共文化服务队伍的有益补充。为丰富公共文化服务队伍，相关地区可以通过招纳志愿者的方式来增加队伍的规模和多样性。鼓励地方的文化带头人、积极分子等加入文化志愿队伍，开展各种文化活动，并给志愿人员提供平等的培训机会，提高各个村庄居民的集体凝聚力，弘扬与传承具有地方特色的优秀文化遗产。为建立起高效率、正规化的基层公共文化服务志愿者队伍，需大力强化乡村公共文化志愿服务机构的建设，建立包含志愿者注册、电子档案收集以及乡村公共文化信息数据库的平台系统，从而实现志愿者、服务对象以及活动项目三者之间的高效对接；同时，要建立健全相关的奖惩制度，以鼓励更多的志愿者参加；定期对文化志愿者进行专业知识和业务范围的培训，提高其服务能力和职业素质。❷ 如张家港市❸在全国范围内率先设立文化志愿者资格认证制度，并建立文化志愿者孵化基地，

---

❶ 张继良，邵凡. 乡村治理主体职能结构的调整与优化 [J]. 河北学刊，2022，42（6）：159-166.

❷ 刘佳云. 云南边疆多民族地区公共文化建设跨越式发展研究 [J]. 云南民族大学学报（哲学社会科学版），2018，35（2）：39-46.

❸ 陈世海. 城乡文化普惠均等的张家港实践 [J]. 群众，2016（8）：57-58.

出台文化志愿者管理办法、文化志愿服务工作意见和保障激励办法等，并定期组织文化志愿服务团座谈会，进行工作交流、活动策划、措施研讨，强化服务意识和品牌意识，进一步推动文化志愿服务工作的社会化、品牌化、长效化发展。各地可大胆借鉴其宝贵经验，建立和完善乡村文化志愿服务制度，不断深化文化志愿服务机制的改革，助推乡村公共文化服务优质发展。

为保障乡村公共文化服务队伍的合理性和稳定性，要以政策为导向，为其提供更好的发展环境。一是乡镇政府要建立健全符合乡村文化发展需要的人才选拔、引进、培养、考核等方面的政策体系，努力为吸引、发挥、稳定人才提供良好的政策环境。尽力满足文化人才所需的各种基本需求，积极为其提供良好的服务以帮助其全身心地投入工作；二是要加大对基层文化工作人员的经费投入，拨付专项资金用于乡村公共文化工作人员的培养和发展，为工作人员的工作经费提供保障，切实缓解文化工作人员的资金短缺问题；三是要完善服务人员的激励机制，并持续优化绩效评估体系。继续加大对乡镇文化工作人员的补助力度，明确乡镇文化工作人员的基本工资不得低于国家规定的最低工资。对于在乡村公共文化服务方面做出建设性贡献的工作人员，给予他们奖励和表彰，这样就可以最大限度地激发人员参于乡村公共文化服务的热情，巩固乡村公共文化服务队伍的基础结构，为乡村公共文化服务事业的人才发展提供充足保障。

7.5.2 提升乡村公共文化服务人员能力

随着乡村振兴战略的实施，乡村公共文化服务人员队伍阵容有所扩大，形成了多样化的服务人员格局，但整体来说，这些人员的专业基础和服务水平非常有限，综合能力亟待提升。因此必须采取相应措施来全面提高其政治素养、专业技能和管理能力，提高文化活动品质和服务效能，以便能更好地满足乡民基本公共文化需求，促进乡村公共文化服务的繁荣发展。

一是建立完善的人才选聘制度。综合文化服务中心、乡镇综合文化站、农家书屋等基层阵地人才缺失、服务效能低下等问题严重，急需充实公共文化服务人员队伍。但不能一味追求数量，更应追求质量。专业人才队伍素质会直接影响到公共文化服务的效能。各级政府必须采取一定措施选拔出能为广大农民群众服务的优秀干部，把真正优秀的人员纳入队伍行列。首先要明确各岗位工作人员所需具备的基本条件及其工作职责，然后采用一定的遴选程序层层筛选。例如，张家港市通过举办张家港市文艺招贤赛和主持人选拔大赛等活动，广泛征集并选拔各地优秀的文艺人才，以此方式来增强全市特别是乡镇文化人才队伍的力量；在全国首创实施民间阅读推广人队伍资格认证和建设管理制度，在全国率先开展文化志愿者资格认证，成立文化志愿者孵化基地等。❶ 赤壁市委、市政府公开招聘"以钱养事"公益性岗位，以驻站制的方式分配到各文化站；公开招聘"市聘乡用"工作人员，以"派出制"方式安排到群艺馆分馆工作，创新总分馆工作人员的"双制"方式。❷ 这些创新做法成效明显，值得各地借鉴。社会力量参与公共文化体系建设是推动公共文化服务高质量发展的重要途径。《公共文化服务保障法》在立法层面确立了政府购买公共文化服务的法律地位，为政府购买公共文化服务提供了法律上的保障。但是社会力量参与过程中不可避免地存在一些社会组织或企业服务动机不纯或过于逐利等行为。因此，各地方政府一方面需要因地制宜地制定全面的、具有可操作性的实施细则作为指导，诸如资金预算管理、机构编制管理规定以及承接主体资质条件标准等的规定，制定科学完善的规范化政策；另一方面政府需掌握不同企业组织等的项目投资、个性化需求、技术专利等方面信息，有效地遴选出优秀的合作对象。只有这样，才能提高政府购买公共文化服务每一个环节的可控性，并且有效规避由实践的随意性带来的风险。

二是强化业务培训提升业务能力。为提高乡村公共文化服务人员的工作成效，应全面建立长效的人才培训机制，不断更新工作人员的知识体系，以便更好地适应当下乡村公共文化服务的发展情况。各级政府应该构建一套培训体系，针对村干部、企业家、文化专员以及普通农民等不同培训对象分别设定培训目标，制订相应的培训计划，并开展相对应的培训。牵头组织定期开展全面培训，包含学科专业知识、综合型知识以及思想觉悟，为乡村培养综合型管理人才和专业技能人才。具体来说，需要注重基层文化人才队伍的专业能力培养，针对不同岗位的具体情况确定培训内容，支持文化事业单位与高等院校采取联合办学、定向培养、在职进修等方式，培养各种类型的文化事业和专业技术人员。如针对农村图书馆、农家书屋的工作人员，可由高校定期派遣业务能力强的馆员对其开展业务培训，让他们了解图书分类、图

❶ 陈世海. 城乡文化普惠均等的张家港实践 [J]. 群众, 2016 (8): 57-58.
❷ 咸宁市文化和旅游局. 我市"派出制+驻站制"探索总分馆人员建设新路径案例入选国家基层公共文化服务高质量发展典型案例 [EB/OL]. [2023-03-03]. http://wlj.xianning.gov.cn/zwdt/gzdt/202302/t20230213_2960278.shtml.

书馆管理系统等方面的知识，提高其业务能力和服务能力。针对村级文化协管员、组织员等，可通过多媒体教学、实物鉴别、案例分析、图片展示、座谈访谈、参观学习、问卷调查、测试评析等多种方式培训，让其及时学习了解公共文化建设的形势和任务、农村文化建设的现状、农村非物质文化遗产的保护、农村文化市场的监管、农村群众文化活动的组织和开展、农村文化信息共享工程建设等内容；或者让其接受中等专业学历教育，系统学习文化基础知识、现代文化艺术、传统文化艺术、乡土特色艺术、专业拓展等内容；或者开办戏剧、舞蹈、主持人、摄影等公益性培训辅导班等，培养社会文化人才队伍。如赤壁市委、市政府通过多种方式途径把总分馆人员培养为场馆阵地的管理员、活动组织的协调员、理论学习的宣讲员、基层文化的辅导员、群众文艺的创作员、公共文化的服务员、文化下乡的工作员、社区村晚会的好演员、馆内馆外的治安员、环境卫生的保洁员的复合型"十员"人才❶，更好地满足新时代群众的文化需求。

三是建立经验交流多方合作机制。加强交流与合作是提升乡村公共文化服务人员能力的重要途径。自全国示范区（项目）建设开展以来，涌现了很多典型案例。如张家港市❷定期召开文化志愿服务团座谈会，进行工作交流、活动策划、措施研讨，强化服务意识和品牌意识，进一步推动文化志愿服务工作的社会化、品牌化、长效化发展。五指山❸为加强非遗工坊队伍建设，通过完善人才培养和引进机制、举办创新创业大赛、文创培训班等方式，促进手工艺人及非遗工坊深度交流，转变发展思维，培育扶持学得好、留得住、干得强的非遗工坊带头人。相关部门可组织工作人员前往这些优秀农村文化活动示范基地进行参观学习或实习实训，加强与他人的交流和学习，以此来提高地方文化人才队伍的整体水平。此外，利用地方行业协会或社团等社会机构，通过对外交流、学习培训、创作研讨等方式，拓展乡村公共文化服务人才的眼界，充实其知识体系，为乡村公共文化服务的发展做出贡献。如为了解决农村文化工作者和带头人严重匮乏的问题，双街镇近年来持续加强文体培训和交流，经常举行学习经验交流会，大力培育乡村文化人才，发挥文化带头人和新乡贤的示范作用，加大文化宣传力度，增强乡村文化生活的内

❶ 咸宁市文化和旅游局. 我市"派出制+驻站制"探索总分馆人员建设新路径案例入选国家基层公共文化服务高质量发展典型案例［EB/OL］.［2023-03-03］. http://wlj. xianning. gov. cn/zwdt/gzdt/202302/t20230213_2960278. shtml.

❷ 陈世海. 城乡文化普惠均等的张家港实践［J］. 群众，2016（8）：57-58.

❸ 陈关超. 非遗薪火相传 织就锦绣未来［N］. 中国文化报，2022-12-29（002）.

生动力。

四是建立健全考核和评价机制。考核是指按照一定的标准，对员工的工作业绩、品行、能力、态度等方面进行综合测评。如果没有考核，乡村公共文化服务工作很可能会流于形式和表面，而一个科学、高效的考核评价体系，既能够很好地反映出当地乡村公共文化服务的工作成效，也可使文化工作者在工作中充分发扬自己的长处，不断改正自己的缺点与不足，从而提高自己的技能水平。科学的考核评价是调动文化工作者积极性、识别和衡量其能力的有效方式。因此，在乡村公共文化服务体系建设中，当地政府因地制宜建立健全考核评价体系是优化乡村公共文化服务供给、提升服务效能的重要举措。如赤壁市❶建立"一册三标准"制度，其中一个标准就是《赤壁市群艺馆总分馆公共文化服务人员年度考核标准》，该考核标准的制定促进了乡村文化人才的成长，也提高了乡民的满意度。新郑❷成立由新郑市委、市政府主要领导牵头的领导小组和专家委员会，形成了"市委主导、人大监督、政府督查、政协调研、半年考核、年终验收"的工作格局，为公共文化服务体系的建设提供保障。双街镇❸通过建立健全文化管理员的培训、考核机制、激励竞争和自我约束机制，强化组织保障，促进文化管理体系的建设。至于社会力量，有些政府只注重对社会力量的注入，而忽视了对其的监督和评价，导致服务结果与最初的目标相偏离，不利于公共文化服务的发展。各地政府应当成立专门的监督机构或是聘请专业的第三方评估团队等，对实施购买服务的主体进行监督、评估、指导。定期评估考核由社会力量承担运营的公共文化的服务质量和绩效，一方面可以避免由于转变供给主体造成的公共文化服务质量滑坡，另一方面也是对社会力量的一种培养，能够促进其规范发展并不断适应公共文化服务供给的需要。考核评价时应当引导多元评估主体参与，充分发挥各个主体的优势，全方位的评价才能确保考核更加客观真实。

五是培育农村公共文化素养内生机制。乡村民众在参与和提供公共文化服务中扮演着重要角色，因此在建立农村公共文化服务体系时，应当采取切实的措施来提高农民的文化素质，增强他们的文化意识。基层政府及有关文

---

❶ 咸宁市文化和旅游局. 我市"派出制+驻站制"探索总分馆人员建设新路径案例入选国家基层公共文化服务高质量发展典型案例 [EB/OL]. [2023-03-03]. http://wlj.xianning.gov.cn/zwdt/gzdt/202302/t20230213_2960278.shtml.

❷ 陈关超，张莹莹. 河南新郑：乡村因戏曲而改变 [N]. 中国文化报，2018-10-12 (004).

❸ 国家发展改革委. 天津北辰双街：打造常态化服务体系 让农村文化"活"起来 [J]. 中国经贸导刊，2021，996 (4)：9-11.

化部门通过广泛的宣传和倡导活动，向农民传递乡村公共文化服务的意义和作用，提高农民的文化责任感、使命感和自觉性；用接近农民生活的方式来改进乡村文化的内容，激发农民参与文化的热情。在增强农民文化认同感的同时，还要建立起乡村基层的文化造血机制，通过一定的政策扶持和资金扶持，为乡民提供更多更好的资源和机会，不断提高其文化素养与文化欣赏能力，扩充乡村的民间文化队伍。诸如充分利用基层文化骨干和地方文化名人的力量，强化农村业余文艺演出队、戏迷俱乐部、民间曲艺团体等业余团队的建设，并积极开展高质量特色文化活动，不断提高群众的精神文化水平。乡村艺术人才在文化服务中可充分发挥自身价值，更好地激发其文化服务和创造的热情，对表现优秀的工作者政府可以进行物质和精神上的奖励，从而进一步提高他们参与文化事业的成就感。❶

7.5.3 发挥乡村公共文化乡土人才作用

在乡村生活中，群众文化活动是居民参与公共文化最主要的形式。然而，由于所举办的文化活动不合胃口，缺乏足够的吸引力，当地居民参与的积极性不高；再者，由于地方政府和地方机构组织与协调能力不足，无法提供良好的文化服务，乡村居民乡村公共文化活动的参与度普遍较低。因此，为了更好地构建乡村公共文化服务体系，各级政府应从各地现实情况出发，着力解决乡村有文化、懂文化、接地气的专业人才匮乏的问题。利用乡情、亲情的纽带，让更多的青年才俊回归家乡，为家乡文化建设贡献自己的力量；加强对当地文化骨干的挖掘和培训，将与当地文化事业有紧密联系的传承人和民间艺人等提升为文化骨干，并通过全面系统的培训，使他们在完善农村公共文化服务体系中发挥出应有的作用。

首先，发挥新乡贤热心服务乡村的示范带动作用。新乡贤是新农村建设中新出现的一批具有较高道德意识、能运用新知识、新技能推动新发展的群体，他们具有丰富的乡村治理经验，熟悉乡村情况，对乡村文化、社会组织、经济发展等都有更为深入的了解。新乡贤具有强烈的爱国情怀，他们乐于为家乡的发展出力，并主动投身于农村的公共文化服务事业。新乡贤通过组织开展基层公共文化队伍培训活动、举办农村文艺骨干业务培训等方式，挖掘并培养乡村文化人才，让乡土文化人才成为乡村振兴中的文化领军人物，把

❶ 陶晶. 乡村振兴视域下农村公共文化服务体系建设的路径选择 [J]. 农业经济, 2020（8）: 30-32.

"送文化"变为"种文化"。新乡贤等乡土文化人才积极引领组织开展各类文化活动,不仅能丰富村民的日常生活,提升群众对公共文化服务的满意度和获得感❶,还能有效地提升居民对公共文化事业的认同,为当地社会的发展提供有力的精神支撑,进而凝聚团结奋斗的精神力量。❷ 在新乡贤这种感召和带动作用下,乡村居民由被动参与转变为积极投入各种公共文化活动,乡村公共文化真正"活"了起来。

其次,鼓励和吸引乡土人才贡献智慧和力量。我国农村地域辽阔,经济基础较差,长期依靠地方政府投入公共文化建设,资金相对短缺。乡土人才拥有良好的思想政治素质,对乡村发展具有高度责任感,能够积极参与到乡村治理中来,为实现乡村振兴发挥着重要作用。他们能够在一定程度上缓解当地资金紧缺的情况,优化设施的建设与利用现状。在乡村振兴的战略下,国家对农村的优惠政策给予了大量的支持,部分地方实施了"金凤回巢""乡贤回乡"等回乡项目,吸引有声望名誉的乡贤们回归家乡,投入到公共文化事业的建设中,帮助解决地方财政短缺的问题,并形成了多渠道的融资方式,吸引了更多的社会资本投入农村公共文化服务建设中。乡土人才中的退休教师、村委会能人、地方文化艺术和非物质文化遗产的传承者,他们都具有一定的文化天赋和职业素养,能够引导和协助当地的群众进行高品质的公共文化活动,对乡村公共文化服务的发展有很好的推动作用。所以,政府要充分鼓励乡土人才在本地施展才华,组织恰当的文化活动,把当地公共文化资源和农村文化资源、民俗节日、国家文化政策等有机地结合在一起,以这些文化资源为载体,通过这些乡土人才良好的影响力和群众基础,把农民聚集起来,吸引更多人参与公共文化建设。

乡村作为天然的共同体,规范着人与自然、人与社会之间的基本关系,蕴含着作为乡愁共同体精神家园的乡村文化。乡村文化建设要以乡村振兴为契机实现乡风文明,就必须传承乡村文化品格,展现先进文化因子。实现这样的目标,要从周围的群众中选择典型,树立起新时代乡村道德楷模和平民英雄的典范形象,引导和激励更多人积极参与乡村文化建设,共同维护乡村

---

❶ 冯凯. 乡村振兴战略下农村公共文化服务建设路径研究 [J]. 现代化农业, 2020 (11): 53-56.

❷ 吴蝶. 县域文化在乡村振兴发展中的地位和作用:以柞水县为例 [J]. 百花, 2022 (7): 81-84.

社会秩序。❶ 如湖南省株洲市攸县❷探索出乡贤服务乡村文化事业的"高桥经验"：搭建农村公共文化服务物理空间载体，盘活祠堂、民房、旧村部等闲置空间资源，在老百姓家门口建设小广场、小书屋、小讲堂"门前三小"文化设施。广东省惠州市惠阳区打造"百姓欢乐舞台"文化品牌❸：充分发动农民参与，让农民成为舞台主角，解决农村公共文化服务深入难、接受难、持续难问题❹。这些优秀乡村公共文化建设案例通过构建乡村文化治理动力机制与实现机制，有效地推动乡村公共文化服务高质量发展。

7.6 推进乡村公共文化服务社会化

随着社会的发展，人们的精神文化需求也越来越个性化、多样化。在此背景下，政府提供的制式化的公共文化服务难以满足群众的多元化需求，这就需要引入市场、社会等非政府的力量积极参与社会公共文化的发展，通过发展因地制宜的文化产业、促进文旅融合的纵深发展、推动文化设施社会化运营、强化典型案例的宣传推广等形式，多元主体相互协同，打造繁荣多样的公共文化，促进乡村公共文化服务的建设。

7.6.1 发展因地制宜的文化产业

文化产业属于经营性行业，是指为社会公众生产、提供和销售精神文化产品的活动。乡村文化资源丰富，但一直以来处于角落之中，不容易被人所注意到，同时由于思想观念滞后，缺乏保护机制等，乡村文化传承与创新不足，影响乡村文化的繁荣发展。站在新起点，我们要在守正创新中挖掘乡村文化的价值，根据不同地区的资源条件、文化背景和文化氛围等情况，发展文化产业，并结合服务对象和企业的实际，因地制宜，充分发挥本地区的文化资源优势，促进乡村公共文化高质量发展。

第一，发挥政策引领作用，吸引优质企业入驻。政府应该担负起推动文化产业健康持续发展的重要职责，将文化产业提升到国家战略高度，并从多

❶ 蒲实，孙文营. 实施乡村振兴战略背景下乡村人才建设政策研究 [J]. 中国行政管理，2018（11）：90-93.

❷ 湖南攸县："门前三小"搭建农村文化大舞台 [J]. 中国经贸导刊，2021，996（4）：44-46.

❸ 广东惠阳："百姓欢乐舞台"提升农村文化服务效能 [J]. 中国经贸导刊，2021（4）：46-48.

❹ 国家发展和改革委员会. 农村公共服务经典案例点评 [EB/OL]. [2022-12-16]. https://www. ndrc. gov. cn/xwdt/ztzl/qgncggfwdxal/202101/t20210119_1265226. html?code=&state=123.

角度制定相关的法律法规来规范引导并推动文化产业的发展。一方面，政府要发挥导向作用，积极引导社会投资方向。政府应当发展重点文化产业和实施重大文化产业项目，夯实一批具有示范效应和产业拉动作用的文化产业大项目，引导社会投资方向❶。政府通过采购一些因地制宜的优秀文化产品和服务，发挥引导与示范效应，促进社会需求增加，利用需求形成的文化市场，带动其他企业投资发展因地制宜的文化项目，形成良好的社会氛围。职能部门应当对一些能够有效创新和发展本地文化的企业或项目采取资金奖励、宣传支持等措施，激发其市场活力。另一方面，政府应加大对文化产业的政策扶持力度，通过对相关企业采取财税支持，帮助企业转移或化解资金风险，降低运营成本，更好地促进产业发展。政府在财税支持上不仅要支持大型文化企业，更要重视中小文化公司的发展需求，畅通中小企业的融资渠道，为文化产业的发展创造良好的融资环境保障，推动文化产业健康发展。另外，文化产业的繁荣发展也离不开政策制度的管理和监督。政府应将文化产业的发展纳入地区经济和社会发展的整体规划中，制定并完善相关政策管理和规划公共文化和文化产业的发展，做到有法可依、有章可循。同时各地要充分尊重市场规律，根据当地情况制定相关的规范，因地制宜地加大对当地文化资源的保护和管理力度，建立良好的市场环境和服务体系，促进文化产业发展和文化保护与传承和谐共生。

第二，深度挖掘特色文化资源，扩大优质产品供给。我国乡村文化资源内容丰富，但一直以来处于角落之中，不容易被人所注意到，同时由于思想观念滞后，缺乏保护机制等，乡村文化传承与创新不足，影响乡村文化的繁荣发展。若想发展因地制宜的文化产业，就必须深度认识并挖掘本地特色文化资源，只有充分了解当地的特色文化，实现文化的呈现和转化，才能创造出适应当地发展状况又独具特色的文化产品和服务，实现文化产业的可持续发展。首先，因为不同地区的地理位置、资源等情况不同，文化背景和文化氛围也有明显的差异，要对当地的文化资源进行全面的考察，包括历史遗迹、名人文化、节日文化、农耕文化、民俗民风等，并对当地的文化资源有系统的认识和了解。其次，综合考虑政府宏观政策导向和区域发展方向等各种因素，在保护资源的基础上挖掘特色资源，提取文化内涵，明确目标定位，挖掘其文化价值和经济价值，发掘自己的优势资源。最后，以当地优秀的文化资源为依托，找准自己的定位和核心优势，创建差异化品牌，制定差异化发

---

❶ 许诺，常江. 因地制宜发展特色文化产业 [N]. 吉林农村报，2021-1-28（007）.

展战略，并推动与其他产业如旅游、游戏、影视等融合，契合当地实际，打造特色文化产品和服务，丰富产品体系，盘活文化资源，将资源转换为经济发展动力，推动公共文化的传播和发展。

第三，创建人才基地，加强队伍建设。人才是文化产业发展的核心和动力所在，发展因地制宜的文化产业需要既懂文化又懂经营管理的综合性人才队伍。一方面挖掘民间艺人，建立人才培训基地。乡村文化资源丰富，历史源远流长，造就了很多的民间艺人和文化传承人，他们是植根在这片土地的"活文化"，文化产业的本土化发展离不开这些人的助力。多数乡村的传统艺人没有经过系统的培训锻炼，虽然掌握一门技艺，但是缺乏创新和转换，而且愿意从事传统工艺的年轻人也比较少，缺乏内在活力和发展潜力，这就导致一些优秀的传统技艺无法得到传承和发扬。❶ 因此，要挖掘民间艺人，将散落民间的艺人组织起来，给他们提供机遇和平台，通过建立人才培训基地，联合高校、企业、乡村手工艺人、社会组织等多方主体，搭建"产学研"协作平台，集合创意研发、培训和交流三项职能，聚集人才队伍，相互交流碰撞，促进传统工艺与现代科技等多行业融合，让民间传统文化适应现代的发展环境，探索文化发展新路径，实现传统文化的创新性发展❷。另一方面多举措并施壮大文化人才队伍。乡村文化资源丰富，但是有些并没有得到重视，通过宣传可以提高传统文化的知名度，吸引更多人员加入文化建设行列，保护和发展传统文化。乡村基层干部作为乡村的领导者，应当主动学习并保护和发展本地的传统文化，积极探索适合本地发展的新模式。加强对传统艺人的培养和保护，鼓励年轻人学习并传承传统文化，提高村民的文化保护意识，加强文化教育的普及和推广。同时积极利用现代通信技术，通过短视频、举办展览、公益纪录片等形式宣传本地特色文化，扩大影响力，为传统艺人提供机遇和平台，调动民间艺人的积极性和主动性，吸引社会力量加入文化传承和发展的队伍，促进传统文化的传承和发扬。另外，政府应鼓励高校、科研院所等加强文化产业人才的相关学科体系建设，培养懂文化、懂产业经营和管理的复合型人才，为文化产业发展提供坚实力量。同时支持鼓励文化企业自主引进拔尖人才，并给予一定的优惠措施，壮大人才队伍。

---

❶ 高田，王兆锋. 民间艺术传承需要转换思路 [N]. 大众日报，2018-09-05 (023).

❷ 新华网. 全国政协委员潘鲁生：培养乡村文创人才　发展乡村文化产业 [EB/OL]. [2021-07-11]. http://www. news. cn/culture/20210702/C96E451C178000018EA31E80FCFB1597/c. html.

7.6.2　促进文旅融合的纵深发展

文旅融合指的是文化、旅游产业逐步超越原有的产业边界和相关要素相互渗透、交叉重组形成新的共生体的过程。文旅融合发展即文化和旅游协调发展、共同进步，不仅可以解决文化事业内部驱动力不足的问题，还可以弥补旅游产业文化内涵价值的缺失❶。在文旅融合不断加强的背景下，乡村文化旅游产业在实现乡村文化资源的合理利用和开发中发挥着重要作用，不仅促进农村地区传统文化和民俗文化的产业化建设，也保护了农村地区特色产业。同时，乡村文化旅游产业还承担着传承农村传统文化的任务，通过保护和创新乡村特色文化，提升乡村文化旅游的品质，进而促进乡村文化的振兴。一方面，文旅产业的发展，能更好地对乡村农业、民俗、手工艺、饮食、建筑、自然景观等优秀的物质和非物质文化进行保护与传承；另一方面，通过挖掘乡土文化资源，推动特色文化创意产品和乡村文化体验项目的开发，促进文旅产业的发展。此发展模式不仅能够创造新的经济增长点，还可以促进乡村优秀文化的传承和传播，使乡村居民实实在在地提高物质、精神层面上的幸福感和获得感❷。促进文旅融合的纵深发展，必须注意以下几点。

一是重视人才培养。在文旅融合发展的过程中，人才是关键环节，是推动文旅融合纵深发展的保障。重视人才的引进和培养，建立合理的人才招聘和培养机制，定期开展相关从业人员培训，加强对乡村旅游从业人员技能提升，建立培训长效机制，同时也可以积极与其他地区进行人才交流，相互帮扶，信息互享，资源互通，共同促进文旅人才的发展。鼓励普通高等学校、职业院校等开设与传统工艺相关的课程，创造促进传统工艺传承与发展的条件，推动中华优秀传统文化进校园，激发同学们的热情，培养具有综合素质的人才，支持从业者参加职业培训，以加强基础知识、提升技能为抓手，全面提升传统工艺从业者的整体技能水平。此外，充分挖掘乡村文化，与旅游结合，加强宣传，利用微信、微博、抖音等各种社交短视频软件，形成品牌，树立品牌形象，及时更新发布相关文化旅游信息，大力宣传本地的文化旅游资源和环境，扩大知名度；企业也可以通过提高薪资和待遇来提高员工的主

---

❶ 程莉. 基于价值链模型的公共图书馆文旅融合实践探析［J］. 图书馆，2020（9）：66-72，103.

❷ 黄萍，黎玲，胡珑川. 乡村振兴下的四川乡村文旅融合：困境、路径及模式［J］. 四川省干部函授学院学报，2022（4）：33-41，32.

动性和积极性，加强员工素养，促进文明旅游。

二是加强市场监督。各地应该根据实际情况制定监督管理体系，细化监管对象、标准和流程，畅通群众反馈渠道，形成文化和旅游部、社会等多元主体协同参与的监管格局。职能部门应当充分利用互联网、大数据等现代技术手段对旅游企业等市场主体进行动态监管，针对各种不规范行为做出整治方案。及时抵制和治理不规范或违法的行为，加强导游、游客等正向引导与知识普及，切实保障他们的合法权益，不断增强广大人民群众的获得感、幸福感和安全感，促进文化旅游的高质量发展。严格抵制企业服务的价格虚高和服务质量极差、虚假宣传、强迫消费等侵害旅游者权益的行为，并制定针对性的整治方案，在合理的范围内保障乡村旅游市场价格的良性循环，规范市场秩序，为其文化旅游的健康发展提供保障，确保经济、社会、环境、游客体验的高质量发展。

三是加强资源利用和保护。乡村独特的自然和文化资源是文旅融合的基础，差异化文化体验是乡村旅游活动得以持续开展的根本动力。推进文化发展模式创新，探索不同产业融合路径，深入挖掘地方特色与树立文化品牌，融合乡村文化中的历史记忆、民风民俗等，利用动漫、网游等多种形态呈现乡村文化，打造文化主题式旅游，丰富文化产品和文化体验供给。通过提供具有独特文化底蕴的旅游体验，增强人们的文化自信，促进文化和旅游的深度融合，实现文旅创新发展。同时也要持续优化和保护旅游环境，文化旅游不仅需要丰富的文化资源，更需要良好的旅游环境，才能更好地丰富客户体验。当地相关部门要注意旅游环境的开发和维护，确保公共设施齐全便利，服务更加标准化、人性化、专业化，能够满足不同人群的需求；做好旅游设施环境等的检查和评价工作，提高服务质量，创建文明旅游环境，推动文旅融合发展。

7.6.3 推动文化设施社会化运营

乡村文化设施是村民参与文化活动的重要场所，能够帮助村民们享受公共文化服务，是推进精神文明建设高质量发展的重要载体。加强乡村公共文化设施建设，充分发挥文化馆、博物馆等阵地的引领作用，这是提高乡村公共文化服务效能的关键因素。文化设施社会化运营，是指通过政府宣传引导、定向资助和财政补贴等措施，吸引企业、社会组织或个人参与文化设施的建设运营中。文化设施社会化运营能够激发公众参与热情，促进公共文化服务方式的多元化，有效增强公共文化服务的活力。

第一，积极培育社会主体。发展健全的社会主体是实现公共文化社会化发展的基础，政府要积极引导和培育社会主体，提高社会运营主体的数量和质量。一方面，明确社会主体内涵，拓宽参与主体领域，支持鼓励多类型主体以各种形式参与公共文化设施建设，形成覆盖多主体的公共文化服务体系。探索与各地政务服务平台对接模式，开通公共文化设施社会化服务功能，简化主体参与流程，完善参与机制，提高服务效能。同时重视文化志愿人才队伍的建设，加强对公民意识的引导和培养，意识到参与公共文化服务是保障自己权利的重要手段，重视志愿渠道的开通和管理，形成一整套文化志愿者队伍管理体系。另一方面，明确社会主体资质，确定不同主体的准入标准，从管理经验、技术人才、业务情况、内部治理、资源管理、社会信用等多方面进行评估，并对参与的主体进行培训，提高服务质量。相关部门要根据地方情况建立统一的考核评价体系，并畅通反馈渠道；吸引群众参与组织评价，以需求为牵引对社会组织进行全方位考核；增强评价的客观性和科学性，便于公共文化机构筛选社会主体，提高管理效率；评选示范机构，并加大宣传力度，提高知名度；加强社会对公共文化设施社会化运营的认识，营造良好的社会氛围。

第二，完善政策环境。政策环境是促进公共文化设施社会化发展的重要保障和推动力，是激发社会活力和创造力的引擎。一方面，细化政策要素。各地相关部门应该积极制定和完善相关政策法规，确保公共文化设施社会化运营的整个过程有清晰且完整的规划和指导，具体到每一个环节都应该有相关政策引导、有标准可依。通过政策规范与引导，明确政府和社会力量的角色定位和责任边界，提高合作效率；将乡村公共文化服务设施社会化运营的经费纳入财政预算，确保下级部门制订并实施相应计划；加强对公共文化服务资金管理使用情况的监督和审计，开展绩效评价。对于社会主体来说，要细化培育计划，壮大人才队伍，同时明确其申报条件和服务标准，鼓励各类社会主体参与公共文化设施建设运营，并针对不同主体采取相应的激励措施，如定向资助、项目补贴、税收优惠等，并对运营较好的社会组织予以奖励。另一方面，确保政策有效落地实施。各级乡镇相关部门要高度重视公共文化设施社会化运营工作，加强思想认识，树立正确观念，不能将文化服务只当作文化部门的事，要整合各部门的力量，制定统一规划，加强统筹协调，精心组织实施。职能部门还要加强宣传引导，以相关政策为指导，结合本地实际组织开展社会力量参与公共文化设施的遴选评优活动，提高社会关注度，并为参与公共文化设施运营的社会主体及时提供政策信息服务，明确其发展方向，推动政策落地见效。相关部门应当积极监督管理公共文化设施的社会化运营，综合考虑运营成本、群众需求等多方面因素，建立绩效评价机制，并充分运用大数据等现代信息技术实时监测。建立健全社会主体参与公共文化设施建设的监管制度，及时补充项目专家库，根据实际执行水平与期望水平之间的差异，构建信任机制，减少管理损耗，确保社会化发展的长期运作❶。

第三，创新社会化运营模式。政府购买服务是目前政府支持社会力量参与公共文化服务的主要方式，当前全国各地探索出了设施委托管理、整体运营和项目运营、社会捐赠、政府扶持等多种社会化运营模式，促进公共文化服务社会化运营的特色化、差异化发展❷。由于各地公共文化发展状况、群众需求等情况不同，各个基层部门要尊重地方实际，探索适应本地区经济发展状况的公共文化设施社会化运营新模式。有些乡镇地处偏远，人口基数较少，消费能力不足，导致收费性服务的利润率很低甚至基本没有，难以吸引企业等营利性组织开展公共文化服务活动，当地政府就应积极采用政府购买的方式，以文化事业单位、非营利组织和个人参与形式为主，将设施或项目委托给社会力量管理，并积极培育当地文化组织或个人，激发内生活力，提高公共文化服务质量。一些基层文化机构可以与社会组织开展合作，对空间进行运营管理。为提供更加多元的文化服务，方便公众选择，公共文化机构可引入社会文化组织，以补充和完善服务内容、有效扩大人群覆盖面。产业发达的地区还可以探索与当地的文化产业融合发展模式，如打造文旅融合阅读空间，让用户在旅游的同时享受文化服务。县图书馆与旅游企业合作共建，探索景区、民宿与书吧等结合发展模式，优化合作形式，丰富合作内容，带给读者非凡的阅读和文化体验；基层文化机构可以联合企业、高校等主体多元共治，多种运营模式并行发展、相互补充，打造高品质的公共文化服务，提高服务效能。

❶ 铜川市文化和旅游局. 公共文化服务社会化发展创新机制　促动全链条参与 [EB/OL]. [2023-05-10]. http://www.tongchuan.gov.cn/resources/site/102/html/gk/zdgknr/ggwh/202207/660387.html.

❷ 彭明浙, 唐雪宇. 关于我国公共文化设施社会化运营政府管理的主要做法 [C] // 白雪华. 新理念　新机制　新举措　推动文化馆行业高质量发展: 2020 中国文化馆年会征文作品集. 国家图书馆出版社, 2021: 77-82.

7.6.4 强化典型案例的宣传推广

随着网络技术的不断发展，人们获取信息的途径日益多元化，渠道越来越丰富。各种社交软件、视频平台、官方网站等都为公共文化服务的宣传提供了便利，人们可以不受时间和地点的限制享受到不同形式的公共文化服务。通过强化典型案例的宣传推广，一方面，对于一些资源不足或不知如何有效利用资源，遇到发展瓶颈的地区提供了参考，发挥示范作用。有些农村地区因为资源限制等各方面的原因，没有接触过新知识新技术，对一些现代化的经验都不太了解，通过学习借鉴先进的实践案例，结合自身实际情况创新发展模式，提升公共文化服务质量，丰富公共文化活动内容。另一方面，对于被选为典型案例的地区，通过宣传可以提高它们的社会可见度和影响力，通过宣传推广起到带头作用，从而引导其他地方创作和生产出更多优秀的公共文化服务或产品，同时还可提高公民参与公共文化活动的积极性，丰富群众的文化生活。典型案例的宣传推广过程也是一种资源共享过程，通过分享实践经验，各地区可以实现信息互通、资源共享，在借鉴中交流，在交流中创新，激活社会力量，丰富本地的公共文化活动，使典型案例的辐射范围更广泛，从而在全国范围内形成多元化、多样化的公共文化服务体系，为乡村公共文化的发展提供坚实支撑。

强化典型案例的宣传推广，需要构建宣传长效机制，确保工作落实到位，可以从遴选、解读、宣传、创新四个闭环流程深入推动典型案例的宣传推广工作。首先，各地区相关部门要积极调研本地区的公共文化社会化建设的实践案例，不定期开展群众喜爱的、体系完善的、特色鲜明的社会力量参与公共文化服务"优秀社会组织"的遴选工作。❶ 扶持与奖励本地区被选中的推广案例，激发参与评选的积极性，构建一个丰富且有成效的公共文化服务社会化的案例库，推动案例库平台建设，便于研究和总结可复制、可推广的经验。各地方政府部门要定期向公众发放对公共文化服务社会化主体提供服务的满意度情况调查问卷，从提供的活动场次、规模、质量等指标对主体进行全方位评估，完善测评体系，为筛选案例提供保障。政府部门要鼓励各地区积极参与公共文化服务的建设和宣传工作，完善相关激励政策和措施，强化宣传意识，激发市场活力，营造了解、支持、积极参与的良好社会氛围。

---

❶ 固镇县文化和旅游局. 固镇县引导和鼓励社会力量参与公共文化服务实施意见［EB/OL］. ［2023-04-07］. https://www.bengbu.gov.cn/public/26011/50086814.html.

其次，组织相关领域的权威专家开展交流会，从不同角度对遴选出的典型案例进行专业剖析解读，研究总结各地区的实践案例，探索出更多具有普适性、借鉴性的公共文化社会化的实践经验，充分发挥典型案例的指导作用。典型案例数量再多，如果不能充分总结其背后逻辑，也是无法创新进步的。国家需要积极推动相关课题研究，加大课题投入力度，鼓励学者参与典型案例的解读研究，并进行理论和实践创新，积极发现存在的问题，探索发展路径，在公共文化服务标准化、社会化、效能化和一体化建设等方面形成若干研究成果，为全国的公共文化服务社会化发展提供有效的路径、方法和思路。

再次，聚焦宣传，加大宣传力度。各地区可以通过"线上+线下"的方式共同组织推进成功经验的宣传推广，不断扩大典型案例宣传的社会覆盖面和影响力。一方面，在线下开设经验交流会，邀请典型案例的负责人或代表人进行经验分享，与大家一起交流互动，并在基层服务中心、便民服务站、村委或社区宣传栏等实体平台予以公开，相互宣传；另一方面，在线上通过微信视频号、抖音、微博等各种渠道进行现场直播，利用互联网的力量，打破地域限制，与全国人民实时互动，加大宣传力度，扩大覆盖范围。此外，还可以通过网络达人、官方网站等流量大的渠道，通过短视频、动画等多种形式对典型案例进行视频制作和宣传推广，通过有内容有深度的视频作品，针对不同的粉丝群体进行宣传推广，扩大知名度，提高全民意识，营造良好的社会氛围。

最后，加强创新意识。各地区文化机构绝不能生搬硬套其他地区的成功经验，要将学习到的公共文化服务社会化的方法、思路和经验内化到自己的工作实践中，结合本地区实际，有选择地借鉴和学习，取长补短，向典型案例学习，创新发展模式，探索出适合本地的社会化新路径，努力打造示范区，为其他地区提供新思路、新方法，互帮互助、共同进步。现有典型也应当戒骄戒躁，努力向更高更强目标发起冲刺，继续保持在广大人民群众中的示范带动作用，在社会中营造一种积极进取、追求卓越的良好文化氛围，不断促进公共文化社会化服务的高质量发展。

乡村公共文化服务需求调研问卷表

尊敬的朋友：

您好！我们正在进行以乡村公共文化服务需求为主要内容的调查研究，本次调查旨在了解当前乡村地区公共文化服务的供给与需求现状，公共文化服务部门需求识别、需求分析、需求满足等方面的真实情况，进而探析乡村公共文化服务工作过程中存在的问题，并就如何进一步提升乡村公共文化服务质量和水平提出较为针对性和建设性的建议。本问卷共有 41 个题目，估计耽搁您 5~10 分钟时间，问卷采取匿名的填写方式且调查结果仅供科学研究使用，请您根据自身的实际情况放心填写。在填写问卷之前您可以先看看下面的概念，这将帮助您更好地理解本问卷所涉及的相关内容。

乡村公共文化服务是以政府为主导、社会力量参与的，以满足乡村区域公民的基本文化需求为目的而提供公共文化设施、文化产品、文化活动以及相关服务，是公共文化服务在乡村地区的一种拓展和具体的实践形式。主要包括图书馆、农家书屋、活动中心等公共文化设施，图书报刊类纸质产品、手工艺品、多媒体产品等公共文化产品和体育竞技、艺术表演、文化下乡等公共文化活动。本次调研的乡村公共文化服务需求就是乡村地区民众对文化设施、文化产品和文化活动的需要和诉求。

感谢您对本次科研工作的支持与配合，向您表示衷心的感谢与祝福。

第一部分　基本信息情况

此部分是您的一些基本信息，请据实际情况填写，此处问题均为单选题。

1. 您所居住的地方？［单选］

A. 城市/城镇　　　B. 乡村/农村

2. 您的性别是？［单选］

A. 男　　　　　　B. 女

3. 您的年龄？［单选］

A. 18 岁及以下　　B. 19~35 岁　　　C. 36~50 岁

D. 51~64 岁　　　E. 65 岁及以上

4. 您的学历？［单选］

A. 小学及以下　　B. 初中　　　　　C. 高中/职中/中专

D. 大学专科/本科　E. 研究生

5. 您的职业？［单选］

A. 公职人员　　　B. 企业职工　　　C. 农民

D. 学生　　　　　E. 退休人员　　　F. 自由职业者

第二部分　乡村公共文化设施需求情况

此部分是关于乡村公共文化服务设施的相关题目。乡村公共文化设施指为乡村公共文化服务的文化产品展示、文化活动举办的场所和空间，如图书馆、产品展示厅、活动室等。此处多为多选题，至少选择一项。

6. 您所居住的地方有哪些公共文化设施？［单选/多选］

A. 文化展示类（基层综合文化服务中心、纪念馆、祠堂、乡土文化展示厅等）

B. 图书阅览类（农家书屋、图书室、电子阅览室、报刊室等）

C. 影视和演出场馆类（戏台戏楼、艺术表演场馆、流动放映设施等）

D. 群众文艺类（妇女儿童活动中心、老年人活动室活动中心、文化礼堂等）

E. 文化广场类（文化广场、公园、体育场和体育设施等）

F. 农技培训类（农技学校培训班、农村文化科技中心等）

G. 其他

7. 您所居住的地方的文化设施中，使用最为频繁的是哪类设施？［单选/多选］

A. 文化展示类（基层综合文化服务中心、纪念馆、祠堂、乡土文化展示厅等）

B. 图书阅览类（农家书屋、图书室、电子阅览室、报刊室等）

C. 影视和演出场馆类（戏台戏楼、艺术表演场馆、流动放映设施等）

D. 群众文艺类（妇女儿童活动中心、老年人活动室活动中心、文化礼堂等）

E. 文化广场类（文化广场、公园、体育场和体育设施等）

F. 农技培训类（农技学校培训班、农村文化科技中心等）

G. 其他

8. 您所居住的地方到公共文化设施花费的时间？［单选］

A. 5分钟以内　　　B. 5~10分钟　　　C. 11~15分钟　　　D. 15分钟以上

9. 您所居住的地方的现有文化设施最需要改善的类型是？［单选/多选］

A. 文化展示类（基层综合文化服务中心、纪念馆、祠堂、乡土文化展示厅等）

B. 图书阅览类（农家书屋、图书室、电子阅览室、报刊室等）

C. 影视和演出场馆类（戏台戏楼、艺术表演场馆、流动放映设施等）

D. 群众文艺类（妇女儿童活动中心、老年人活动室活动中心、文化礼堂等）

E. 文化广场类（文化广场、公园、体育场和体育设施等）

F. 农技培训类（农技学校培训班、农村文化科技中心等）

G. 其他

10. 您认为乡村公共文化设施的不足之处有哪些？［单选/多选］

A. 卫生环境不好　　　　　　　B. 座椅等基础设施破旧或不足

C. 空间太小、光线不好　　　　D. 场所周边环境嘈杂

E. 存在安全隐患　　　　　　　F. 利用率低下或不允许使用

G. 其他

第三部分　乡村公共文化产品需求情况

此部分为乡村公共文化服务产品的相关题目，乡村公共文化产品指的是能满足乡村地域民众的基本文化需求的产品或事物，如图书、杂志、乐器、电视、广播等。此处为多选题，至少选择一项。

11. 您所居住的地方的乡村公共文化产品有哪些？［单选/多选］

A. 信息类产品（藏书报纸、出版物、数据库等）

B. 文娱类产品（体育器材、乐器、娱乐用品等）

C. 乡土类产品（非物质文化遗产、文化创意产品、特色手工艺品等）

D. 多媒体产品（影视广播节目、有线电视广播、数字文化产品等）

E. 其他

12. 您最喜欢的乡村公共文化产品是哪些？［单选/多选］

A. 信息类产品（藏书报纸、出版物、数据库等）

B. 文娱类产品（体育器材、乐器、娱乐用品等）

C. 乡土类产品（非物质文化遗产、文化创意产品、特色手工艺品等）

D. 多媒体产品（影视广播节目、有线电视广播、数字文化产品等）

E. 其他

13. 您喜欢该类公共文化产品的原因是？［单选/多选］

A. 了解时事新闻和最新资讯　　　B. 锻炼身体，提高自身身体素质

C. 自己的兴趣爱好　　　　　　　D. 获取自己所需要的信息

E. 消遣娱乐　　　　　　　　　　F. 陶冶情操，丰富精神世界

G. 无特定目的　　　　　　　　　H. 其他原因

14. 您认为居住地还需要改善哪些乡村公共文化产品？［单选/多选］

A. 信息类产品（藏书报纸、出版物、数据库等）

B. 文娱类产品（体育器材、乐器、娱乐用品等）

C. 乡土类产品（非物质文化遗产、文化创意产品、特色手工艺品等）

D. 多媒体产品（影视广播节目、有线电视广播、数字文化产品等）

E. 其他

第四部分　乡村公共文化活动需求情况

此部分为乡村公共文化活动的相关题目。乡村公共文化活动指在乡村公共文化场所和空间下举办的各类活动，如体育比赛、故事会、电影放映、科技普及讲座等。此处为多选题，至少选择一项。

15. 您的居住地有哪些文化活动？［单选/多选］

A. 体育类活动（广场舞、羽毛球、乒乓球、篮球等）

B. 艺术类活动（文艺创作、民间艺术表演、文艺演出、歌唱比赛等）

C. 竞技类活动（劳动技能比赛、创意设计比赛等）

D. 文化类活动（陈列展览、图书阅览、讲故事、艺术普及等）

E. 文化下乡类活动（电影放映、科教讲座、普法宣传、农技培训等）

F. 娱乐类活动（扑克牌、麻将等）

G. 其他

16. 以下文化活动中，您参与最多的是哪些活动？［单选/多选］

A. 体育类活动（广场舞、羽毛球、乒乓球、篮球等）

　B. 艺术类活动（文艺创作、民间艺术表演、文艺演出、歌唱比赛等）

　C. 竞技类活动（劳动技能比赛、创意设计比赛等）

　D. 文化类活动（陈列展览、图书阅览、讲故事、艺术普及等）

　E. 文化下乡类活动（电影放映、科教讲座、普法宣传、农技培训等）

　F. 娱乐类活动（扑克牌、麻将等）

　G. 其他

17. 您参与居住地举办的乡村公共文化活动的原因是什么？[单选/多选]

　A. 获取自己需要的信息　　　　　B. 自己的兴趣爱好

　C. 锻炼身体，提升自身身体素质　D. 了解时事新闻和最新资讯

　E. 消遣娱乐　　　　　　　　　　F. 无特定目的

　G. 有关部门强制要求参与　　　　H. 其他原因

18. 您认为居住地还需要改善哪些公共文化活动？[单选/多选]

　A. 体育类活动（广场舞、羽毛球、乒乓球、篮球等）

　B. 艺术类活动（文艺创作、民间艺术表演、文艺演出、歌唱比赛等）

　C. 竞技类活动（劳动技能比赛、创意设计比赛等）

　D. 文化类活动（陈列展览、图书阅览、讲故事、艺术普及等）

　E. 文化下乡类活动（电影放映、科教讲座、普法宣传、农技培训等）

　F. 娱乐类活动（扑克牌、麻将等）

　G. 其他

第五部分　乡村公共文化服务需求的相关评价

以下部分为量表题，请您根据对乡村公共文化服务的了解，对下列题目进行真实的评价，表格中有 1~5 个层级供您选择，从小到大代表您对其态度由弱到强的变化（1 表示完全不同意，2 表示不同意，3 表示不确定，4 表示同意，5 表示完全同意）。如对乡村公共文化服务相关概念不够清楚可回顾开头的问卷填写说明部分。

（一）服务供给维度

序号	题项	1	2	3	4	5
19	您所在区域的公共文化设施数量和种类非常丰富					
20	您所在区域的公共文化设施环境非常优美、安静					
21	您所在区域的公共文化设施的基础设施配备非常完善					
22	您所在区域去到公共文化设施非常方便、快捷					

续表

序号	题项	1	2	3	4	5
23	您所在区域现有的公共文化设施开放时间非常合理					
24	您所在区域提供的公共文化产品数量和种类非常丰富					
25	您所在区域提供的公共文化产品很容易获取和利用					
26	您所在区域的公共文化活动形式多样、内容具有吸引力					
27	您所在区域的公共文化活动的相关信息发布很及时					

（二）服务需求反馈维度

序号	题项	1	2	3	4	5
28	您能娴熟地利用相关需求反馈渠道和方式表达自己的文化需求					
29	您能清晰明了、具体详细地表达您个性化的公共文化需求					
30	您所在区域的公共文化服务部门提供的需求反馈渠道和方式非常丰富且畅通					
31	您所在区域的公共文化服务部门非常重视您的文化需求反馈					
32	您所在区域的公共文化服务部门以各种形式积极开展文化需求的识别与收集工作					
33	您所在区域的公共文化服务部门积极主动地进行文化需求分析工作					
34	您所在区域的公共文化服务部门能及时回应您所提交的文化需求					

（三）服务需求满足维度

序号	题项	1	2	3	4	5
35	您所在区域的公共文化设施能满足您基本的文化需求					
36	您所在区域的公共文化设施能满足您个性化的文化需求					
37	您所在区域的公共文化产品能充分满足您基本的文化需求					
38	您所在区域的公共文化产品能充分满足您个性化的文化需求					
39	您所在区域的公共文化活动能够满足您基本的文化需求					
40	您所在区域的公共文化活动能够满足您个性化的文化需求					
41	您基础性的和个性化的文化需求的整体满足感非常高					

乡村公共文化服务需求调研——访谈提纲

一、访谈目的

（一）了解当前乡村地区公共文化服务供给与需求现状；

（二）明晰乡村公共文化服务需求反馈渠道、方式、时效性等；

（三）探讨乡村公共文化服务需求方面的问题及对策。

二、访谈方式

面对面访谈、电话访谈等。

三、访谈对象

乡村地区的公共文化服务部分服务人员等。

四、提问提纲

（一）访谈开场语

您好，我们是湘潭大学公共管理学院的学生，现在在做一个关于乡村公共文化服务需求方面的专题调研，可能需要耽误您 40 分钟左右的时间。本次访谈主要通过问答形式进行，访谈内容及回答将严格保密！为了保证访谈的有效性，烦请您真实地回答每个问题，感谢您对我们研究的支持！如果没有什么疑问的话，那我们就开始吧！

（二）访谈对话

乡村公共文化服务供给与需求维度：

（1）当前该地区的公共文化设施的供给现状如何？（公共文化设施的数量、种类、服务对象的利用情况、基础设施配置、地理选址、室内外环境、服务半径和服务范围、存在的不足等）

（2）当前该地区的公共文化产品的供给现状如何？（公共文化产品的数量、类型、形式、服务对象偏爱情况等）

（3）当前该地区的公共文化活动的供给现状如何？（公共文化活动的场次、类型、形式、活动举办频次、服务对象参与情况及其原因等）

（4）您认为当前该地区公共文化服务对象的文化需求现状是怎样的？相比以前，有着怎样的新变化？

（5）当前该地区的公共文化服务过程中，服务对象是否能娴熟且有效地使用各类公共文化设施；是否能方便、快捷地获取和利用公共文化产品；是否能够较容易地参与举办的各类公共文化活动？

乡村公共文化服务需求反馈维度：

（1）当前该地区的公共文化服务需求反馈制度建设情况如何？（需求反馈制度的制定、实施以及实践效果等）

（2）当前该地区的公共文化服务需求反馈渠道和方式有哪些？是否畅通？

（3）当前该地区的公共文化服务对象是否积极主动地提交自身的公共文化需求？

（4）当前该地区的公共文化服务部门是否进行服务对象的文化需求识别与收集、文化需求分析与挖掘工作？该类业务工作多久开展一次？

（5）当前该地区的公共文化部门是否对服务对象提交的文化需求进行及时回应？时效性怎么样？

乡村公共文化服务需求满足维度：

（1）您认为当前该地区的公共文化服务供给水平能否满足当地人民群众的基本性和个性化文化需求？（包括公共文化设施、文化产品和文化活动以及与之相关的服务）

（2）您认为目前乡村公共文化服务工作中是否已经做到以服务对象的需求为导向进行公共文化服务的针对性供给？

（3）就目前的服务实践来看，您认为乡村公共文化服务是否已经实现服务供给与服务需求的均衡？

（三）访谈结束语

再次感谢您的配合，祝您身体健康、工作顺利。

五、采访步骤

（1）选取对象；（2）选取采访现场；（3）开始访谈并记录；（4）访谈的反思与评估。

六、可能碰到的问题

（1）被访者拒答；（2）访谈地点受干扰性大；（3）访谈过程中被访者不耐烦；（4）访谈过程中被第三方打断；（5）被访者敷衍回答。

七、设想的解决方案

（1）选取适当的访问对象，靠观察选取容易接近的，明确告知我们的目的；（2）选取适当的访谈时机和地点；（3）尽量速战速决，降低被访者不耐烦或敷衍回答的情绪。

八、采访前需要携带的物品

（1）访谈提纲；（2）笔记本、签字笔以及相关个人证件；（3）录音设备。

后　记

　　文化兴则国家兴，文化强则民族强。中华民族伟大复兴，必然离不开中华文化的精心孕育，也必然表现为中华文化的繁荣昌盛。正如习近平总书记所说，"坚定文化自信，是事关国运兴衰、事关文化安全、事关民族精神独立性的大问题""中国有坚定的道路自信、理论自信、制度自信，其本质是建立在5000多年文明传承基础上的文化自信"！文化自信是更基础、更广泛、更深厚的自信，是一个国家、一个民族发展中最基本、最深沉、最持久的力量。乡村文化是中华文化必不可少的组成部分，因而乡村公共文化服务必然是公共文化服务体系不可或缺的重要支柱。尽管我国公共文化服务取得了举世瞩目的巨大成就，但是基层公共文化服务基础设施相对薄弱，尤其是广大乡村地区公共文化服务水平令人担忧，公共文化服务的公益性、基本性、均等性、便利性均不甚理想。

　　21世纪以来，我国公共文化服务体系建设受到了党和国家的高度重视。历次"党代会报告""五年规划""政府工作报告"等，反复强调构建现代公共文化服务体系。加快构建现代公共文化服务体系与发展公益性文化事业，推动公共文化服务高质量发展，保障城乡居民平等获取公共文化权利，是党和国家极其重要的文化发展战略。2017年，党的十九大报告中高瞻远瞩地提出乡村振兴战略。次年，《乡村振兴战略规划（2018—2022年）》提出"繁荣发展乡村文化"，要求2022年村综合性文化服务中心覆盖率达到98%。显而易见，乡村文化振兴是乡村振兴的重要内容与关键举措，没有乡村文化振兴就没有乡村振兴。乡村公共文化服务作为公共文化服务体系的重要组成部分，其高质量发展是保障和改善民生的重要举措，是解决"三农"问题的重要抓手，是全面深化文化体制改革、促进文化事业繁荣发展的必然要求，是弘扬社会主义核心价值观、建设社会主义文化强国的重大任务。

2021年，《政府工作报告》强调"加快构建新发展格局，推动高质量发展"；文化和旅游部、国家发展和改革委员会、财政部发布《关于推动公共文化服务高质量发展的意见》，这标志着公共文化服务进入高质量发展阶段。毋庸置疑，随着乡村振兴战略的持续稳妥推进，乡村公共文化服务必然进入高质量发展时期。为了进一步提升乡村公共文化服务水平，我们积极开展乡村公共文化服务的理论研究与实践探索，提出乡村公共文化服务高质量发展态势和路径。全书由王凤姣负责选题、组织、统稿与修改，7章内容的具体撰写情况如下：

第1章"绪论"，主要由王凤姣、钟诗琪、周林、石慧昌等撰写；第2章"乡村公共文化服务高质量发展依据"，主要由王凤姣、王留芳、李静远等撰写；第3章"乡村公共文化服务的供给调研"，主要由董蓓蕾等撰写；第4章"乡村公共文化服务的需求调研"，主要由何海杞等撰写；第5章"乡村公共文化服务的典型案例调研"，主要由王凤姣等撰写；第6章"乡村公共文化服务高质量发展的态势"，主要由石慧昌等撰写；第7章"乡村公共文化服务高质量发展的路径"，主要由王凤姣、李静远、钟诗琪、王留芳等撰写。

当这本著作呈现给读者时，我最想表达的是感谢。感谢课题组成员的大力支持与辛勤付出；感谢龚蛟腾教授的鼓励、指导和鞭策；感谢易凌博士、洪芳林博士的无私分享；感谢知识产权出版社张水华老师的辛苦付出。本书在撰写过程中，感谢参考了大量文献资料，在此，向学术界的前辈及同人致敬！

王凤姣

2023 年 6 月